# 독자의 1초를 아껴주는 정성!

세상이 아무리 바쁘게 돌아가더라도
책까지 아무렇게나 빨리 만들 수는 없습니다.
인스턴트 식품 같은 책보다는
오래 익힌 술이나 장맛이 밴 책을 만들고 싶습니다.
길벗이지톡은 독자여러분이 우리를 믿는다고 할 때 가장 행복합니다.
나를 아껴주는 어학도서, 길벗이지톡의 책을 만나보십시오.

독자의 1초를 아껴주는 정성을 만나보십시오.

미리 책을 읽고 따라해본 2만 베타테스터 여러분과 무따기 체험단, 길벗스쿨 엄마 2% 기획단,
시나공 평가단, 토익 배틀, 대학생 기자단까지!
믿을 수 있는 책을 함께 만들어주신 독자 여러분께 감사드립니다.

(주)도서출판 길벗 www.gilbut.co.kr
길벗 이지톡 www.gilbut.co.kr
길벗 스쿨 www.gilbutschool.co.kr

KB108968

# 학습진도표

| Unit 01<br>나이·출신 | Unit 02<br>직업 | Unit 03<br>취미 | Unit 04<br>특기 | Unit 05<br>성격 |
|---|---|---|---|---|
| 유튜브 강의 ☐<br>본책 ☐<br>쓰기노트 ☐ | 유튜브 강의 ☐<br>본책 ☐<br>쓰기노트 ☐ | 유튜브 강의 ☐<br>본책 ☐<br>쓰기노트 ☐ | 유튜브 강의 ☐<br>본책 ☐<br>쓰기노트 ☐ | 유튜브 강의 ☐<br>본책 ☐<br>쓰기노트 ☐ |
| Unit 06<br>취향 | Unit 07<br>가족 | Unit 08<br>친구 | Unit 09<br>연애 | Unit 10<br>결혼 |
| 유튜브 강의 ☐<br>본책 ☐<br>쓰기노트 ☐ | 유튜브 강의 ☐<br>본책 ☐<br>쓰기노트 ☐ | 유튜브 강의 ☐<br>본책 ☐<br>쓰기노트 ☐ | 유튜브 강의 ☐<br>본책 ☐<br>쓰기노트 ☐ | 유튜브 강의 ☐<br>본책 ☐<br>쓰기노트 ☐ |
| Unit 11<br>집 | Unit 12<br>자취 | Unit 13<br>취업 | Unit 14<br>출퇴근 | Unit 15<br>급여 |
| 유튜브 강의 ☐<br>본책 ☐<br>쓰기노트 ☐ | 유튜브 강의 ☐<br>본책 ☐<br>쓰기노트 ☐ | 유튜브 강의 ☐<br>본책 ☐<br>쓰기노트 ☐ | 유튜브 강의 ☐<br>본책 ☐<br>쓰기노트 ☐ | 유튜브 강의 ☐<br>본책 ☐<br>쓰기노트 ☐ |
| Unit 16<br>사무 작업 | Unit 17<br>연락 | Unit 18<br>이직 | Unit 19<br>캠퍼스 라이프 | Unit 20<br>교내 발표 |
| 유튜브 강의 ☐<br>본책 ☐<br>쓰기노트 ☐ | 유튜브 강의 ☐<br>본책 ☐<br>쓰기노트 ☐ | 유튜브 강의 ☐<br>본책 ☐<br>쓰기노트 ☐ | 유튜브 강의 ☐<br>본책 ☐<br>쓰기노트 ☐ | 유튜브 강의 ☐<br>본책 ☐<br>쓰기노트 ☐ |
| Unit 21<br>디저트 | Unit 22<br>커피 | Unit 23<br>술 | Unit 24<br>요리 | Unit 25<br>과일 |
| 유튜브 강의 ☐<br>본책 ☐<br>쓰기노트 ☐ | 유튜브 강의 ☐<br>본책 ☐<br>쓰기노트 ☐ | 유튜브 강의 ☐<br>본책 ☐<br>쓰기노트 ☐ | 유튜브 강의 ☐<br>본책 ☐<br>쓰기노트 ☐ | 유튜브 강의 ☐<br>본책 ☐<br>쓰기노트 ☐ |

전체 진도표를 참고하여 나만의 10시간 플랜을 짜보세요.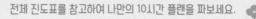

| Unit 26 | Unit 27 | Unit 28 | Unit 29 | Unit 30 |
|---|---|---|---|---|
| 쇼핑 | 화장품 | 옷 | 편의점 | 명품 |
| 유튜브 강의 ☐<br>본책 ☐<br>쓰기노트 ☐ | 유튜브 강의 ☐<br>본책 ☐<br>쓰기노트 ☐ | 유튜브 강의 ☐<br>본책 ☐<br>쓰기노트 ☐ | 유튜브 강의 ☐<br>본책 ☐<br>쓰기노트 ☐ | 유튜브 강의 ☐<br>본책 ☐<br>쓰기노트 ☐ |
| Unit 31 | Unit 32 | Unit 33 | Unit 34 | Unit 35 |
| PC방 | 카페 | 코로나 | 해외여행 | 국내 여행 |
| 유튜브 강의 ☐<br>본책 ☐<br>쓰기노트 ☐ | 유튜브 강의 ☐<br>본책 ☐<br>쓰기노트 ☐ | 유튜브 강의 ☐<br>본책 ☐<br>쓰기노트 ☐ | 유튜브 강의 ☐<br>본책 ☐<br>쓰기노트 ☐ | 유튜브 강의 ☐<br>본책 ☐<br>쓰기노트 ☐ |
| Unit 36 | Unit 37 | Unit 38 | Unit 39 | Unit 40 |
| 교통 | 다이어트 | 자기 계발 | 인테리어 | 재테크 |
| 유튜브 강의 ☐<br>본책 ☐<br>쓰기노트 ☐ | 유튜브 강의 ☐<br>본책 ☐<br>쓰기노트 ☐ | 유튜브 강의 ☐<br>본책 ☐<br>쓰기노트 ☐ | 유튜브 강의 ☐<br>본책 ☐<br>쓰기노트 ☐ | 유튜브 강의 ☐<br>본책 ☐<br>쓰기노트 ☐ |
| Unit 41 | Unit 42 | Unit 43 | Unit 44 | Unit 45 |
| 건강 | 기념일 | 강연회 | 인터넷 | 스마트폰 |
| 유튜브 강의 ☐<br>본책 ☐<br>쓰기노트 ☐ | 유튜브 강의 ☐<br>본책 ☐<br>쓰기노트 ☐ | 유튜브 강의 ☐<br>본책 ☐<br>쓰기노트 ☐ | 유튜브 강의 ☐<br>본책 ☐<br>쓰기노트 ☐ | 유튜브 강의 ☐<br>본책 ☐<br>쓰기노트 ☐ |
| Unit 46 | Unit 47 | Unit 48 | Unit 49 | Unit 50 |
| 인스타그램 | 유튜브 | 넷플릭스 | 인터넷 쇼핑 | 모바일 뱅킹 |
| 유튜브 강의 ☐<br>본책 ☐<br>쓰기노트 ☐ | 유튜브 강의 ☐<br>본책 ☐<br>쓰기노트 ☐ | 유튜브 강의 ☐<br>본책 ☐<br>쓰기노트 ☐ | 유튜브 강의 ☐<br>본책 ☐<br>쓰기노트 ☐ | 유튜브 강의 ☐<br>본책 ☐<br>쓰기노트 ☐ |

일본어 단어,
함께 시작해요!

내 일상에 딱! 내가 매일 쓰는 말부터 빠르게 배우는 일본어 단어장!

유하다요의
# 10시간
# 일본어
단어

전유하 지음

# 유하다요의 10시간 일본어 단어

10 hours Japanese Words

**초판 발행** · 2022년 4월 1일
**초판 3쇄 발행** · 2024년 6월 25일

**지은이** · 전유하
**발행인** · 이종원
**발행처** · (주)도서출판 길벗
**브랜드** · 길벗이지톡
**출판사 등록일** · 1990년 12월 24일
**주소** · 서울시 마포구 월드컵로 10길 56(서교동)
**대표 전화** · 02)332–0931 | **팩스** · 02)323–0586
**홈페이지** · www.gilbut.co.kr | **이메일** · eztok@gilbut.co.kr

**기획 및 책임 편집** · 오윤희(tahiti01@gilbut.co.kr) | **디자인** · 최주연 | **제작** · 이준호, 손일순, 이진혁
**마케팅** · 이수미, 장봉석, 최소영 | **유통혁신** · 한준희 | **영업관리** · 김명자, 심선숙 | **독자지원** · 윤정아

**편집진행 및 교정교열** · 이경숙 | **일러스트** · 최지예 | **전산편집** · 수(秀) 디자인 | **오디오녹음** · 와이알미디어
**CTP 출력 및 인쇄** · 예림인쇄 | **제본** · 예림바인딩

ISBN 979-11-407-1395-0  03730
(길벗 도서번호 301197)

정가 26,000원

**독자의 1초까지 아껴주는 정성 길벗출판사**

**(주)도서출판 길벗** | IT교육서, IT단행본, 경제경영서, 어학&실용서, 인문교양서, 자녀교육서 www.gilbut.co.kr
**길벗스쿨** | 국어학습, 수학학습, 어린이교양, 주니어 어학학습, 학습단행본 www.gilbutschool.co.kr

# 본격 회화를 위한 일본어 단어!
# 유하다요와 함께해요!

작년에 《유하다요의 10시간 일본어 첫걸음》 도서가 출간되어 독자분들께 많은 사랑을 받았습니다. 감사합니다. 어느덧 1년이 흘러, 첫걸음 독자분들은 기초 레벨을 졸업했고, 이제는 무엇을 해야 하냐고 많이들 물으시는데요. 저는 단어를 학습해 보는 것도 좋은 선택이라고 생각해요. 문법은 지루하고 어렵지만 단어는 하나만 알아도 바로 써먹을 수 있고, 우리가 잘하고 싶은 회화에 가장 많은 도움이 되거든요. 그리고 일본어 회화를 잘하려면 기본적으로 단어를 많이 알고 있어야 합니다.

이 책은 시험을 위한 단어가 아니라 실제 생활에서 바로 활용할 수 있는 단어를 모았어요. 회화를 잘하기 위한 첫걸음에서 반드시 필요한 '일상생활에서 자주 쓰는 단어 1,250개'를 모아 주제별로 정리했습니다. 단어의 핵심인 읽는 법과 뜻을 먼저 빠르게 익히고, 회화에 도움이 되는 추가 표현과 정보는 Tip 속에 풍성하게 담았어요. 또한 혼자서도 어려움 없이 단어를 공부할 수 있도록 50강의 무료 강의를 제공합니다.

이 책으로 진짜 내 생활에 필요한 단어들을 익혀 나가 보세요. 다양한 주제의 단어 습득은 물론, 풍부한 회화 실력으로 이어질 수 있을 거예요. 이 책에서 다룬 단어에 팁과 무료 강의만 봐도 여러분은 이제 더 이상 초보자가 아닙니다. 한층 더 성장하는 여러분을 기대할게요. 파이팅!

마지막으로 이 책이 나오기까지 든든한 버팀목이 되어 주신 길벗 출판사의 이윤신 부장님과 오윤희 차장님, 이경숙 선생님께 깊은 감사의 마음을 전하고 싶습니다.

항상 감사합니다.

전유하(유하다요) 드림

# 이 책의 구성과 활용법

이 책은 일본어 생활 단어의 폭을 확장하고 싶은 초급자를 대상으로 합니다. 크게 본책과 쓰기노트로 구성되어 있습니다. 본책은 주제별 단어를 7개의 PART와 50개의 세부 Unit으로 나누었으며, 쓰기노트는 '책 속의 책' 형태로 편하게 활용할 수 있습니다.

**본책**

❶ **QR코드 |** 잠깐! 먼저 QR코드를 찍으세요. 동영상 강의를 열고 유하다요 선생님과 함께 공부를 시작합니다.

❷ **이런 단어, 알고 있나요? |** 제시된 우리말 단어를 보면서 일본어로 어느 정도 알고 있는지 체크해 보세요.

←─── **단어 읽는 법과 뜻 알기**

Unit당 주제별 단어 25개를 학습합니다. 단어는 품사별로 나누어 명사 → 카타카나 명사 → な형용사 → い형용사 → 부사 → 동사 순으로 나열했습니다. 일본어 단어의 읽는 법과 뜻을 빠르게 익힐 수 있도록 구성하였습니다. 단어에 따른 읽는 법과 우리말 뜻을 각각 분리해 놓아 손으로 가리고 외울 수 있어 암기 효율이 올라갑니다. 한자어의 경우 한자마다 각각 어떻게 읽는지 파악할 수 있도록 중점(·)으로 구분하였습니다.

❶ **Tip |** 표제 단어를 조금 더 자세히 들여다볼 수 있는 코너입니다. 예문, 응용 방법, 추가 표현, 뉘앙스 등 함께 알아 두면 도움되는 관련 꿀팁을 정리했습니다.

## 회화 속 익히기

앞서 배운 단어가 문장 속에서, 대화 속에서 어떻게 활용되는지 회화문으로 익힐 수 있습니다. mp3 파일을 들으면서 따라 말하는 연습을 해 보세요.

**❶ 해석 |** 회화 해석을 정리했습니다.

**❷ 단어 |** 회화문 속 단어를 정리했습니다.

## 마무리 연습문제

단어를 잘 익혔는지 문제를 풀면서 확인해 보세요. 1번은 일본어와 뜻을 알맞게 연결하기, 2번은 [보기]의 단어를 그대로 넣거나 활용하여 문장을 완성해 보는 문제입니다. 2번 문제는 mp3 파일을 들으면서 꼭 소리 내어 읽어 보세요.

### 쓰기노트

## Unit 01~50 단어 쓰기

복습용으로 다양하게 활용할 수 있는 쓰기노트입니다. 'Unit 01~50 단어 쓰기'로 구성되어 있습니다. 손으로 직접 써 보면 단어를 눈으로만 외우는 것보다 훨씬 기억에 오래 남습니다. 가볍게 쓰면서 배운 내용을 정리해 보세요.

# 차례

## 동영상 강의 보는 법 & mp3 파일 듣는 법

**동영상 강의**

**❶ QR코드**
각 Unit 도입부의 QR코드를 스캔하면 동영상 강의를 볼 수 있는 페이지로 연결됩니다.

**❷ 유튜브 유하다요 채널**
유튜브에서 '유하다요'를 검색하세요.

**mp3 파일**

**❶ QR코드**
각 Unit 도입부의 QR코드를 스캔하면 mp3 파일을 들을 수 있는 페이지로 연결됩니다.

**❷ 길벗 홈페이지**
홈페이지(www.gilbut.co.kr)에서 도서명을 검색하면 mp3 파일 다운로드 및 바로 듣기가 가능합니다.

---

**mp3 파일 구성**

● **기본 듣기 버전:** [단어 읽는 법과 뜻 알기](일본어 단어 2회 ➡ 우리말 뜻) –
　　　　　　　　　 [회화 속 익히기] – [마무리 연습문제 2번]
● **일본어 단어 듣기 버전:** [단어 읽는 법과 뜻 알기](일본어 단어 2회)

---

 **일러두기**

● 단어 품사별 정리 용어 중 '카타카나'는 '카타카나 명사'만 묶었습니다.
● 일본어 인명, 고유어 등의 한글 발음은 최대한 일본어 발음에 가깝게 싣고자 하였습니다.
　⑩ 카타카나, 코타츠 등
● 숫자의 독음은 편의상 두 자릿수 숫자까지만 표기했습니다.

# 나

# PART 1

# 나이·출신

이런 단어, 알고 있나요?

사춘기

반항기

갱년기

스무 살

환갑

고향

출신 학교

귀국 자녀

잠깐! 먼저 QR코드를 찍으세요!

책을 펼치고
동영상 강의를 보면서
학습을 시작합니다!

 동영상 강의 보기 ×  mp3 파일 듣기 ×  본책

# 단어 읽는 법과 뜻 알기

품사별로 읽는 법과 뜻을 빠르게 익혀 보자!

🎧 01-1.mp3

| | | | |
|---|---|---|---|
| 01 | 二十歳 | は・た・ち | 20세, 스무 살 |
| 02 | 年齢 | ねん・れい | 연령 |
| 03 | 年頃 | とし・ごろ | 한창 ~할 나이, 얼핏 ~살로 보이는 나이 |
| 04 | いい年 | いい・とし | 지긋한 나이, 먹을 만큼 먹은 나이 |
| 05 | ～歳 | さい | ~살, ~세 |
| 06 | 還暦 | かん・れき | 환갑, 만 60세 |
| 07 | お年寄り | お・とし・よ・り | 어르신 |
| 08 | 目上の人 | め・うえ・の・ひと | 윗사람 |

명사

### Tip

**03** 年頃(としごろ)에는 '얼핏 보고 겉모습으로 판단되는 나이', '~하기에 딱 적당한 나이'라는 두 가지 의미가 있어요.

예 年頃(としごろ)は50歳(ごじゅっさい)くらいのおじさんでした。 나이는 50세 정도의 아저씨였어요.
悩(なや)みの多(おお)い年頃(としごろ) 한창 고민이 많을 나이

**05** 숫자를 넣어서 응용해 보세요.

26살(にじゅうろくさい), 27살(にじゅうななさい), 28살(にじゅうはっさい),
29살(にじゅうきゅうさい), 30살(さんじゅっさい), 31살(さんじゅういっさい)

**06** 還暦(かんれき)는 '만 60세'를 의미합니다. 주로 가족과 친척이 모여 축하를 하며 선물로는 보통 빨간 물건을 건네는데, 이는 태어난 간지의 해가 돌아온 것을 기념하여 아기(赤(あか)ちゃん)로 다시 태어나는 것을 축하하기 위해서예요.

**08** 반대말로는 '아랫사람'을 뜻하는 目下(めした)の人(ひと)라는 표현이 있어요. 자신의 손아랫사람, 즉 '부하'를 일컫는 말이에요.

| | | | |
|---|---|---|---|
| 09 | **思春期** | し・しゅん・き | 사춘기 |
| 10 | **更年期** | こう・ねん・き | 갱년기 |
| 11 | **反抗期** | はん・こう・き | 반항기 |
| 12 | **出身** | しゅっ・しん | 출신 |
| 13 | **故郷** | こ・きょう / ふるさと | 고향 |
| 14 | **生まれ** | う・まれ | 출생, 태어남 |
| 15 | **出身地** | しゅっ・しん・ち | 출신지 |
| 16 | **出身校** | しゅっ・しん・こう | 출신 학교 |
| 17 | **帰国子女** | き・こく・し・じょ | 귀국 자녀 |

명사

---

**Tip**

**13** 故郷(고향)은 두 가지로 읽어요. こきょう라고 읽을 때는 다소 딱딱한 문어체로 '태어나서 자란 땅'의 의미이고, ふるさと로 읽을 때는 회화체로 태어나서 자란 땅의 의미를 넘어 '정신적으로 영향을 많이 받은 고향'을 뜻해요.

**14** 生まれはどこですか(태어난 곳은 어디예요?)라는 말로, 일상 회화에서 자주 사용해요.

**16** ○○大学を出ました(○○대학을 나왔습니다)라는 표현과 세트로 잘 씁니다.

**17** 부모님의 직업 혹은 근무 등으로 외국에서 살다가 귀국한 자녀들을 부르는 말로, 우리말 '유학파'에 해당해요.

13

| 명사 | 18 | 国籍 | こく・せき | 국적 |
|---|---|---|---|---|
| 카타카나 | 19 | アラサー | | 30세 전후의 연령 |
| | 20 | アラフォー | | 40세 전후의 연령 |
| | 21 | 出る | で・る | 나가다, 나오다 |
| | 22 | 老ける | ふ・ける | 늙다 |
| 동사 | 23 | 若返る | わか・がえ・る | 젊어지다 |
| | 24 | 年をとる | とし・をとる | 나이를 먹다 |
| | 25 | 生まれ育つ | う・まれ・そだ・つ | 태어나 자라다 |

**Tip**

**18** '국적이 어디예요?'보다는 '어디에서 왔어요?'라고 묻듯, 보통 일상 회화에서는 出身はどこですか(출신은 어디예요?)라고 묻는 경우가 많아요.

**19** アラサー는 around30(アラウンド・サーティー)의 줄임말로, '30세 전후의 연령'을 뜻해요.

**20** アラフォー는 around40(アラウンド・フォーティー)의 줄임말로, '40세 전후의 연령'을 뜻해요.

**23** '동안'은 童顔이라고 합니다. '동안 미녀'의 경우, 美魔女라는 말로 대체할 수 있는데, 美魔女는 주로 40대 이상의 젊음과 아름다움을 지닌 여성에게 칭찬의 표현으로 써요.
　　예 美魔女ですね! 동안 미녀세요!

**25** ○○生まれ○○育ちです(○○에서 태어나 ○○에서 자랐습니다)라는 표현으로 활용됩니다.

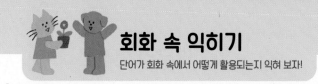

아르바이트 면접에서 자기소개를 할 때

A では、自己紹介お願いします。

B はい。1997年8月1日生まれの伊藤理沙と申します。
出身は神奈川県です。

A 出身校はどこですか。

B 出身校は早稲田大学です。

A 私も実は、出身校同じなんですよ。同じ学校の後輩を
見ると私も年をとった気がします。

:해석:

A : 그럼, 자기소개 부탁합니다.

B : 네. 1997년 8월 1일에 태어난 이토 리사라고 합니다. 출신은 가나가와현입니다.

A : 출신 학교는 어디에요?

B : 출신 학교는 와세다 대학교입니다.

A : 나도 실은, 같은 학교 출신이에요. 같은 학교 후배를 보니 나도 나이를 먹은 기분이 듭니다.

 단어

自己紹介 자기소개 │ ～と申します ～라고 합니다 │ 大学 대학 │ 実は 실은 │ 同じ 같음 │ 学校 학교 │
後輩 후배 │ 気がする 기분이 들다, 느낌이 들다

# 마무리 연습문제

1. 일본어와 뜻을 알맞게 연결해 보세요.

① 出身校 しゅっしんこう ・　　　　　　　　　　　・ ① 젊어지다

② 帰国子女 きこくしじょ ・　　　　　　　　　　・ ② 나이를 먹다

③ 年をとる とし ・　　　　　　　　　　　・ ③ 귀국 자녀

④ 老ける ふ ・　　　　　　　　　　　・ ④ 출신 학교

⑤ 若返る わかがえ ・　　　　　　　　　　・ ⑤ 늙다

2. 보기에서 알맞은 단어를 골라 우리말에 맞게 문장을 완성하고 소리 내어 읽어 보세요. 🎧 01-3.mp3

> **[보기]**
>
> アラサー ｜ 反抗期 はんこうき ｜ 出身 しゅっしん ｜ 出る で ｜ 若返る わかがえ

① 子供が＿＿＿＿＿＿で大変です。 こども　　　　　　　　たいへん

아이가 반항기라서 힘들어요.

② もうすぐで３０歳だ。もう私も＿＿＿＿＿＿だ。 さんじゅっさい　　　　わたし

이제 곧 서른 살이다. 이제 나도 30세 전후의 사람이야.

③ 大学は東京大学を＿＿＿＿＿＿よ。 だいがく　とうきょうだいがく

대학은 도쿄 대학을 나왔어.

④ 最近、エステを受けているから＿＿＿＿＿＿気がする。 さいきん　　　　　　　　う　　　　　　　　　　　　　　　き

요즘 피부 관리를 받고 있으니까 젊어진 기분이야.

16

# 직업

이런 단어, 알고 있나요?

학생

회사원

자영업자

프리랜서

시급

월급

서빙

야근

 잠깐! 먼저 QR코드를 찍으세요!

책을 펼치고
동영상 강의를 보면서
학습을 시작합니다!

 동영상 강의 보기 ×  mp3 파일 듣기 ×  본책

# 단어 읽는 법과 뜻 알기

품사별로 읽는 법과 뜻을 빠르게 익혀 보자!

🎧 02-1.mp3

| | | | | |
|---|---|---|---|---|
| 명사 | 01 | **学生** | がく·せい | 학생 |
| | 02 | **会社員** | かい·しゃ·いん | 회사원 |
| | 03 | **大学院生** | だい·がく·いん·せい | 대학원생 |
| | 04 | **教師** | きょう·し | 교사 |
| | 05 | **個人事業主** | こ·じん·じ·ぎょう·ぬし | 자영업자 |
| | 06 | **主婦** | しゅ·ふ | 주부 |
| | 07 | **公務員** | こう·む·いん | 공무원 |
| | 08 | **芸能人** | げい·のう·じん | 연예인 |
| | 09 | **職業** | しょく·ぎょう | 직업 |

### Tip

**01** 일본에서의 学生(がくせい)는 주로 '대학생'을 의미해요. '초등학생'은 小学生(しょうがくせい), '중고생'은 生徒(せいと)라고 합니다.

**03** '대학원생'은 줄여서 院生(いんせい)라고도 해요.

**04** 더욱 캐주얼한 표현으로는 先生(せんせい)(선생님)라고 해요.

**05** 個人事業主(こじんじぎょうぬし)(개인사업주)는 우리말의 '자영업자'를 가리켜요.

**06** '전업주부'는 専業主婦(せんぎょうしゅふ)라고 하며, 남자가 주부인 경우에는 主夫(しゅふ)라고 한자 표기를 바꿔서 나타내요.

| | | | |
|---|---|---|---|
| 10 | 職業柄 | しょく・ぎょう・がら | 직업 특성상, 직업상 |
| 11 | 企業 | き・ぎょう | 기업 |
| 12 | 店長 | てん・ちょう | 점장 |
| 13 | 接客 | せっ・きゃく | 서빙 |
| 14 | 時給 | じ・きゅう | 시급 |
| 15 | 給料 | きゅう・りょう | 월급 |
| 16 | 入社 | にゅう・しゃ | 입사 |
| 17 | 残業 | ざん・ぎょう | 야근 |

명사

**Tip**

**10** 職業柄는 仕事柄(일의 특성상)라는 표현으로도 바꿔 쓸 수 있어요.
　예 職業柄、標準語で話せます。 직업 특성상, 표준어로 말할 수 있어요.
　　 仕事柄ネイルができません。 일의 특성상 네일을 할 수 없어요.

**11** 발음이 같은 起業는 '창업'이라는 뜻이에요.
**13** 接客(접객)는 서비스업에서 사용되는 말로, 우리말의 '서빙'에 해당해요.
**17** 残業(잔업)는 업무 종료 후 남아서 추가로 근무하는 것으로 우리말의 '야근'에 해당해요.

| | | | | |
|---|---|---|---|---|
| 명사 | 18 | 有給休暇 | ゆう・きゅう・きゅう・か | 유급 휴가 |
| 카타카나 | 19 | フリーランス | | 프리랜서 |
| | 20 | CA | シー・エー | 승무원 |
| | 21 | ブラック企業 | ブラック・き・ぎょう | 블랙 기업 |
| い형용사 | 22 | 安い | やす・い | 싸다 |
| | 23 | 忙しい | いそが・しい | 바쁘다 |
| 동사 | 24 | 勤める | つと・める | 근무하다 |
| | 25 | クビになる | | 해고되다 |

**Tip**

**18** 有給休暇〔ゆうきゅうきゅうか〕는 휴일이라도 급여가 발생하는 날을 뜻해요. 줄여서 有休〔ゆうきゅう〕라고도 합니다.

**19** '프리랜서'를 일본에서는 フリーランス라고 해요. フリーランサー라는 말도 있지만, 이 말은 잘 쓰이지 않으니 주의하세요.

**20** CA〔シーエー〕는 다른 말로 キャビンアテンダント라고 해요.

**21** 장시간 노동을 강요하거나 업무량이 과한 곳, 혹은 급여가 제때 지급되지 않는 회사 등을 일컬어 '블랙 기업'이라고 합니다.

**25** 좀 더 세련된 표현으로는 解雇される〔かいこ〕(해고당하다)가 있어요.

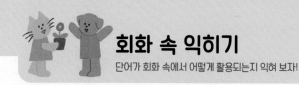

# 회화 속 익히기

단어가 회화 속에서 어떻게 활용되는지 익혀 보자!

🎧 02-2.mp3

친구와 원하는 일자리에 대해 얘기할 때

A
どんな会社に就職したい？

B
うーん。給料は、そんなに高くなくていいから有休をしっかりくれる会社がいいな。

A
そっかぁ。私は今やっているダンスの講師を続けたいからフリーランスかな。

B
フリーランスもいいよね。会社に勤めると残業がたくさんあったりして、入社してからブラック企業だったって気づくケースが多いみたいだよ。

:해석:

A : 어떤 회사에 취직하고 싶어?

B : 음. 월급은 그렇게 높지 않아도 되니까 유급 휴가를 제대로 주는 회사가 좋아.

A : 그렇구나. 나는 지금 하고 있는 댄스 강사를 계속하고 싶으니까 프리랜서려나.

B : 프리랜서도 좋지. 회사에 근무하면 야근이 많아서 입사하고 나서 블랙 기업이었다고 깨닫는 경우가 많은가 봐.

## 단어

どんな 어떤 | 会社 회사 | 高い 높다, 비싸다 | しっかり 확실히, 제대로 | くれる 주다 | いい 좋다 | やっている 하고 있다 | 講師 강사 | 気づく 깨닫다, 알아차리다 | ケース 케이스, 경우 | 多い 많다

# 마무리 연습문제

**1.** 일본어와 뜻을 알맞게 연결해 보세요.

1 会社員（かいしゃいん） ・　　　　　　　　　・ ① 점장

2 残業（ざんぎょう） ・　　　　　　　　　・ ② 야근

3 ブラック企業（きぎょう） ・　　　　　　　　　・ ③ 회사원

4 店長（てんちょう） ・　　　　　　　　　・ ④ 유급 휴가

5 有給休暇（ゆうきゅうきゅうか） ・　　　　　　　　　・ ⑤ 블랙 기업

**2.** 보기에서 알맞은 단어를 골라 우리말에 맞게 문장을 완성하고 소리 내어 읽어 보세요. 🎧 02-3.mp3

> [보기]
>
> 芸能人（げいのうじん） | 安い（やすい） | 入社（にゅうしゃ） | 職業柄（しょくぎょうがら） | 学生（がくせい）

1 給料（きゅうりょう）が＿＿＿＿＿＿＿。

월급이 싸요(적어요).

2 明日（あした）で＿＿＿＿＿＿＿してから５年目（ごねんめ）になる。

내일로 입사한 지 5년째가 된다.

3 小（ちい）さい頃（ころ）は＿＿＿＿＿＿＿になりたかったです。

어렸을 때는 연예인이 되고 싶었어요.

4 私（わたし）はまだ＿＿＿＿＿＿＿です。

저는 아직 학생이에요.

# 취미

영화 감상

나 홀로 여행

요리

어학 공부

산책

카페 탐방

필라테스

셀카

 잠깐! 먼저 QR코드를 찍으세요!

책을 펼치고
동영상 강의를 보면서
학습을 시작합니다!

 ×  ×

동영상 강의 보기　　mp3 파일 듣기　　본책

# 단어 읽는 법과 뜻 알기

품사별로 읽는 법과 뜻을 빠르게 익혀 보자!

| | | 읽는 법 | 뜻 |
|---|---|---|---|
| | **01** 趣味 | しゅ・み | 취미 |
| | **02** 山登り | やま・のぼ・り | 등산 |
| | **03** 映画鑑賞 | えい・が・かん・しょう | 영화 감상 |
| | **04** 一人旅 | ひとり・たび | 나 홀로 여행 |
| 명사 | **05** お菓子作り | お・か・し・づく・り | 과자 만들기 |
| | **06** 音楽 | おん・がく | 음악 |
| | **07** 語学勉強 | ご・がく・べん・きょう | 어학 공부 |
| | **08** 散歩 | さん・ぽ | 산책 |
| | **09** 読書 | どく・しょ | 독서 |

**Tip**

**04** 혼자 하는 여행의 경우, 당일치기 여행도 많은데요, '당일치기 여행'은 日帰り旅行(ひがえり りょこう)라고 합니다.

예 最近(さいきん)、一人旅(ひとり たび)にはまっている。 요즘 나 홀로 여행에 빠져 있어.

**05** お菓子作り(か しづく)는 직역하면 '과자 만들기'지만, 과자는 물론 쿠키, 케이크까지 허용되는 말입니다. 즉, '간식 만들기'라고 생각하면 돼요.

24

| | | | | |
|---|---|---|---|---|
| 명사 | 10 | **教室** | きょう・しつ | 교실 |
| | 11 | **多趣味** | た・しゅ・み | 취미가 많음 |
| | 12 | **自撮り** | じ・ど・り | 셀카 |
| 카타카나 | 13 | **グルメ** | | 맛집 탐방 |
| | 14 | **カフェ巡り** | カフェ・めぐ・り | 카페 탐방 |
| | 15 | **カラオケ** | | 노래방 |
| | 16 | **ドラマ** | | 드라마 |
| | 17 | **ジム** | | 헬스장 |

**Tip**

10 보통 '성인이 다니는 학원'을 일본에서는 ○○教室이라고 해요.
　예 料理教室 요리 교실 ｜ 英会話教室 영어회화 교실 ｜ パソコン教室 컴퓨터 교실

13 특정 지역의 맛집 탐방이라고 표현할 때는 지역명에 グルメ만 붙이면 돼요. 예를 들어 후쿠오카 지역의 맛집 탐방은 福岡グルメ라고 해요. 맛집을 검색할 때 아주 유용한 표현으로 ～グルメランキング(～맛집 랭킹)라고 검색하면 해당 지역의 맛집을 쉽게 찾을 수 있습니다.

14 '예쁜 카페를 찾아다니는 것'을 カフェ巡り라고 해요.

17 '헬스장'은 スポーツジム라고 하는데, 일상생활에서는 주로 줄임말인 ジム라고 해요. '헬스'를 그대로 카타카나로 표기한 ヘルス는 성매매를 하는 장소를 뜻하므로 주의해야 합니다.
　예 ジムに通っています。 헬스장에 다녀요.

| | | | | |
|---|---|---|---|---|
| 카타카나 | 18 | ヨガ | | 요가 |
| | 19 | ピラティス | | 필라테스 |
| | 20 | ドライブ | | 드라이브 |
| い형용사 | 21 | 出費が痛い | しゅっ・ぴ・が・いた・い | 아플 만큼 지출이 크다 |
| 동사 | 22 | 撮る | と・る | (사진을) 찍다 |
| | 23 | 盛れる | も・れる | (사진이) 잘 나오다, 잘 찍히다 |
| | 24 | はまる | | 빠지다, 열중하다 |
| | 25 | 習い始める | なら・い・はじ・める | 배우기 시작하다 |

**Tip**

**18** '요가복'은 ヨガウェア, '요가매트'는 ヨガマット라고 합니다.

**21** 出費が痛い는 마음이 아플 만큼 지출이 클 때 쓰는 표현인데요, 비슷한 표현으로는 お金がかかる(돈이 들다)가 있어요.

**23** 셀카 찍을 때 자주 쓰는 말로, '사진이 예쁘게 잘 나왔'을 때 盛れた라고 해요.

**25** ～始める는 '～하기 시작하다'라는 뜻으로 다양하게 활용할 수 있어요.
  예 通い始める 다니기 시작하다 | 勉強し始める 공부하기 시작하다

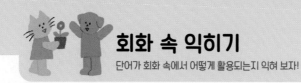

# 회화 속 익히기

단어가 회화 속에서 어떻게 활용되는지 익혀 보자!

🎧 03-2.mp3

친구에게 취미를 물어볼 때

A

さやちゃんって何か趣味ある?

B

うーん、一人旅も好きだし、カフェ巡りもよくするし、
最近は英会話教室にも通い始めた！

A

え、思ったより多趣味なんだね?

B

そうだね。だから結構毎月、出費が痛いんだよね。

┊ 해석 ┊

A : 사야는 뭔가 취미 있어?

B : 음, 나 홀로 여행도 좋아하고, 카페 탐방도 자주 하고, 요즘에는 영어회화 교실에도 다니기 시작했어!

A : 어, 생각보다 취미가 많네?

B : 그런 셈이지. 그래서 꽤 매달 아플 만큼 지출이 커.

**단어**

**何か** 무엇인가, 뭔가 | **ある** (물건·사물 등이) 있다 | **うーん** 음 | **好きだ** 좋아하다 | **よく** 잘, 자주 |
**最近** 최근, 요즘 | **思ったより** 생각보다 | **結構** 꽤, 제법, 상당히 | **毎月** 매달, 매월

27

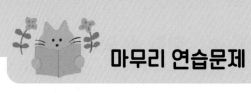

## 마무리 연습문제

**1.** 일본어와 뜻을 알맞게 연결해 보세요.

① 映画鑑賞 ・      ・① 셀카

② カフェ巡り ・     ・② 카페 탐방

③ はまる ・      ・③ 빠지다, 열중하다

④ 自撮り ・      ・④ 지출이 크다

⑤ 出費が痛い ・     ・⑤ 영화 감상

**2.** 보기에서 알맞은 단어를 골라 우리말에 맞게 문장을 완성하고 소리 내어 읽어 보세요. 🎧 03-3.mp3

> **[보기]**
>
> ジム ｜ 盛れる ｜ 趣味 ｜ 多趣味 ｜ 教室

① この写真、すごい＿＿＿＿＿＿。

이 사진 굉장히 잘 나왔어.

② 来月から料理＿＿＿＿＿＿に通うんだ。

다음 달부터 요리 교실에 다녀.

③ 週末は運動しに＿＿＿＿＿＿に行きます。

주말에는 운동하러 헬스장에 가요.

④ 私は旅行したり、運動したり、本を読んだりと＿＿＿＿＿＿です。

저는 여행하거나 운동하거나 책을 읽거나 하며 취미가 많아요.

28

# 특기

이런 단어, 알고 있나요?

노래

대식가

바느질

수영

운전

음치

게임

메이크업

 **잠깐! 먼저 QR코드를 찍으세요!**

책을 펼치고
동영상 강의를 보면서
학습을 시작합니다!

 ×  × 　　

동영상 강의 보기　　mp3 파일 듣기　　본책

# 단어 읽는 법과 뜻 알기

품사별로 읽는 법과 뜻을 빠르게 익혀 보자!

🎧 04-1.mp3

| | | | |
|---|---|---|---|
| 01 | 特技 | とく・ぎ | 특기 |
| 02 | 歌 | うた | 노래 |
| 03 | 裁縫 | さい・ほう | 재봉, 바느질 |
| 04 | 大食い | おお・ぐ・い | 많이 먹음, 대식(가) |
| 05 | 部活 | ぶ・かつ | 부 활동, 동아리 활동 |
| 06 | 絵 | え | 그림 |
| 07 | 水泳 | すい・えい | 수영 |
| 08 | 運転 | うん・てん | 운전 |
| 09 | 製作 | せい・さく | 제작 |

명사

### Tip

**04** 말랐지만 많이 먹는 경우에는 痩せの大食い(말랐지만 대식(가))라고 해요.

**05/17** 일본에서 동아리 활동은 部活(부 활동)와 サークル(서클) 두 가지로 구분합니다. 부 활동의 경우는 학교 대표로 전국 대회 출전을 목표로 훈련하는 야구부, 럭비부와 같은 운동부 등을 일컫고, 서클의 경우는 대학에서 취미로 즐길 수 있는 동아리 활동을 말해요. 여유로운 대학 생활을 지향할 경우, 부 활동보다는 서클을 선호합니다.

**06** '그림을 그리다'는 絵を描く라고 해요.

| 명사 | 10 | 音痴 | おん・ち | 음치 |
|------|----|------|---------|------|
| 카타카나 | 11 | ゴルフ | | 골프 |
| | 12 | スキー | | 스키 |
| | 13 | ゲーム | | 게임 |
| | 14 | メイク | | 메이크업, 화장 |
| | 15 | ピアノ | | 피아노 |
| | 16 | バスケ | | 농구 |
| | 17 | サークル | | 서클, 동아리 |

**Tip**

10 길을 잘 헤매는 '길치'는 方向音痴, 기계에 둔한 '기계치'는 機械音痴, 운동을 잘 못하는 '몸치'는 運動音痴라고 합니다.

예 方向音痴だし、電車もしょっちゅう乗り間違えるんだ。 길치인 데다 전철도 항상 잘 못 타.

12 우리는 '스키를 탄다'고 하지만, 일본에서는 '스키를 한다'고 해요. 따라서 일본어로 '스키를 타다'는 スキーに乗る가 아닌 スキーをする라고 한다는 점에 주의하세요.

14 '화장'은 化粧라고 하는데, 요즘에는 メイク라는 표현도 자주 써요.

16 '농구'는 バスケットボール라고 하는데, 보통 줄여서 バスケ라고 해요.

| | | | | |
|---|---|---|---|---|
| な형용사 | 18 | **上手だ** | じょう·ず·だ | 잘하다 |
| | 19 | **下手だ** | へ·た·だ | 못하다<br>*上手(じょうず)だ의 반대말 |
| | 20 | **得意だ** | とく·い·だ | 잘하다, 자신만만하다 |
| | 21 | **苦手だ** | にが·て·だ | 잘 못하다, 서투르다<br>*得意(とくい)だ의 반대말 |
| | 22 | **器用だ** | き·よう·だ | 재주·요령이 좋다 |
| | 23 | **不器用だ** | ぶ·き·よう·だ | 재주·요령이 나쁘다 |
| い형용사 | 24 | **上手い** | う·ま·い | 잘하다 |
| 동사 | 25 | **教える** | おし·える | 가르치다 |

**Tip**

**18/24** 上手(じょうず)だ와 上手(うま)い의 경우, 같은 한자를 쓰는 만큼 의미에 큰 차이는 없습니다. 두 단어 모두 자신이 아닌 타인을 칭찬할 때 쓰며, 上手(じょうず)だ가 공식적인 표현인 반면, 上手(うま)い는 캐주얼한 표현으로 거리낌 없는 사이에서 사용해요. 또한 上手(うま)い의 경우, 히라가나로 표기할 때 '맛있다'는 뜻도 있어 더욱 광범위한 표현이라고 할 수 있어요. 단, 이때는 남성 언어로 '맛있다'는 표현이니 뉘앙스에 유의하세요.

**20** 得意(とくい)だ는 자신감에 차서 잘한다고 할 때 쓰는 말로, 타인은 물론 자신을 칭찬할 때도 쓸 수 있어요.

**22/23** 주로 手先(てさき)が器用(きよう)だ(손재주가 있다) 혹은 手先(てさき)が不器用(ぶきよう)だ(손재주가 없다)라는 표현으로 많이 쓰입니다.

자신의 특기 발표를 준비하며

A　明日、発表する「私の特技」、決めた？

B　うん。私は6年間部活でバスケをやってたから、

バスケにするつもり。

A　そっか〜。私まだ決まってないんだよね、どうしよう。

B　あいちゃん、よく裁縫やってるじゃん！ それはどう？
手先が器用じゃないとできないことだし、特技じゃない？

A　たしかに！ そうしよう！ ありがとう。

∶ 해석 ∶

A : 내일 발표할 '나의 특기' 정했어?

B : 응. 나는 6년간 동아리 활동으로 농구를 했으니까 농구로 하려고.

A : 그렇구나~. 난 아직 정해지지 않은 거 있지, 어떡해.

B : 아이, 자주 바느질하잖아! 그건 어때? 손재주가 없으면 못하는 거고, 특기 아냐?

A : 그러게! 그렇게 하자! 고마워.

### 단어

**発表** 발표 ｜ **決める** 정하다 ｜ **〜年間** 〜년간 ｜ **やる** 하다(する보다 다소 거친 느낌으로 구어체에서 사용함) ｜

**まだ** 아직 ｜ **決まる** 정해지다 ｜ **どうしよう** 어떡해 ｜ **手先** 손끝

**1.** 일본어와 뜻을 알맞게 연결해 보세요.

① 運転 •　　　　　　　　• ① 노래

② 上手だ •　　　　　　　　• ② 운전

③ 教える •　　　　　　　　• ③ 못하다

④ 下手だ •　　　　　　　　• ④ 잘하다

⑤ 歌 •　　　　　　　　• ⑤ 가르치다

**2.** 보기에서 알맞은 단어를 골라 우리말에 맞게 문장을 완성하고 소리 내어 읽어 보세요. 🎧 04-3.mp3

[보기]

音痴 ｜ 苦手だ ｜ 得意だ ｜ 大食い ｜ 不器用だ

① 私はすごく_____なので歌えません。

저는 엄청 음치라서 노래를 못 불러요.

② 私は英語が_____なので、学校の先生になりたいです。

저는 영어를 잘해서 학교 선생님이 되고 싶어요.

③ 私は_____なので、細かい作業が出来ません。

저는 재주가 없어서 세세한 작업을 못 해요.

④ 来週は_____大会です。

다음 주는 많이 먹기 대회입니다.

# 성격

## 이런 단어, 알고 있나요?

배려

내성적

성급함

이기적임

대담하다

활발하다

까다롭다

기가 세다

 잠깐! 먼저 QR코드를 찍으세요!

책을 펼치고
동영상 강의를 보면서
학습을 시작합니다!

 동영상 강의 보기

×  mp3 파일 듣기

×  본책

# 단어 읽는 법과 뜻 알기

품사별로 읽는 법과 뜻을 빠르게 익혀 보자!

🎧 05-1.mp3

| | | | | |
|---|---|---|---|---|
| 명사 | 01 | **気配り** | き·くば·り | 배려, 여러모로 마음을 두루 씀 |
| | 02 | **内気** | うち·き | 내성적 |
| | 03 | **大ざっぱ** | おお·ざっぱ | 조잡함, 대충함 |
| | 04 | **せっかち** | | 성급함 |
| | 05 | **無関心** | む·かん·しん | 무관심 |
| | 06 | **小心者** | しょう·しん·もの | 소심한 사람 |
| | 07 | **自己中** | じ·こ·ちゅう | 이기적임, 이기적인 사람 |
| 카타카나 | 08 | **ナルシスト** | | 나르시스트 |
| な형용사 | 09 | **几帳面だ** | き·ちょう·めん·だ | 꼼꼼하다 |

> **Tip**
>
> **06** 작은 일에도 남의 눈이 신경 쓰여 스스로 행동할 수 없는 겁쟁이를 가리키는 말입니다. 비슷한 표현으로 気が小さい(소심하다, 도량이 작다)가 있어요.
>
> **07** 自己中心的(자기 중심적)의 줄임말로, 자기밖에 모르는 '이기적인 사람'을 가리킵니다.
> 예 自己中でごめんなさい。 이기적이라서 미안해요.
>
> **08** 병적으로 자기애가 강한 사람을 나르시스트라고 하죠? 친구들과 농담으로 '자뻑하냐?'라고 말할 때 ナルシストかよ!라고 표현하곤 합니다.

| | | | |
|---|---|---|---|
| な형용사 | 10 社交的だ | しゃ・こう・てき・だ | 사교적이다 |
| | 11 旺盛だ | おう・せい・だ | 왕성하다 |
| | 12 適当だ | てき・とう・だ | 적당하다,<br>대충대충이다,<br>설렁설렁이다 |
| | 13 熱心だ | ねっ・しん・だ | 열심이다 |
| | 14 大胆だ | だい・たん・だ | 대담하다 |
| | 15 活発だ | かっ・ぱつ・だ | 활발하다 |
| い형용사 | 16 細かい | こま・かい | 세세하다, 까다<br>롭다, 정통하다 |
| | 17 温かい | あたた・かい | 따뜻하다 |

**Tip**

11 好奇心が旺盛だ(호기심이 왕성하다)라는 표현으로 자주 써요.
   예 こう見えてけっこう好奇心が旺盛ですから。이래 봬도 꽤 호기심이 왕성하거든요.

12 適当だ는 주로 안 좋은 의미로 쓰이며, 반대의 의미로는 真面目だ(성실하다)가 있습니다.
   예 適当な人 대충대충인 사람, 설렁설렁인 사람
   適当にやればいいじゃん。대충 하면 되잖아.
   もう少し真面目にやればよかった。좀 더 성실히 할걸.

16 細かい人는 모든 것에 예민한 까다로운 사람을 뜻해요. 자기가 맞다고 생각하며 신경질적인 측면이 있는
   완벽주의 성향이라고도 불립니다.

| | | | |
|---|---|---|---|
| い형용사 | 18 | 大人しい | おとな・しい | 얌전하다, 온순하다 |
| | 19 | 大人っぽい | おとな・っぽい | 어른스럽다 |
| | 20 | 優しい | やさ・しい | 친절하다, 상냥하다 |
| | 21 | 賢い | かしこ・い | 현명하다, 영리하다 |
| | 22 | 頭がいい | あたま・がいい | 머리가 좋다 |
| | 23 | 気が強い | き・が・つよ・い | 기가 세다 |
| 동사 | 24 | 心を開く | こころ・を・ひら・く | 마음을 열다 |
| | 25 | 尊敬する | そん・けい・する | 존경하다 |

**Tip**

**18/19** 大人しい가 '얌전하다'라는 뜻인 반면, 大人っぽい는 외모나 태도 등이 실제 나이에 비해 성숙하여 어른스러워 보인다는 뜻이에요.

예 年より大人っぽく見えますね。 나이보다 어른스러워 보이네요.
ここ数年大人しい服しか買ってないです。 요 몇 년 간 얌전한 옷밖에 안 샀어요.

**23** 반대말로 '기가 약하다'는 気が弱い라고 해요.

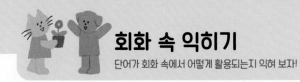

# 회화 속 익히기

단어가 회화 속에서 어떻게 활용되는지 익혀 보자!

🎧 05-2.mp3

서로의 이상형을 물을 때

A
<sub>かのじょ</sub>
彼女にするならどんな<sub>せいかく</sub>性格の<sub>ひと</sub>人がいいですか。

B
そうですね、<sub>ぼく</sub>僕がわりと<sub>うちき</sub>内気な<sub>せいかく</sub>性格なので<sub>かっぱつ</sub>活発な<sub>じょせい</sub>女性が
いいですね。でも<sub>き</sub>気が<sub>つよ</sub>強い<sub>じょせい</sub>女性は<sub>にがて</sub>苦手です。あとは<sub>き</sub>気
<sub>くば</sub>配りができる<sub>じょせい</sub>女性は<sub>み りょくてき</sub>魅力的ですね。じゅりさんはどんな
<sub>だんせい</sub>男性が<sub>み りょくてき</sub>魅力的ですか。

A
<sub>わたし</sub>私は<sub>そんけい</sub>尊敬できる<sub>ひと</sub>人がいいです。<sub>ひと</sub>人に<sub>たい</sub>対して<sub>む かんしん</sub>無関心な
<sub>ひと</sub>人やナルシストの<sub>ひと</sub>人は<sub>にがて</sub>苦手です。

B
<sub>たが</sub>お互い<sub>そんけい</sub>尊敬し<sub>あ</sub>合えたらいいですよね。

: 해석 :

A : 여자 친구로 한다면 어떤 성격의 사람이 좋아요?

B : 글쎄요, 제가 비교적 내성적인 성격이라서 활발한 여성이 좋아요. 근데 기가 센 여성은 좀 그래요. 다음
으로는 배려를 할 수 있는 여성은 매력적이에요. 주리 씨는 어떤 남성이 매력적이에요?

A : 저는 존경할 수 있는 사람이 좋아요. 사람에 대해서 무관심한 사람이나 나르시스트인 사람은 별로예요.

B : 서로 함께 존경할 수 있으면 좋겠네요.

단어

<sub>かのじょ</sub>彼女 그녀, 여자 친구 | どんな 어떤 | <sub>せいかく</sub>性格 성격 | <sub>ぼく</sub>僕 (남성이 본인을 지칭할 때) 저, 나 | わりと 비교적 |
<sub>じょせい</sub>女性 여성 | <sub>だんせい</sub>男性 남성 | ～に<sub>たい</sub>対して ～에 대해서 | <sub>たが</sub>お互い 서로

39

# 마무리 연습문제

**1.** 일본어와 뜻을 알맞게 연결해 보세요.

① 社交的だ (しゃこうてき) •

② 旺盛だ (おうせい) •

③ 大人っぽい (おとな) •

④ 気が強い (き つよ) •

⑤ 大胆だ (だいたん) •

• ① 어른스럽다

• ② 사교적이다

• ③ 대담하다

• ④ 왕성하다

• ⑤ 기가 세다

**2.** 보기에서 알맞은 단어를 골라 우리말에 맞게 문장을 완성하고 소리 내어 읽어 보세요. 🎧 05-3.mp3

> [보기]
>
> 頭がいい (あたま) ｜ 賢い (かしこ) ｜ 細かい (こま) ｜ 温かい (あたた) ｜ 尊敬する (そんけい)

① 弟 (おとうと) は＿＿＿＿＿ので入試で満点をとった。(にゅうし まんてん)

남동생은 머리가 좋아서 입시에서 만점을 받았다.

② 私 (わたし) は＿＿＿＿＿部分まで気になる性格です。(ぶぶん き せいかく)

저는 세세한 부분까지 신경 쓰이는 성격이에요.

③ 私は父を＿＿＿＿＿＿。(わたし ちち)

저는 아버지를 존경합니다.

④ カラスってやっぱり＿＿＿＿＿ですね。

까마귀는 역시 영리하네요.

# 취향

이런 단어, 알고 있나요?

육식계

취향

집착

유행

꽃무늬

물방울

스타일

페티시

잠깐! 먼저 QR코드를 찍으세요!

책을 펼치고
동영상 강의를 보면서
학습을 시작합니다!

 ×  ×

동영상 강의 보기　　mp3 파일 듣기　　본책

# 단어 읽는 법과 뜻 알기

품사별로 읽는 법과 뜻을 빠르게 익혀 보자!

| | | | | |
|---|---|---|---|---|
| 명사 | 01 | 肉食系 | にく・しょく・けい | 육식계 |
| | 02 | 草食系 | そう・しょく・けい | 초식계 |
| | 03 | 大好物 | だい・こう・ぶつ | 가장 좋아하는 것(주로 음식) |
| | 04 | 好み | この・み | 취향, 기호 |
| | 05 | こだわり | | 고수, 고집, 집착 |
| | 06 | 流行 | りゅう・こう | 유행 |
| | 07 | ～派 | は | ～파 |
| | 08 | 花柄 | はな・がら | 꽃무늬 |

### Tip

**01** 肉食系男子(육식계 남자)는 우리말 '육식남'에 해당하는 표현으로, 이성에게 정열적이고 적극적인 남자를 뜻합니다. 반대말로는 草食系男子(초식계 남자)가 있는데요, 우리말 '초식남'에 해당하는 표현으로, 이성에게 친절하지만 소극적인 남자를 뜻합니다.

**05** こだわる(고수하다, 집착하다)라는 동사의 형태로 쓰기도 합니다. 긍정적인 의미로는 '타협하지 않고 철저히 고수한다'는 의미를 가지지만, 부정적인 의미로 쓸 때는 '필요 이상으로 신경 쓰고 집착한다'는 의미가 있어요.
　예 そこまでこだわる必要ある？ 그렇게까지 집착할 필요 있니?

**07** 일상 회화에서 다른 단어와 함께 쓰이기도 합니다.
　예 イヌ派？ ネコ派？ どっち派？ 강아지파？ 고양이파？ 어디 파야？

| | | | | |
|---|---|---|---|---|
| 명사 | 09 | 水玉 | みず・たま | 물방울 |
| | 10 | 無地 | む・じ | 민무늬 |
| 카타카나 | 11 | ストライプ | | 스트라이프, 줄무늬 |
| | 12 | ボーダー | | 가로줄 무늬 |
| | 13 | スタイル | | 스타일 |
| | 14 | タイプ | | 타입, 이상형 |
| | 15 | ドS | ド・エス | 지극한 사디스트 |
| | 16 | ドM | ド・エム | 지극한 마조히스트 |

Tip

**11** 다른 말로 縞模様(しま も よう)(얼룩무늬)라고도 합니다.

**13** '스타일이 좋다'는 간혹 スタイルがいい로 오역될 수 있는데, 일본어로 スタイルがいい는 '몸매가 좋다'는 뜻입니다. 우리가 흔히 말하는 '스타일이 좋다'는 ファッションセンスがある(패션 센스가 있다)로 표현하니 주의하세요.

**15/16** 성적 취향은 물론 성향을 물을 때 쓰는 말로, ド는 우리말 '극심함'을 뜻하며, 알파벳 S는 '사디스트', M은 '마조히스트'를 뜻합니다. 즉, ドS는 '지극한 사디스트'로 남을 괴롭힐 때 희열을 느끼는 성향, ドM은 '지극한 마조히스트'로 사람한테 괴롭힘당하는 것을 좋아하는 성향을 말해요.

| | | | | |
|---|---|---|---|---|
| 카<br>타<br>카<br>나 | 17 | フェチ | | 페티시 |
| | 18 | シンプル | | 심플 |
| い<br>형<br>용<br>사 | 19 | 目がない | め·がない | 사족을 못 쓰다 |
| | 20 | 疎い | うと·い | 잘 모르다,<br>(사정에) 어둡다 |
| 동<br>사 | 21 | 流行っている | はや·っている | 유행하고 있다 |
| | 22 | 似ている | に·ている | 비슷하다,<br>닮았다 |
| | 23 | 尽くす | つ·くす | 다하다,<br>헌신하다 |
| | 24 | 尽くされる | つ·くされる | 헌신받다,<br>사랑받다 |
| | 25 | 人による | ひと·による | 사람에 따라<br>다르다 |

**Tip**

**17** 이성의 특정 부분을 좋아할 때 쓰는 표현이에요. 声フェチ(목소리 페티시), メガネフェチ(안경 페티시) 등의 형태로 쓰입니다.

**19** 단순히 見る目がない라고 하면 '보는 눈이 형편없다'는 뜻이지만, 관용어로 '너무 좋아하는 나머지 사족을 못 쓰다'라는 뜻도 있어요.

**20** '유행에 둔하다'는 流行に疎い라고 합니다.

**23/24** 연애를 주제로 얘기할 때 자주 등장하는 표현으로, 우리말에 걸맞게 표현하자면 尽くす는 '사랑을 주다', 尽くされる는 '사랑을 받다'가 됩니다.

친구와 좋아하는 옷 취향에 대해 말하며

A
りさちゃんはどんな服が好き？

B
私は、流行の服より自分に合ったシンプルな服が好きかな。今流行ってる花柄のワンピースとか、かわいいんだけど、私には似合わないんだよね。

A
確かに！りさちゃんいつもシンプルな服装が多いかも！

B
そうそう。だからたまに友達に「流行に疎いの？」って勘違いされることがあるんだ。

: 해석 :

A : 리사는 어떤 옷을 좋아해?

B : 나는 유행하는 옷보다 나한테 맞는 심플한 옷을 좋아해. 지금 유행하고 있는 꽃무늬 원피스라든지, 귀엽지만 나한텐 안 어울리거든.

A : 확실히! 리사는 항상 심플한 복장이 많은 것 같아!

B : 맞아맞아. 그래서 가끔 친구한테 '유행에 둔해?'라고 오해받는 경우가 있어.

### 단어

| | | | |
|---|---|---|---|
| 服 옷 | 好きだ 좋아하다 | 自分 나, 나 자신 | 合う 맞다 | 今 지금 | ワンピース 원피스 | かわいい 귀엽다 |
| 似合わない 안 어울리다 | 確かに 확실히 | 服装 복장 | 多い 많다 | 勘違い 착각 |

# 마무리 연습문제

**1.** 일본어와 뜻을 알맞게 연결해 보세요.

① フェチ　・

② <ruby>花柄<rt>はながら</rt></ruby>　・

③ シンプル　・

④ <ruby>草食系<rt>そうしょくけい</rt></ruby>　・

⑤ <ruby>流行<rt>りゅうこう</rt></ruby>　・

・① 페티시

・② 꽃무늬

・③ 유행

・④ 초식계

・⑤ 심플

**2.** 보기에서 알맞은 단어를 골라 우리말에 맞게 문장을 완성하고 소리 내어 읽어 보세요. 🎧 06-3.mp3

> [보기]
>
> <ruby>派<rt>は</rt></ruby> | <ruby>肉食系<rt>にくしょくけい</rt></ruby> | <ruby>似ている<rt>に</rt></ruby> | <ruby>好み<rt>この</rt></ruby> | <ruby>無地<rt>むじ</rt></ruby>

① <ruby>私<rt>わたし</rt></ruby>は<ruby>米<rt>こめ</rt></ruby>より<ruby>麺<rt>めん</rt></ruby>＿＿＿＿＿です。

저는 쌀보다 면파예요.

② <ruby>人<rt>ひと</rt></ruby>によって<ruby>服<rt>ふく</rt></ruby>の＿＿＿＿＿は<ruby>違<rt>ちが</rt></ruby>います。

사람에 따라서 옷 취향은 달라요.

③ <ruby>私<rt>わたし</rt></ruby>は<ruby>好<rt>この</rt></ruby>みが＿＿＿＿＿<ruby>人<rt>ひと</rt></ruby>が<ruby>好<rt>す</rt></ruby>きです。

저는 취향이 닮은 사람을 좋아해요.

④ <ruby>運動<rt>うんどう</rt></ruby>のできる＿＿＿＿＿<ruby>男子<rt>だんし</rt></ruby>が<ruby>魅力的<rt>みりょくてき</rt></ruby>です。

운동을 잘하는 육식계 남자가 매력적이에요.

# 관계 · 나의 집

# PART 2

# 가족

이런 단어, 알고 있나요?

부모님

아버지

어머니

형제

자매

사촌

친척

조카

 잠깐! 먼저 QR코드를 찍으세요!

책을 펼치고
동영상 강의를 보면서
학습을 시작합니다!

 동영상 강의 보기  ✕  mp3 파일 듣기  ✕  본책

| | | | | |
|---|---|---|---|---|
| 명사 | 01 | 両親 | りょう・しん | 부모님 |
| | 02 | 家族 | か・ぞく | 가족 |
| | 03 | 親戚 | しん・せき | 친척 |
| | 04 | お父さん | お・とう・さん | 아버지 |
| | 05 | 父 | ちち | 아버지(남에게 소개할 때) |
| | 06 | おやじ | | 아버지, 아재 |
| | 07 | お母さん | お・かあ・さん | 어머니 |
| | 08 | 母 | はは | 어머니(남에게 소개할 때) |

**Tip**

**04/05** 기본적으로 '아버지'를 부를 때 お父さん이라고 하지만, '나의 아버지'를 남에게 소개할 때는 父라고 합니다. 남에게 우리 아버지를 말할 때 お父さん이라고 하면 표현이 어색해지니 주의하세요.

**06** 남자들이 아버지를 친근하게 부를 때 사용해요. 남성어이기 때문에 아버지를 부를 때 여자들은 사용하지 않으며, '아재'라는 뜻도 있어서 아재 개그를 일컬을 때 사용하기도 해요.

**07/08** '어머니'는 お母さん이라고 하는데, '나의 어머니'를 남에게 소개할 때는 母라고 합니다. 남에게 말할 때 お母さん이라고 하면 잘못된 표현이에요.

| | | | |
|---|---|---|---|
| 09 | おふくろ | | 어머니 |
| 10 | お姉さん | お・ねえ・さん | 누나, 언니 |
| 11 | 姉 | あね | 누나, 언니(남에게 소개할 때) |
| 12 | お兄さん | お・にい・さん | 형, 오빠 |
| 13 | 兄 | あに | 형, 오빠(남에게 소개할 때) |
| 14 | 弟 | おとうと | 남동생 |
| 15 | 妹 | いもうと | 여동생 |
| 16 | 兄弟 | きょう・だい | 형제 |

명사

**09** '어머니'를 친근하게 부를 때 사용합니다. 남성어이기 때문에 어머니를 부를 때 여자들은 사용하지 않지만 그 외로 고유명사처럼 '어머니의 손맛'을 일컬을 때도 써요.

예 駅前にザ・おふくろの味みたいな定食屋がある。 역 앞에 본격 어머니의 손맛 같은 정식집이 있다.

  * 자는 영어 The의 일본식 표현으로, 명사를 강조할 때 명사 앞에 세트로 붙여서 써요.

**10/12** 일반적으로는 お姉さん 혹은 お兄さん이라고 부르지만, 가족끼리 부를 때는 お姉ちゃん 혹은 お兄ちゃん이라고 부르는 경우가 많아요.

**14** 정중하게 말할 때는 弟さん이라고 해요.

**15** 정중하게 말할 때는 妹さん이라고 해요.

**16** '형제자매'가 있는지 물을 때 일본에서는 기본적으로 형제로 통일하여 兄弟はいますか(형제는 있어요?)라고 묻습니다.

| | | | |
|---|---|---|---|
| | 17 | 姉妹 | し・まい | 자매 |
| | 18 | おじいさん | | 할아버지 |
| | 19 | おばあさん | | 할머니 |
| | 20 | おじさん | | 삼촌, 백부, 숙부, 아저씨 |
| 명사 | 21 | おばさん | | 이모, 고모, 백모, 숙모, 아줌마 |
| | 22 | 従兄弟・従妹 | いとこ | 사촌 |
| | 23 | 甥っ子 | おい・っこ | 남자 조카 |
| | 24 | 姪っ子 | めい・っこ | 여자 조카 |
| | 25 | 義理～ | ぎ・り | 의붓～, 시～, 장(인, 모) |

**Tip**

**18/19** '할아버지'를 부를 때는 おじいさん 혹은 おじいちゃん이라고 하고, '할머니'를 부를 때는 おばあさん 혹은 おばあちゃん이라고 하지만, '나의 할아버지' '나의 할머니'를 남에게 소개할 때는 祖父, 祖母 라고 해요.

**22** 성별에 따라서 한자를 구분해서 써요. '남자 사촌'의 경우는 従兄弟, '여자 사촌'의 경우는 従妹로 표기합니다.

**25** 혈연 관계가 아닌 가족을 부를 때 義理～를 붙여서 표현합니다. 시부모님 혹은 처가의 어르신을 義理の 両親이라고 하는데, '시아버지, 장인'은 義理のお父さん, '시어머니, 장모'는 義理のお母さん이라고 해요.

## 회화 속 익히기

단어가 회화 속에서 어떻게 활용되는지 익혀 보자!　🎧 07-2.mp3

자신의 가족 구성원을 소개할 때

A

さいとう
斉藤さんは何人家族ですか。

B

うちは4人家族です。

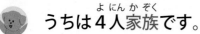
A

確か妹さんがいましたよね？

B

いいえ、父と母と姉が一人います。

あとペットもいます。

: 해석 :

A : 사이토 씨는 가족이 몇 명이에요?

B : 저희 집은 가족이 네 명이에요.

A : 아마 여동생분이 있었죠?

B : 아뇨, 아빠랑 엄마랑 누나가 한 명 있어요. 그리고 반려동물도 있어요.

 단어

なんにん
**何人** 몇 명 | **うち** 우리, 우리 집 | **確か** 확실히, 아마 | **いいえ** 아니요 | **一人** 한 명, 한 사람 | **あと** 그리고

**ペット** 펫, 반려동물 | **いる** (동물·식물이) 있다

# 마무리 연습문제

**1.** 일본어와 뜻을 알맞게 연결해 보세요.

**①** おじいさん　·

**②** 姪っ子　·

**③** 従兄弟　·

**④** 親戚　·

**⑤** お兄さん　·

· ① 여자 조카

· ② 친척

· ③ 형, 오빠

· ④ (남자) 사촌

· ⑤ 할아버지

**2.** 보기에서 알맞은 단어를 골라 우리말에 맞게 문장을 완성하고 소리 내어 읽어 보세요. 🎧 07-3.mp3

> [보기]
>
> 妹 ｜ 甥っ子 ｜ 親戚 ｜ 弟 ｜ 義理

**①** 私には３歳離れた＿＿＿＿＿がいます。

제게는 세 살 차이 나는 여동생이 있어요.

**②** お正月は＿＿＿＿＿が集まります。

설날에는 친척이 모입니다.

**③** ＿＿＿＿＿が生まれました。

남자 조카가 태어났어요.

**④** ＿＿＿＿＿の両親と一緒に暮らしています。

시부모님과 함께 살고 있어요.

# 친구

이런 단어, 알고 있나요?

| | | |
|---|---|---|
| 친구 | 절친 | 소꿉친구 |
| 동갑 | 쟤 | 절교 |
| | 다툼 | 화해 |

 잠깐! 먼저 QR코드를 찍으세요!

책을 펼치고
동영상 강의를 보면서
학습을 시작합니다!

 동영상 강의 보기　✕　 mp3 파일 듣기　✕　 본책

# 단어 읽는 법과 뜻 알기
품사별로 읽는 법과 뜻을 빠르게 익혀 보자!

| | | | |
|---|---|---|---|
| 명사 | 01 **友達** | とも・だち | 친구 |
| | 02 **親友** | しん・ゆう | 친한 친구, 절친 |
| | 03 **幼馴染** | おさな・な・じみ | 소꿉친구 |
| | 04 **同い年** | おな・い・どし | 같은 나이, 동갑 |
| | 05 **男友達** | おとこ・とも・だち | 남사친 |
| | 06 **女友達** | おんな・とも・だち | 여사친 |
| | 07 **よっ友** | よっ・とも | 인사 정도만 하는 친구 |
| | 08 **仲間** | なか・ま | 동무, 한패 |
| | 09 **同級生** | どう・きゅう・せい | 동급생 |

**Tip**

05 여자의 기준에서 봤을 때, 단순한 이성 친구를 가리켜요.

06 남자의 기준에서 봤을 때, 단순한 이성 친구를 가리켜요.

07 마주쳤을 때 가볍게 인사만 하는 친구를 가리켜요.

| | | | |
|---|---|---|---|
| 10 | 先輩 | せん・ぱい | 선배 |
| 11 | 後輩 | こう・はい | 후배 |
| 12 | 犬猿の仲 | けん・えん・の・なか | 견원지간 |
| 13 | 同窓会 | どう・そう・かい | 동창회 |
| 14 | あの子 | あの・こ | 쟤, 저 아이 |
| 15 | 元気 | げん・き | 건강한 모양, 잘 지냄 |
| 16 | 絶交 | ぜっ・こう | 절교 |
| 17 | 喧嘩 | けん・か | 다툼, 싸움 |

**Tip**

**12** 서로 사이가 나쁜 것을 견원지간이라고 합니다.
예 あの二人、犬猿の仲だと思ってたら、そうでもないみたいだよ。
그 두 사람 견원지간이라고 생각했었는데, 그런 것 같지도 않던데.

**14** 일상에서 이렇게 써요.
예 A : あの子、かわいくない？ 쟤, 귀엽지 않아?
B : うん、普通にかわいいね。 응, 평범하게 귀엽네.

**15** 오랜만에 만난 친구에게 안부를 물을 때 이렇게 써요.
예 最近どう？ 元気にしてる？ 요즘 어때? 잘 지내고 있어?

| | | | | |
|---|---|---|---|---|
| 명사 | 18 | 仲直り | なか・なお・り | 화해 |
| | 19 | 仲良し | なか・よ・し | 사이가 좋음, 혹은 그런 친구 |
| 카타카나 | 20 | タメ | | 동갑 |
| い형용사 | 21 | 仲が良い | なか・が・い・い | 사이가 좋다 |
| | 22 | 仲が悪い | なか・が・わる・い | 사이가 나쁘다 |
| | 23 | 性格が合わない | せい・かく・が・あ・わない | 성격이 안 맞다 |
| | 24 | 面白い | おも・しろ・い | 재미있다 |
| | 25 | うるさい | | 시끄럽다 |

**Tip**

**20** 응용하여 '반말'을 タメ口 혹은 タメ語라고 합니다.

　예　タメ語で話してもいいよ。 반말로 얘기해도 괜찮아.

**23** 반대말은 性格が合う(성격이 맞다)예요.

**25** うるさい는 기본적으로 '시끄럽다'라는 뜻이지만, '귀찮다'는 뉘앙스도 내포되어 있어요. 예를 들어 어머니가 아들에게 잔소리를 할 때 아들의 うるさい는 '시끄러, 귀찮아 죽겠네'라는 뜻이랍니다.

　예　久しぶりの実家で母親が朝からうるさい。 오랜만에 본가에 왔더니 어머니가 아침부터 시끄럽다.

친구와 다른 친구 이야기를 할 때

A
ねえねえ。あやかちゃんとゆりちゃん、最近一緒にいないね。

B
え、知らないの？ あの二人喧嘩したんだよ。

A
え？ あんなに仲良かったのに!? どうして喧嘩したの？

B
なんか、部活で先輩に怒られてそれが原因で喧嘩したらしいよ。

A
そうなんだ。早く仲直りしないと部活の雰囲気もずっと悪いだろうね。

**：해석：**

A : 있잖아. 아야카랑 유리, 요즘 함께 있지 않네.

B : 어, 몰라? 그 둘 싸웠잖아.

A : 어? 그렇게 사이좋았는데!? 왜 싸운 거야?

B : 뭔가, 동아리에서 선배한테 혼나서 그게 원인으로 싸웠대.

A : 그렇구나. 빨리 화해하지 않으면 동아리 분위기도 계속 나쁘겠다.

 **단어**

一緒に 함께, 같이 │ 知らない 모르다 │ 二人 두 사람, 2명 │ どうして 어째서, 왜 │ なんか 뭔가, 무언가, 무엇인가
部活 부 활동, 동아리 활동 │ 怒られる 혼나다 │ 原因 원인 │ 早く 빨리 │ 雰囲気 분위기 │ 悪い 나쁘다

# 마무리 연습문제

**1.** 일본어와 뜻을 알맞게 연결해 보세요.

① 親友<small>しんゆう</small> •

② タメ •

③ 絶交<small>ぜっこう</small> •

④ 仲が悪い<small>なか わる</small> •

⑤ 仲良し<small>なか よ</small> •

• ① 사이가 좋음

• ② 절교

• ③ 절친

• ④ 동갑

• ⑤ 사이가 나쁘다

**2.** 보기에서 알맞은 단어를 골라 우리말에 맞게 문장을 완성하고 소리 내어 읽어 보세요. 🎧 08-3.mp3

[보기]

喧嘩<small>けん か</small> | 幼馴染<small>おさな な じみ</small> | 同級生<small>どうきゅうせい</small> | 性格が合わない<small>せいかく あ</small> | 男友達<small>おとこともだち</small>

① あの二人<small>ふたり</small>はよく＿＿＿＿＿＿＿している。

그 두 사람은 자주 싸워.

② あの子は<small>こ</small>＿＿＿＿＿＿＿が多い<small>おお</small>。

쟤는 남사친이 많아.

③ 小さい<small>ちい</small>頃<small>ころ</small>からの＿＿＿＿＿＿＿だ。

어릴 때부터의 소꿉친구야.

④ あの子<small>こ</small>とは初め<small>はじ</small>から＿＿＿＿＿＿＿＿＿。

쟤랑은 처음부터 성격이 안 맞았어.

# Unit 09

# 연애

이런 단어, 알고 있나요?

남자 친구

전 여친

사랑

고백

썸

장거리 연애

재결합

짝사랑

 잠깐! 먼저 QR코드를 찍으세요!

책을 펼치고
동영상 강의를 보면서
학습을 시작합니다!

 ×  ×

동영상 강의 보기        mp3 파일 듣기        본책

# 단어 읽는 법과 뜻 알기
품사별로 읽는 법과 뜻을 빠르게 익혀 보자!

🎧 09-1.mp3

| | | | |
|---|---|---|---|
| 01 | 恋愛 | れん·あい | 연애 |
| 02 | 彼氏 | かれ·し | 남자 친구 |
| 03 | 彼女 | かの·じょ | 그녀, 여자 친구 |
| 04 | 恋人 | こい·びと | 애인 |
| 05 | 友達以上恋人未満 | とも·だち·い·じょう· こい·びと·み·まん | 친구 이상 애인 미만, 썸 타는 관계 |
| 06 | 恋 | こい | 사랑 |
| 07 | 気持ち | き·も·ち | 기분 |
| 08 | 告白 | こく·はく | 고백 |
| 09 | いい感じ | いい·かん·じ | 좋은 느낌 |

명사

## Tip

**03** 彼女(かのじょ)는 두 가지 뜻으로 사용됩니다. 문맥에 따라서 '그녀' 혹은 '여자 친구'라는 뜻으로 해석해요.

**04** 독신의 '연애 상대'는 恋人(こいびと)라고 하지만, 기혼자의 '불륜 상대'인 애인을 말할 때는 愛人(あいじん)이라고 합니다. 이 차이점에 주의하세요.

**06** 남녀 간 연애에서 느끼는 사랑은 恋(こい)라고 하지만, 인류애적인 차원의 폭넓은 사랑은 愛(あい)라고 구분해서 써요.

**08** '고백하다'는 告白(こくはく)する라고 합니다. 줄임말로 告(こく)る라고도 해요. 반면, '고백받다'는 告白(こくはく)される 혹은 줄임 말로 告(こく)られる라고 합니다.

| | | | |
|---|---|---|---|
| 10 | 遠距離恋愛 | えん・きょ・り・れん・あい | 장거리 연애 |
| 11 | 脈あり | みゃく・あり | 호감 있음, 썸 |
| 12 | 脈なし | みゃく・なし | 호감 없음, 썸이 아님 |
| 13 | 復縁 | ふく・えん | 재결합 |
| 14 | 片想い | かた・おも・い | 짝사랑 |
| 15 | お似合い | お・に・あ・い | 어울림 |
| 16 | 独身 | どく・しん | 독신 |
| 17 | やきもち | | 질투 |

명사

**Tip**

11 서로에게 호감을 가진 상태를 脈あり라고 합니다.

12 이성으로서 호감이 없다면 脈なし라고 해요.
　예 これって、脈ありなの？脈なしなの？ 이건, 썸인 건가? 아닌 건가?

13 이성 간의 '재결합'을 復縁이라고 해요. '재결합하다'는 復縁する라고 합니다.
　예 復縁なんか一ミリも考えたくない。 재결합 따위 1mm도 생각하고 싶지 않아.

17 일본어의 '질투'에는 두 가지 단어가 있어요. 嫉妬와 やきもち인데요. 일반적으로 다른 사람에 대하여 시기를 품는 질투는 嫉妬라고 하고, 좋아하는 이성에게 하는 질투는 やきもち라고 합니다. 호의가 있는 상대에게 やきもち를 품기 때문에 やきもち는 귀엽고 가벼운 질투로 받아들여지곤 해요.

　예 もしかしてやきもち焼いてる？ 혹시 질투하니?

| | | | | |
|---|---|---|---|---|
| 카타카나 | 18 | 元カレ | もと・カレ | 전 남친 |
| | 19 | 元カノ | もと・カノ | 전 여친 |
| な형용사 | 20 | 好きだ | す・きだ | 좋아하다 |
| | 21 | 嫌いだ | きら・いだ | 싫어하다 |
| 부사 | 22 | ドキドキ | | 두근두근 |
| | 23 | 付き合う | つ・き・あ・う | 사귀다, 동행하다 |
| 동사 | 24 | 振る | ふ・る | 차다 |
| | 25 | よりを戻す | よりを・もど・す | 다시 합치다, 관계를 회복하다 |

**Tip**

**23** 付き合う에는 두 가지 뜻이 있습니다. 기본은 남녀 간의 '사귀다'라는 뜻이지만, '동행하다'라는 뜻도 있어요. 둘 다 일상 회화에서 잘 씁니다.

예 好きです。付き合ってください。좋아해요. 사귀어 주세요. 〈'사귀다'의 뜻〉
今度の土曜日、もし暇なら買い物に付き合ってもらえるかな？〈'동행하다'의 뜻〉
이다음 토요일, 혹시 한가하면 함께 쇼핑 가 줄 수 있을까?

**24** 이성의 고백을 거절한 경우에 쓰는 말이에요. 반대의 경우, 振られる(차이다)라고 해요.

**25** 復縁(재결합)과 비슷한 의미로 쓸 수 있는 표현입니다.

예 元カノとよりを戻したけど、正直いつ地雷踏むかわからない。
전 여친이랑 다시 합쳤지만, 솔직히 언제 지뢰 밟을지 모르겠어.

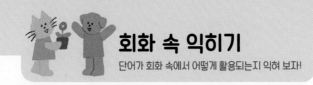

# 회화 속 익히기

단어가 회화 속에서 어떻게 활용되는지 익혀 보자!

고백받은 사실을 친구에게 말할 때

A
実は昨日、先輩に告白されたんだよね。

B
え!? 良かったじゃん! 付き合うんでしょ?

A
まだ返事してないんだ。いきなりだったからびっくりしちゃって…。

B
そっか、初めての彼氏になるんだもんね。
でも二人、すごくお似合いだと思うよ。

: 해석 :

A : 실은 어제 선배한테 고백받은 거 있지.

B : 어!? 잘됐잖아! 사귀는 거지?

A : 아직 대답하지 않았어. 갑작스러워서 놀라 버려서….

B : 그렇구나, 남자 친구 처음 사귀는 거지? 근데 두 사람, 굉장히 잘 어울린다고 생각해.

 **단어**

昨日(きのう) 어제 | 先輩(せんぱい) 선배 | 良(よ)かった 잘됐다, 다행이다 | 返事(へんじ) 대답, 답변 | いきなり 갑자기 |
びっくりする 깜짝 놀라다 | 初(はじ)めて 처음(으로) | 思(おも)う 생각하다

65

# 마무리 연습문제

1. 일본어와 뜻을 알맞게 연결해 보세요.

**❶** 脈<sub>みゃく</sub>あり •

**❷** お似<sub>に</sub>合<sub>あ</sub>い •

**❸** 彼女<sub>かのじょ</sub> •

**❹** 振<sub>ふ</sub>る •

**❺** 復縁<sub>ふくえん</sub> •

• ① 차다

• ② 재결합

• ③ 여자 친구

• ④ 어울림

• ⑤ 호감 있음

2. 보기에서 알맞은 단어를 골라 우리말에 맞게 문장을 완성하고 소리 내어 읽어 보세요. 🎧 09-3.mp3

> [보기]
>
> よりを戻<sub>もど</sub>す ┃ 好<sub>す</sub>きだ ┃ 告白<sub>こくはく</sub> ┃ 付<sub>つ</sub>き合<sub>あ</sub>う ┃ 片想<sub>かたおも</sub>い

**❶** 好<sub>す</sub>きな人<sub>ひと</sub>に＿＿＿＿＿＿＿＿されました。

좋아하는 사람에게 고백받았어요.

**❷** あの二人<sub>ふたり</sub>って＿＿＿＿＿＿＿＿＿＿んですか。

저 두 사람 다시 합친 건가요?

**❸** 私<sub>わたし</sub>たち＿＿＿＿＿＿＿＿ことになりました。

저희들 사귀게 됐어요.

**❹** 私<sub>わたし</sub>は３年間<sub>さんねんかん</sub>＿＿＿＿＿＿＿＿をしています。

저는 3년간 짝사랑을 하고 있어요.

# 결혼

이런 단어, 알고 있나요?

혼인 신고

동거

결혼 적령기

축의금

신혼

양가 상견례

맞선

시집을 가다

 **잠깐! 먼저 QR코드를 찍으세요!**

책을 펼치고
동영상 강의를 보면서
학습을 시작합니다!

 동영상 강의 보기 ×  mp3 파일 듣기 ×  본책

# 단어 읽는 법과 뜻 알기

품사별로 읽는 법과 뜻을 빠르게 익혀 보자!

🎧 10-1.mp3

| | | | | |
|---|---|---|---|---|
| 명사 | 01 | 結婚 | けっ·こん | 결혼 |
| | 02 | 入籍 | にゅう·せき | 입적, 혼인 신고 |
| | 03 | 同棲 | どう·せい | 동거 |
| | 04 | 結婚適齢期 | けっ·こん·てき·れい·き | 결혼 적령기 |
| | 05 | お見合い | お·み·あ·い | 맞선 |
| | 06 | 両家顔合わせ | りょう·け·かお·あ·わせ | 양가 상견례 |
| | 07 | 結納 | ゆい·のう | 예물 |
| | 08 | 結婚式 | けっ·こん·しき | 결혼식 |

**Tip**

**02** '혼인 신고를 하다'는 入籍する 혹은 籍を入れる라고 합니다.
　예　籍を入れました。혼인 신고를 했어요.

**03** '이성 간의 동거'를 同棲라고 하고, '가족이나 친구와의 동거'는 同居라고 해요.
　예　結婚前の同棲って必要だと思う。결혼 전 동거는 필요하다고 생각해.
　　　義理の両親との同居を決めました。시부모님과의 동거를 결정했습니다.

**08** '결혼식을 올리다'는 結婚式をあげる라고 합니다.

| 09 | ご祝儀 | ご・しゅう・ぎ | 축의금 |
|---|---|---|---|
| 10 | 結婚指輪 | けっ・こん・ゆび・わ | 결혼반지 |
| 11 | 新居 | しん・きょ | 새집,<br>새로 이사한 집 |
| 12 | 新婚〜 | しん・こん | 신혼〜 |
| 13 | 新郎 | しん・ろう | 신랑 |
| 14 | 新婦 | しん・ぷ | 신부 |
| 15 | 婚姻届け | こん・いん・とど・け | 혼인 신고서 |
| 16 | 婿養子 | むこ・よう・し | 데릴사위 |

명사

**Tip**

12 新婚旅行(신혼여행) 혹은 新婚夫婦(신혼부부)처럼 다른 단어와 응용해 잘 쓰여요.

13/14 '신랑 신부'를 합쳐서 新郎新婦라고 부르기도 합니다. 같은 뜻이지만 다른 표현으로 花婿(신랑), 花嫁
(신부)라고도 해요.

15 '혼인 신고서를 내다'는 婚姻届けを出す라고 합니다.

16 급격한 저출산화로 인해 가문의 대를 잇기 위해 혹은 가업을 잇기 위해 새로운 가족의 형태가 생겼습니다.
사위를 양자로 입양하는 것을 데릴사위라고 하는데요. 사위는 성씨를 처가 쪽 성으로 바꾸게 되며, 양자로
입양되기 때문에 상속권 또한 가지게 됩니다.

| | | | | |
|---|---|---|---|---|
| 명사 | 17 | お婿さん | お·むこ·さん | 사위 |
| | 18 | お嫁さん | お·よめ·さん | 며느리 |
| | 19 | 幸せ | しあわ·せ | 행복 |
| | 20 | 離婚 | り·こん | 이혼 |
| 카타카나 | 21 | ウェディングドレス | | 웨딩드레스 |
| | 22 | タキシード | | 턱시도 |
| | 23 | プロポーズ | | 프러포즈 |
| 부사 | 24 | 末永くお幸せに | すえ·なが·くお·しあわ·せに | 오래도록 행복하게 |
| 동사 | 25 | お嫁に行く | お·よめ·に·い·く | 시집을 가다 |

> **Tip**
>
> **23** '프러포즈받다'는 プロポーズされる라고 해요.
>
> **25** 회화에서는 お嫁さんに行く라고도 합니다. 더욱 상냥한 느낌을 주는 어투예요.

70

결혼식에서 신부에게 인사를 건넬 때

**A** ついに今日は結婚式ですね。お嫁さんに行く気分はどうですか。

**B** まだ信じられないです。ウェディングドレスも着れて本当に幸せです。

**A** 私も早く結婚したいです。末永くお幸せにお過ごしください。

**B** ありがとうございます。

: 해석 :

A : 드디어 오늘은 결혼식이네요. 시집 가는 기분은 어때요?

B : 아직 안 믿겨요. 웨딩드레스도 입을 수 있어서 정말로 행복해요.

A : 저도 빨리 결혼하고 싶어요. 오래도록 행복하게 사세요.

B : 감사합니다.

 **단어**

| | |
|---|---|
| **ついに** 드디어, 마침내, 결국 │ **今日** 오늘 │ **気分** 기분 │ **信じられない** 믿을 수 없다, 믿기지 않다 │ **着る** 입다 │ |
| **本当に** 정말로 │ **早く** 빨리 │ **過ごす** 보내다, 지내다 | |

**1.** 일본어와 뜻을 알맞게 연결해 보세요.

① ご祝儀　　•
　　しゅう ぎ

② 新郎　　•
　　しんろう

③ 入籍　　•
　　にゅうせき

④ 新居　　•
　　しんきょ

⑤ 婚姻届け　•
　　こんいんとど

•　① 새집

•　② 신랑

•　③ 혼인 신고서

•　④ 혼인 신고

•　⑤ 축의금

**2.** 보기에서 알맞은 단어를 골라 우리말에 맞게 문장을 완성하고 소리 내어 읽어 보세요. 🎧 10-3.mp3

> [보기]
>
> 結婚指輪 | 結婚式 | プロポーズ | お嫁さん |
> けっこんゆび わ　けっこんしき　　　　　　　　　　よめ
> ウェディングドレス

① 明日は＿＿＿＿＿＿＿だ。
　あした

내일은 결혼식이다.

② 結婚式では＿＿＿＿＿＿＿＿＿＿を着たいです。
　けっこんしき　　　　　　　　　　　　　き

결혼식에서는 웨딩드레스를 입고 싶어요.

③ 彼女に＿＿＿＿＿＿＿をした。
　かのじょ

여자 친구에게 프러포즈를 했다.

④ ＿＿＿＿＿＿＿を買いに来ました。
　　　　　　　　　　か　　き

결혼반지를 사러 왔어요.

# 집

이런 단어, 알고 있나요?

| | | |
|---|---|---|
| 집 | 월세 | 보증금 |
| 욕실 | 주택담보대출 | 아파트 |
| | 거실 | 화장실 |

 잠깐! 먼저 QR코드를 찍으세요!

책을 펼치고
동영상 강의를 보면서
학습을 시작합니다!

 ×  ×

동영상 강의 보기　　mp3 파일 듣기　　본책

# 단어 읽는 법과 뜻 알기

품사별로 읽는 법과 뜻을 빠르게 익혀 보자!

🎧 11-1.mp3

| | | | | |
|---|---|---|---|---|
| 명사 | 01 | 家 | いえ | 집 |
| | 02 | 実家 | じっ·か | 본가, 가족이 살고 있는 집 |
| | 03 | 一戸建て | いっ·こ·だ·て | 단독주택 |
| | 04 | 別荘 | べっ·そう | 별장 |
| | 05 | 家具 | か·ぐ | 가구 |
| | 06 | 家賃 | や·ちん | 월세 |
| | 07 | 敷金 | しき·きん | 보증금 |
| | 08 | 礼金 | れい·きん | 사례금 |

**Tip**

01 기본적으로 '집'은 家(いえ)라고 하지만, '우리 집'은 うち라고 합니다.

　예 うち、くる? 우리 집 올래?

06 일본에는 '전세'라는 개념이 없어요. 주택을 구입하는 売買(ばいばい)(매매)와 매달 家賃(やちん)(월세)을 지급하는 賃貸(ちんたい)(임대) 두 종류가 있어요.

07 敷金(しききん)은 기본적으로 '보증금'이란 뜻이지만, 입주 전 세입자가 미리 지불하는 '원상회복 비용'을 뜻합니다. 퇴거 시 원상태로 돌려놓지 않으면 원상회복 비용만큼 공사비가 들어 처음에 지불한 금액을 모두 돌려받지 못할 수도 있어요.

08 礼金(れいきん)은 '임대인에 대한 사례 비용'으로, 퇴거 시 반환되지 않는 금액입니다. 보통 한두 달치 월세 비용을 지불해요.

| | 09 | 廊下 | ろう・か | 복도 |
|---|---|---|---|---|
| | 10 | 玄関 | げん・かん | 현관 |
| | 11 | 駐車場 | ちゅう・しゃ・じょう | 주차장 |
| 명사 | 12 | 部屋 | へ・や | 방 |
| | 13 | お風呂場 | お・ふ・ろ・ば | 욕실 |
| | 14 | 洗面所 | せん・めん・じょ | (세면대가 있는) 화장실 |
| | 15 | 冷蔵庫 | れい・ぞう・こ | 냉장고 |
| | 16 | 階段 | かい・だん | 계단 |
| 카타카나 | 17 | 住宅ローン | じゅう・たく・ローン | 주택론, 주택담보대출 |

**Tip**

**12** 일본의 방은 다다미 장수를 기준으로 세며, 다다미 1장은 약 1.65㎡입니다. 원룸의 경우, 다다미 6장이 평균 크기이므로 대략 3평이라고 할 수 있어요.

**13** '욕실'은 浴室(よくしつ)라고도 합니다. 또한 일본의 화장실은 욕조를 두고 샤워하는 공간인 浴室(よくしつ)(욕실)와 변기가 있는 トイレ(화장실), 양치나 세수를 하는 洗面所(せんめんじょ)(세면실)로 분리된 곳이 많아요.

　예　風呂場(ふろば)の鏡(かがみ)に絵(え)を描(か)く。 욕실 거울에 그림을 그리다.

75

| | | | | |
|---|---|---|---|---|
| 카타카나 | 18 | アパート | | 저층의 공동주택 |
| | 19 | マンション | | 맨션, 아파트 |
| | 20 | キッチン | | 주방 |
| | 21 | トイレ | | 화장실 |
| | 22 | リビング | | 거실 |
| 동사 | 23 | 過ごす | す・ごす | 지내다, 보내다 |
| | 24 | 住む | す・む | 살다, 거주하다 |
| | 25 | 暮らす | く・らす | 살다, 생활하다 |

**Tip**

**18** 일본에서 아파트는 소규모로 구성된 2층~3층 이하의 공동주택을 가리킵니다. 주로 목조나 경량 철골조로 지어져 소음에 약하고, 월세가 저렴한 편이에요.

**19** 한국의 아파트에 해당하는 マンション은 튼튼한 철근 콘크리트나 철골조로 지어진 고층 건물의 공동주택을 의미합니다. 방음, 내진, 단열 등 여러 면에서 アパート보다 우수해요.

**24** 단순히 어떠한 지역 및 장소에 거주한다는 뉘앙스가 있어요.

　예 ソウルに住んでいます。 서울에 살고 있어요. 〈거주 지역이 서울〉

**25** 시간을 보내며 하루하루 생활하며 산다는 뉘앙스가 있어요.

　예 ソウルで暮らしています。 서울에서 살고 있어요. 〈서울에서 생활함, 삶에 중점〉

76

# 회화 속 익히기

단어가 회화 속에서 어떻게 활용되는지 익혀 보자!

친구와 이사 준비에 대해 이야기하며

**A** 新しい家の家具は揃えたの？

**B** まだ電化製品を買ってないの。冷蔵庫、洗濯機、あとベッドも。

**A** まだたくさんあるね。そういえば家賃は月いくらなの？

**B** 家賃は月5万円！

**A** お！ ちょうどいい値段じゃない？ 何かあったら手伝うから言ってね。

∶ 해석 ∶

A : 새집 가구는 장만했어?

B : 아직 전자제품을 안 샀어. 냉장고, 세탁기, 그리고 침대도.

A : 아직 많이 있네. 그러고 보니 집세는 월 얼마야?

B : 월세는 월 5만 엔!

A : 오! 딱 좋은 가격 아니야? 무슨 일 있으면 도울 테니까 말해.

### 단어

揃える 갖추다, 장만하다 | 電化製品 전자제품 | 買う 사다 | ベッド 침대 | たくさん 많이 | いくら 얼마
月～ 월~ | ちょうどいい 딱 좋다 | 値段 가격 | 手伝う 돕다, 거들다

# 마무리 연습문제

**1.** 일본어와 뜻을 알맞게 연결해 보세요.

① 実家
じっか

② 住宅ローン
じゅうたく

③ 階段
かいだん

④ 部屋
へ や

⑤ 玄関
げんかん

• ① 주택담보대출

• ② 계단

• ③ 현관

• ④ 본가

• ⑤ 방

**2.** 보기에서 알맞은 단어를 골라 우리말에 맞게 문장을 완성하고 소리 내어 읽어 보세요. 🎧 11-3.mp3

[보기]

一戸建て │ 暮らす │ キッチン │ リビング │ 別荘
いっ こ だ 　　 く 　　　　　　　　　　　　　　　 べっそう

① 私の家は＿＿＿＿＿です。
わたし　 いえ

제 집은 단독주택이에요.

② お母さんは＿＿＿＿＿で料理をしています。
かあ 　　　　　　　　　　 りょう り

어머니는 주방에서 요리를 하고 있어요.

③ 静岡県に＿＿＿＿＿があります。
しずおかけん

시즈오카현에 별장이 있어요.

④ 家族と＿＿＿＿＿ています。
か ぞく

가족과 살고 있어요.

78

# 자취

이런 단어, 알고 있나요?

자취

방 구하기

수도 요금

청소

설거지

세탁

음식물 쓰레기

분리수거

잠깐! 먼저 QR코드를 찍으세요!

책을 펼치고
동영상 강의를 보면서
학습을 시작합니다!

동영상 강의 보기

×

mp3 파일 듣기

×

본책

# 단어 읽는 법과 뜻 알기

품사별로 읽는 법과 뜻을 빠르게 익혀 보자!

🎧 12-1.mp3

| 명사 | | | | |
|---|---|---|---|---|
| | 01 | 一人暮らし | ひとり·ぐ·らし | 자취 |
| | 02 | お部屋探し | お·へ·や·さが·し | 방 찾기, 방 구하기 |
| | 03 | 畳部屋 | たたみ·べ·や | 다다미방 |
| | 04 | こたつ | | 코타츠 |
| | 05 | 自炊 | じ·すい | 손수 밥을 지어 먹음 |
| | 06 | 男飯 | おとこ·めし | 남자들이 즐겨 먹을 법한 간단한 요리 |
| | 07 | 掃除 | そう·じ | 청소 |
| | 08 | 掃除機 | そう·じ·き | 청소기 |

> **Tip**
>
> **03** 일반적으로 和室(일본식 방)에는 畳(다다미)가 깔려 있고, 洋室(서양식 방)에는 フローリング(마룻바닥)가 깔려 있습니다.
>
> **04** 일본의 난방기구로, 전기난로가 설치된 테이블을 말합니다. 밑에는 난로가 있고 이불이나 담요 등을 덮어서 사용해요.
>
> **06** 저렴하면서도 금방 만들 수 있고, 배불리 먹을 수 있는 요리를 말합니다. 주로 덮밥류가 많아요.
> 예 頑張って作ったけど、見た目が完全に男飯でした。
> 　　열심히 만들었는데, 겉모습이 완전히 별로인 밥이었어요.

80

| | | | | |
|---|---|---|---|---|
| | 09 | 食器洗い | しょっ·き·あら·い | 설거지 |
| | 10 | 炊飯器 | すい·はん·き | 밥솥 |
| | 11 | 停電 | てい·でん | 정전 |
| 명사 | 12 | 洗濯 | せん·たく | 세탁, 빨래 |
| | 13 | 洗濯物 | せん·たく·もの | 세탁물, 빨랫감 |
| | 14 | 電気代 | でん·き·だい | 전기 요금 |
| | 15 | 水道代 | すい·どう·だい | 수도 요금 |
| 카타카나 | 16 | ガス代 | ガス·だい | 가스 요금 |
| | 17 | アイロン | | 다리미 |

**Tip**

12 '빨래하다'는 洗濯する라고 해요.

13 '빨래를 널다'는 洗濯物をほす, '빨래를 걷다'는 洗濯物をとりこむ, '빨래를 개다'는 洗濯物をたたむ라고 합니다.

17 '다림질을 하다'는 アイロンをかける라고 해요.

81

| | | | | |
|---|---|---|---|---|
| 카타카나 | 18 | ゴミ袋 | ゴミ・ぶくろ | 쓰레기 봉투 |
| | 19 | 燃えるゴミ | も・えるゴミ | 타는 쓰레기 |
| | 20 | 生ゴミ | なま・ゴミ | 음식물 쓰레기 |
| | 21 | プラゴミ | | 플라스틱 쓰레기 |
| | 22 | ゴミの分別 | ゴミの・ぶん・べつ | 분리수거 |
| 동사 | 23 | 洗う | あら・う | 씻다 |
| | 24 | 乾かす | かわ・かす | 말리다 |
| | 25 | 干す | ほ・す | 말리다 |

Tip

**24** 인위적으로 열이나 바람 등을 사용하여 말리는 것을 말해요.

예 ドライヤーで髪の毛を乾かした。 드라이어로 머리카락을 말렸다.

マニキュアを乾かす。 매니큐어를 말리다.

**25** 수분을 제거하고자 자연스레 햇빛이나 바람에 노출시켜 말리는 것을 의미해요.

예 布団を干す。 이불을 말리다.

イカを干して、干物を作る。 오징어를 말려서 건어물을 만든다.

82

자취 생활에 대해서 이야기하며

 A
さやちゃん、今月から一人暮らし始めたんでしょ？
どう？

 B
やっぱり、一人暮らしはいいね。自由で最高だよ。でも、
自炊が大変。料理、洗濯、掃除全部やらなきゃいけな
いから。

 A
確かに一人暮らしは自由でいいけど、家事が大変だよね。

 B
うん。あとゴミの分別もすごくめんどくさい。

∶해석∶

A : 사야, 이달부터 자취 시작했지? 어때?

B : 역시 자취는 좋아. 자유롭고 최고야. 근데 밥해 먹는 게 힘들어. 요리, 세탁, 청소 전부 하지 않으면 안 되
니까.

A : 확실히 자취는 자유로워서 좋지만 집안일이 힘들지.

B : 응. 그리고 분리수거도 엄청 귀찮아.

 **단어**

こんげつ
今月 이달 │ はじ
始める 시작하다 │ **やっぱり** 역시 │ じゆう
自由 자유 │ さいこう
最高 최고 │ たいへん
大変だ 힘들다 │ ぜんぶ
全部 전부 │

かじ
家事 가사, 집안일 │ **すごく** 굉장히, 엄청 │ **めんどくさい** 귀찮다

# 마무리 연습문제

**1.** 일본어와 뜻을 알맞게 연결해 보세요.

① 一人暮<sub>ひとり ぐ</sub>らし   •

② 洗濯<sub>せんたく</sub>   •

③ 掃除<sub>そう じ</sub>   •

④ 生<sub>なま</sub>ゴミ   •

⑤ 洗<sub>あら</sub>う   •

• ① 자취

• ② 음식물 쓰레기

• ③ 씻다

• ④ 청소

• ⑤ 세탁

**2.** 보기에서 알맞은 단어를 골라 우리말에 맞게 문장을 완성하고 소리 내어 읽어 보세요. 🎧 12-3.mp3

> [보기]
>
> 乾<sub>かわ</sub>かす ⎮ こたつ ⎮ 掃除<sub>そう じ</sub> ⎮ 分別<sub>ぶんべつ</sub> ⎮ アイロン

① 洗濯物<sub>せんたくもの</sub>を_____。

　빨래를 말리다.

② 部屋<sub>へ や</sub>の_____をします。

　방 청소를 합니다.

③ 冬<sub>ふゆ</sub>は_____から出<sub>で</sub>られません。

　겨울에는 코타츠에서 나갈 수 없어요.

④ ゴミはしっかり_____しましょう。

　쓰레기는 제대로 분리수거합시다.

# PART 3

# 직장 · 학교 생활

# PART 3

학습일 : 월 일

# 취업

이런 단어, 알고 있나요?

면접

취직

내정

대기업

신입 사원

경력직 채용

학력

이력서

잠깐! 먼저 QR코드를 찍으세요!

책을 펼치고
동영상 강의를 보면서
학습을 시작합니다!

동영상 강의 보기

mp3 파일 듣기

본책

# 단어 읽는 법과 뜻 알기

품사별로 읽는 법과 뜻을 빠르게 익혀 보자!

🎧 13-1.mp3

<table>
<tr><td rowspan="8">명사</td><td>01</td><td>面接</td><td>めん·せつ</td><td>면접</td></tr>
<tr><td>02</td><td>就職</td><td>しゅう·しょく</td><td>취직</td></tr>
<tr><td>03</td><td>就職活動</td><td>しゅう·しょく·かつ·どう</td><td>취업 준비</td></tr>
<tr><td>04</td><td>内定</td><td>ない·てい</td><td>내정</td></tr>
<tr><td>05</td><td>派遣</td><td>は·けん</td><td>파견</td></tr>
<tr><td>06</td><td>正社員</td><td>せい·しゃ·いん</td><td>정사원</td></tr>
<tr><td>07</td><td>会社</td><td>かい·しゃ</td><td>회사</td></tr>
<tr><td>08</td><td>大手企業</td><td>おお·て·き·ぎょう</td><td>대기업, 탑기업</td></tr>
</table>

**Tip**

**03** '취업 준비'를 일본에서는 就職活動(취직 활동)라고 하는데, 줄여서 就活라고 해요. 우리말 '취준'에 해당해요.
예 大学4年生は就活で忙しい。 대학교 4학년은 취업 준비로 바쁘다.

**04** 최종 합격 후, 서로 합의 하에 기업과 노동 계약을 체결한 상태를 内定(내정)라고 해요. 보통 内定をもらう(내정을 받다)라고 하는데, 내정을 받기 전에 기업으로부터 비공식적으로 채용의 뜻을 구두로만 전달받는 内々定(내내정)를 받는 경우도 있어요.
예 第一希望の企業から内定をもらった。 제1 지망 기업으로부터 내정을 받았다.

**08** 기업 규모에 상관없이 대중에게 잘 알려져 있으며, 해당 업계에서 인지도와 점유율이 상위인 기업을 말합니다. 즉, 업계의 탑기업을 뜻해요.

| | | | |
|---|---|---|---|
| 09 | **大企業** | だい・き・ぎょう | 대기업 |
| 10 | **中小企業** | ちゅう・しょう・き・ぎょう | 중소기업 |
| 11 | **出張** | しゅっ・ちょう | 출장 |
| 12 | **転勤** | てん・きん | 전근 |
| 13 | **新入社員** | しん・にゅう・しゃ・いん | 신입 사원 |
| 14 | **中途採用** | ちゅう・と・さい・よう | 경력직 채용 |
| 15 | **履歴書** | り・れき・しょ | 이력서 |
| 16 | **学歴** | がく・れき | 학력 |
| 17 | **応募** | おう・ぼ | 응모 |

명사

**Tip**

**09** 중소기업을 벗어난 대규모의 기업을 뜻해요. 자본금은 물론 근로자 수도 많으며, 세계적으로 잘 알려진 기업을 말합니다.

**12** '해외 전근'의 경우 海外転勤(かいがいてんきん)이라고 해요.

**14** 中途採用(ちゅうとさいよう)는 이미 취업 경험이 있는 사람을 채용하는 것으로 '경력직 채용'을 뜻해요. 기본적으로 3년 이상의 경력직 혹은 전문직 채용을 뜻하는데, '3년 이내의 경우'는 第二新卒(だいにしんそつ)(제2 신졸)라고 합니다.

| | | | | |
|---|---|---|---|---|
| 카타카나 | 18 | インターン | | 인턴 |
| | 19 | スーツ | | 수트, 정장 |
| | 20 | ニート | | 청년 백수 |
| 동사 | 21 | ブラインド採用 | ブラインド・さい・よう | 블라인드 채용 |
| | 22 | 応援する | おう・えん・する | 응원하다 |
| | 23 | 採用する | さい・よう・する | 채용하다 |
| | 24 | 役立つ | やく・だ・つ | 도움이 되다 |
| | 25 | 視野に入れる | し・や・に・い・れる | 시야에 넣다 |

---

**Tip**

**19** '취업 준비용 정장'을 リクルートスーツ라고 합니다. 기본적으로 무늬가 없는 깔끔한 블랙 정장을 뜻해요.

**20** 만 34세 이하로, 학교도 안 다니고 취업할 생각도 없는 청년 무직자를 가리킵니다. 비슷한 표현으로 フリーター가 있는데, 정사원이 아닌 비정규직으로 생계를 이어 나가는 청년을 말합니다. 만 34세 이상은 단순히 無職(무직)라고 해요.

예 バイトだけど、生活はちゃんと営んでるからニートよりマシだと思う。
　　알바지만, 생활은 제대로 하고 있으니까 백수보다 낫다고 생각해.

90

# 회화 속 익히기

단어가 회화 속에서 어떻게 활용되는지 익혀 보자!

취준생 친구에게 안부를 물을 때

A
しゅうかつ じゅんちょう
就活は順調？

B
ないてい で あした めんせつ
うーん、なかなか内定が出なくて…。明日も面接がある。

A
かいしゃ しゅうしょく
そっか。どんな会社に就職したいの？

B
かいがい はたら かいがいてんきん だい き ぎょう だいいち き
海外でも働きたいから海外転勤のある大企業が第一希
ぼう ちゅうしょう き ぎょう し や い
望だけど、中小企業も視野に入れてる。

A
たいへん おも ないてい で
うんうん、そっか。大変だとは思うけど、きっと内定出
がん ば
るよ。頑張って！

：해석：

A : 취업 준비는 잘돼 가?

B : 음, 좀처럼 내정이 안 나와서…. 내일도 면접이 있어.

A : 그렇구나. 어떤 회사에 취직하고 싶어?

B : 해외에서도 일하고 싶으니까 해외 전근이 있는 대기업이 제1 지망이지만, 중소기업도 시야에 넣고 있어.

A : 응응, 그렇구나. 힘들 거라고는 생각하지만, 분명 내정 나올 거야. 힘내!

## 단어

じゅんちょう
順調だ 순조롭다 ｜ なかなか (부정어 수반) 좀처럼 ｜ 出ない 안 나오다 ｜ 海外 해외 ｜ 働く 일하다 ｜
だいいち き ぼう がん ば
第一希望 제1 희망 ｜ 頑張る 힘내다

# 마무리 연습문제

**1.** 일본어와 뜻을 알맞게 연결해 보세요.

① 履歴書 〔り れきしょ〕 •

② 応募 〔おう ぼ〕 •

③ 新入社員 〔しんにゅうしゃいん〕 •

④ 採用する 〔さいよう〕 •

⑤ 出張 〔しゅっちょう〕 •

• ① 신입 사원

• ② 채용하다

• ③ 이력서

• ④ 응모

• ⑤ 출장

**2.** 보기에서 알맞은 단어를 골라 우리말에 맞게 문장을 완성하고 소리 내어 읽어 보세요. 🎧 13-3.mp3

> [보기]
>
> ブラインド採用 〔さいよう〕 | 学歴 〔がくれき〕 | 転勤 〔てんきん〕 | 就職活動 〔しゅうしょくかつどう〕 | 中途採用 〔ちゅう と さいよう〕

① 経歴を見ないで採用する_____が増えてきた。 〔けいれき〕〔み〕〔さいよう〕〔ふ〕

경력을 보지 않고 채용하는 블라인드 채용이 늘고 있다.

② 大学4年生は_____で忙しい時期だ。 〔だいがく よ ねんせい〕〔いそが〕〔じ き〕

대학교 4학년은 취업 준비로 바쁜 시기이다.

③ では、あなたのこれまでの_____を教えてください。 〔おし〕

그럼, 당신의 지금까지의 학력을 알려 주세요.

④ この会社は_____もしている。 〔かいしゃ〕

이 회사는 경력직 채용도 하고 있다.

## Unit 14

# 출퇴근

이런 단어, 알고 있나요?

출근

현지 퇴근

칼퇴

퇴근

상사

사전 미팅

거래처

재택근무

 잠깐! 먼저 QR코드를 찍으세요!

책을 펼치고
동영상 강의를 보면서
학습을 시작합니다!

 동영상 강의 보기　×　 mp3 파일 듣기　×　 본책

| | | | |
|---|---|---|---|
| 01 | 出社 | しゅっ・しゃ | 출근 |
| 02 | 出勤 | しゅっ・きん | 출근 |
| 03 | 退社 | たい・しゃ | 퇴사, 퇴근 |
| 04 | 退勤 | たい・きん | 퇴근 |
| 05 | 上司 | じょう・し | 상사 |
| 06 | 部下 | ぶ・か | 부하 |
| 07 | 同僚 | どう・りょう | 동료 |
| 08 | 取引先 | とり・ひき・さき | 거래처 |

명사

**Tip**

01 '회사로 직접 출근하는 것'을 出社<sup>しゅっしゃ</sup>라고 해요.

02 '업무를 개시하는 것'을 出勤<sup>しゅっきん</sup>이라고 해요. 재택근무 및 출장, 외근을 나간 경우에는 회사로 직접 출근하지 않기 때문에 出勤<sup>しゅっきん</sup>이라고 합니다.

　예　会社<sup>かいしゃ</sup>に出勤<sup>しゅっきん</sup>したら、出社<sup>しゅっしゃ</sup>している人<sup>ひと</sup>のほとんどが役員<sup>やくいん</sup>だった。
　　　회사에 출근했더니 출근한 사람의 대부분이 임원이었다.

03 退社<sup>たいしゃ</sup>에는 두 가지 뜻이 있어요. '퇴직, 퇴사'라는 뜻과 '회사 밖으로 나감, 퇴근'이라는 의미가 있어 잘못 말하면 오해가 생길 수 있으니 추가 단어를 적절히 사용해야 합니다.

04 '업무를 마친 것'을 退勤<sup>たいきん</sup>이라고 합니다. 예를 들어 14시에 외근을 나가서 업무를 보고 18시에 업무를 마쳤다면 退社<sup>たいしゃ</sup> 시간은 14시지만, 退勤<sup>たいきん</sup> 시간은 18시가 됩니다.

| | | | |
|---|---|---|---|
| | **09** 資料 | し·りょう | 자료 |
| | **10** 会議 | かい·ぎ | 회의 |
| | **11** 打ち合わせ | う·ち·あ·わせ | 사전 미팅, 사전 협의 |
| 명사 | **12** 報告 | ほう·こく | 보고 |
| | **13** 相談 | そう·だん | 상담 |
| | **14** 定時退社 | てい·じ·たい·しゃ | 칼퇴, 정시 퇴근 |
| | **15** 直帰 | ちょっ·き | 현지 퇴근 |
| | **16** 電車 | でん·しゃ | 전철 |

**Tip**

**11** 会議(회의)보다 가벼운 느낌의 '사전 미팅'을 의미합니다. 회의가 중요한 사안을 결정하는 모임이라면, 打ち合わせ는 서로 정보를 공유하는 모임을 뜻해요. 대학 수업에서의 조별 발표 준비 회의 혹은 서클 회의 등도 打ち合わせ라고 합니다.

예 明日の午後、みんなで打ち合わせしよう。 내일 오후에 다 같이 사전 미팅하자.

**12/13** 報告(보고), 連絡(연락), 相談(상담)을 합쳐서 報連相라고 줄여 말합니다. 상사에 대한 행동 지침이자, 일본의 비즈니스 상식 표현 중 하나예요.

**14** 定時退社(정시 퇴근)는 우리말의 '칼퇴'에 해당해요.

예 定時退社に成功しました。 칼퇴에 성공했습니다.

| | | | | |
|---|---|---|---|---|
| 명사 | 17 | 満員電車 | まん·いん·でん·しゃ | 만원 전철 |
| | 18 | 在宅勤務 | ざい·たく·きん·む | 재택근무 |
| | 19 | 出勤ラッシュ | しゅっ·きん·ラッシュ | 출근 러시 |
| | 20 | 退勤ラッシュ | たい·きん·ラッシュ | 퇴근 러시 |
| 카타카나 | 21 | テレワーク | | 텔레워크, 재택근무 |
| | 22 | リモートワーク | | 원격 근무 |
| | 23 | リモート会議 | リモート·かい·ぎ | 원격회의 |
| | 24 | メール | | 메일 |
| | 25 | スケジュール | | 스케줄 |

**Tip**

**17** 전철에 사람이 많이 타서 붐비는 것을 말해요.

**21** 'tele(먼 거리에 걸친)+work(일하다)'의 합성어로 정보 통신 기술을 이용하여 장소에 구애받지 않는 유연한 업무 방식을 말합니다. 비슷한 표현으로 リモートワーク(원격 근무)가 있어요.

**22** 'remote(원격, 먼)+work(일하다)'의 합성어로 근무지 외의 장소에서 일하는 것을 말합니다. 국가와 지자체에서 テレワーク를 통일 용어로 사용하지만, 민간 기업에서는 リモートワーク라는 표현을 쓰는 경향이 있어요. 또한 IT 관계자나 프리랜서의 경우, リモートワーク라는 표현을 자주 씁니다.

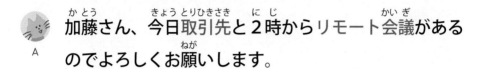
오전에 사내에서 대화를 나누며

**A** 加藤さん、今日取引先と2時からリモート会議があるのでよろしくお願いします。

**B** はい。お願いします。そういえば、鈴木さんはまだ出社されていないですか。

**A** 鈴木さんは今日、在宅勤務なので今日の会議も自宅から参加する予定です。

**B** そうなんですね。では、今日の会議の資料をメールで送っておきます。

⋮ 해석 ⋮

A : 가토 씨, 오늘 거래처랑 2시부터 원격 회의가 있으니까 잘 부탁해요.

B : 네. 잘 부탁합니다. 그리고 보니 스즈키 씨는 아직 출근하지 않았나요?

A : 스즈키 씨는 오늘 재택근무라서 오늘 회의도 자택에서 참가할 예정이에요.

B : 그런 거군요. 그럼 오늘 회의 자료를 메일로 보내 둘게요.

### 단어

〜時 〜시 | よろしくお願いします 잘 부탁드립니다 | そういえば 그러고 보니 | 自宅 자택 |
参加する 참가하다 | 予定 예정 | 送る 보내다

# 마무리 연습문제

1. 일본어와 뜻을 알맞게 연결해 보세요.

**①** 在宅勤務
ざいたくきん む
•

• ① 상사

**②** 出勤
しゅっきん
•

• ② 출근

**③** 上司
じょう し
•

• ③ 재택근무

**④** 直帰
ちょっ き
•

• ④ 퇴근 러시

**⑤** 退勤ラッシュ
たいきん
•

• ⑤ 현지 퇴근

2. 보기에서 알맞은 단어를 골라 우리말에 맞게 문장을 완성하고 소리 내어 읽어 보세요. 🎧 14-3.mp3

> [보기]
>
> 満員電車 | 直帰 | テレワーク | 出社 | 同僚
> まんいんでんしゃ   ちょっ き              しゅっしゃ   どうりょう

**①** 毎朝＿＿＿＿＿に乗って会社に行く。
まいあさ          の       かいしゃ い

매일 아침 만원 전철을 타고 회사에 간다.

**②** コロナによって＿＿＿＿＿の仕事が増えた。
し ごと ふ

코로나로 인해서 재택 업무가 늘었다.

**③** 今日はお客さんのところに訪問したら＿＿＿＿＿します。
きょう    きゃく                        ほうもん

오늘은 손님이 계신 곳에 방문하면 현지 퇴근할게요.

**④** 今日は会社に＿＿＿＿＿します。
きょう    かいしゃ

오늘은 회사에 출근합니다.

# 급여

이런 단어, 알고 있나요?

| | | |
|---|---|---|
| 급여 | 실수령액 | 세금 |
| 기본급 | 근로자 | 퇴직금 |
| | 절차 | 월급날 |

**잠깐! 먼저 QR코드를 찍으세요!**

책을 펼치고
동영상 강의를 보면서
학습을 시작합니다!

 동영상 강의 보기 ×  mp3 파일 듣기 ×  본책

# 단어 읽는 법과 뜻 알기

품사별로 읽는 법과 뜻을 빠르게 익혀 보자!

🎧 15-1.mp3

| | | | | |
|---|---|---|---|---|
| 명사 | 01 | 給与 | きゅう・よ | 급여 |
| | 02 | 手取り | て・ど・り | 실수령액 |
| | 03 | 税金 | ぜい・きん | 세금 |
| | 04 | 残業代 | ざん・ぎょう・だい | 야근 수당 |
| | 05 | 基本給 | き・ほん・きゅう | 기본급 |
| | 06 | 源泉徴収 | げん・せん・ちょう・しゅう | 원천 징수 |
| | 07 | 所得税 | しょ・とく・ぜい | 소득세 |
| | 08 | 確定申告 | かく・てい・しん・こく | 확정 신고 |

**Tip**

**01** '급여'는 '월급'과 다른 표현입니다. 給料(월급)는 매월 일정하게 지급되는 기본급만을 나타내는 반면, 給与(급여)는 기본급은 물론, 야근 수당 및 상여금 등 기타 수당을 모두 합산한 금액을 말해요.

**02** 세금 등을 공제한 후 실제로 받는 금액을 말해요.

**06** 소득을 지급받는 자가 부담할 세액을 소득을 지급하는 자가 정부 대신 징수하는 방식을 말합니다.

**07** 개인이 얻은 소득에 대해 부과하는 세금을 말해요.

**08** 납세자가 한 해 동안의 소득에 대해 세금을 계산하여 신고하는 것을 말합니다.

| | 09 | 年末調整 | ねん・まつ・ちょう・せい | 연말 정산 |
| --- | --- | --- | --- | --- |
| | 10 | 従業員 | じゅう・ぎょう・いん | 종업원, 근로자 |
| | 11 | 扶養家族 | ふ・よう・か・ぞく | 부양가족 |
| | 12 | 退職金 | たい・しょく・きん | 퇴직금 |
| 명사 | 13 | 報酬 | ほう・しゅう | 보수 |
| | 14 | 収入 | しゅう・にゅう | 수입 |
| | 15 | 納税 | のう・ぜい | 납세 |
| | 16 | 判子 | はん・こ | 도장 |

**Tip**

**09** 年末調整는 우리의 '연말 정산'에 해당합니다. 미리 원천 징수한 세액의 과부족을 연말에 정산하는 것을 말해요.

**10** 従業員(종업원)은 가게 및 회사에서 일하는 모든 노동자를 뜻합니다. 따라서 가게에서 일하는 '종업원'은 물론 '근로자'라고 해석할 수도 있어요.

예　従業員 ５００人以上の企業に入りたい。근로자 500명 이상인 기업에 들어가고 싶어.
　　時給をあげても従業員が集まらない。시급을 올려도 종업원이 모이질 않아.

| | | | | |
|---|---|---|---|---|
| 명사 | 17 | 義務 | ぎ·む | 의무 |
| | 18 | 手続き | て·つづ·き | 수속, 절차 |
| | 19 | 給料日 | きゅう·りょう·び | 월급날 |
| 카타카나 | 20 | ボーナス | | 보너스 |
| | 21 | サイン | | 사인 |
| 부사 | 22 | いろいろ | | 여러 가지, 여러모로 |
| 동사 | 23 | 稼ぐ | かせ·ぐ | (돈·시간 등을) 벌다 |
| | 24 | 申告する | しん·こく·する | 신고하다 |
| | 25 | 差し引く | さ·し·ひ·く | 빼다, 공제하다 |

### Tip

**22** 부사가 아닌 な형용사의 형태로도 쓸 수 있습니다. いろいろな(여러 가지)란 형태로 쓰이며, 줄여서 いろんな라고도 해요.

예　いろいろ大変でした。 여러모로 힘들었어요.

　　いろんなサイズがあります。 여러 사이즈가 있어요.

**23** 돈이나 시간 등을 '벌다'라는 의미로 쓰입니다.

예　給料の他に月10万円ぐらい稼ぎたい。 월급 이외에 월 10만 엔 정도 벌고 싶어.

연말 정산 관련 이야기를 하며

**A** お疲れ様です。佐々木さん、年末調整しますか。
もしするなら今週中に記入お願いします。

**B** お疲れ様です。私は確定申告するので大丈夫です。

**A** 年末は申告するものが多くて、しかも難しいですよね。

**B** そうなんです。交通費は給与に含まれるのかとか、
稼ぎすぎると扶養家族から外されてしまうとかいろいろ
難しいですよね。

┊해석┊

A : 수고하십니다. 사사키 씨, 연말 정산 하나요? 혹시 한다면 이번 주 중으로 기입 부탁해요.

B : 수고하십니다. 저는 확정 신고할 거라서 괜찮아요.

A : 연말에는 신고할 게 많아서, 게다가 어렵죠.

B : 맞아요. 교통비는 급여에 포함되는지라든지, 너무 많이 벌면 부양가족에서 빠져 버리게 된다든지 여러모로 어려워요.

### 단어

**お疲れ様です** 수고하십니다, 수고하세요 | **もし** 만일, 혹시 | **今週中** 이번 주 중 | **記入** 기입 | **大丈夫だ** 괜찮다 |

**年末** 연말 | **難しい** 어렵다 | **含まれる** 포함되다 | **~すぎる** 너무 ~하다, 지나치게 ~하다 |

**外す** 떼어내다, 빼다, 벗기다

103

# 마무리 연습문제

**1.** 일본어와 뜻을 알맞게 연결해 보세요.

① 給与 <sub>きゅう よ</sub>　　　•

② 基本給 <sub>き ほんきゅう</sub>　　•

③ 判子 <sub>はん こ</sub>　　　•

④ 税金 <sub>ぜいきん</sub>　　　•

⑤ サイン　　　•

•　① 세금

•　② 도장

•　③ 사인

•　④ 기본급

•　⑤ 급여

**2.** 보기에서 알맞은 단어를 골라 우리말에 맞게 문장을 완성하고 소리 내어 읽어 보세요. 🎧 15-3.mp3

> [보기]
>
> 手取り <sub>て ど</sub> ｜ 確定申告 <sub>かくていしんこく</sub> ｜ 手続き <sub>て つづ</sub> ｜ 残業代 <sub>ざんぎょうだい</sub> ｜ 給料日 <sub>きゅうりょう び</sub>

① 今月 <sub>こんげつ</sub> は残業 <sub>ざんぎょう</sub> が多 <sub>おお</sub> かったので＿＿＿＿＿＿＿がたくさん入 <sub>はい</sub> ると思 <sub>おも</sub> います。

이달은 야근이 많았기 때문에 야근 수당이 많이 들어올 거예요.

② 年末 <sub>ねんまつ</sub> に＿＿＿＿＿＿＿をしなければならない。

연말에 확정 신고를 하지 않으면 안 된다.

③ ２５日 <sub>にじゅうごにち</sub> は＿＿＿＿＿＿＿だ。

25일은 월급날이다.

④ ＿＿＿＿＿＿＿が少 <sub>すく</sub> なすぎて貯金 <sub>ちょきん</sub> なんてできるわけがない。

실수령액이 너무 적어서 저금 같은 거 할 수 있을 리가 없다.

# 사무 작업

일

엑셀

마감

담당

영업

외근

확인

계약

 잠깐! 먼저 QR코드를 찍으세요!

책을 펼치고
동영상 강의를 보면서
학습을 시작합니다!

 동영상 강의 보기     ✕     mp3 파일 듣기     ✕     본책

# 단어 읽는 법과 뜻 알기

품사별로 읽는 법과 뜻을 빠르게 익혀 보자!

🎧 16-1.mp3

| | | | |
|---|---|---|---|
| 01 | 仕事 | し·ごと | 일 |
| 02 | 担当 | たん·とう | 담당 |
| 03 | 確認 | かく·にん | 확인 |
| 04 | 契約 | けい·やく | 계약 |
| 05 | 締め切り | し·め·き·り | 마감 |
| 06 | 提出 | てい·しゅつ | 제출 |
| 07 | 期間 | き·かん | 기간 |
| 08 | 営業 | えい·ぎょう | 영업 |
| 09 | 外回り | そと·まわ·り | 외근, 외부 순환 |

명사

### Tip

**03** 확인이 끝난 경우, 確認済みです(확인 끝났습니다)라고 해요.

**09** 사내에서 '외근'을 外回り라고 합니다. '밖을 돈다'는 의미로 고객이 있는 곳을 돌며 영업을 하거나 돌아다니며 일을 할 때 사용해요. 그 밖에도 지하철의 외부 순환을 가리키거나 집 주위를 돈다는 의미로도 쓰여요.

　예　外回り行ってきます。 외근 다녀오겠습니다.
　　　仕事が営業のため、外回りをすることが多いです。 일이 영업이라서 외근을 하는 경우가 많아요.

| | | | | |
|---|---|---|---|---|
| 명사 | 10 | **作成** | さく・せい | 작성 |
| | 11 | **予算** | よ・さん | 예산 |
| | 12 | **事務作業** | じ・む・さ・ぎょう | 사무 작업 |
| | 13 | **経理** | けい・り | 경리 |
| | 14 | **社長** | しゃ・ちょう | 사장 |
| | 15 | **部長** | ぶ・ちょう | 부장 |
| | 16 | **課長** | か・ちょう | 과장 |
| | 17 | **報告書** | ほう・こく・しょ | 보고서 |

**Tip**

**12** 다른 말로 デスクワーク라고도 해요.

**14~16** 일본에서는 사장님, 부장님 등을 부를 때 우리말의 '님'에 해당하는 様를 붙이지 않는데요. 회사의 '長 (장)'인 사장, 부서의 '長(장)'인 부장 등, '長(장)'이라는 표현만으로 충분합니다. 社長様라고 하면 잘못된 표현이니 주의하세요.

| | 18 | ノルマ | | (작업) 할당량 |
|---|---|---|---|---|
| 카타카나 | 19 | ワード | | 워드 |
| | 20 | エクセル | | 엑셀 |
| | 21 | パワーポイント | | 파워포인트 |
| | 22 | プリント | | 프린트 |
| 동사 | 23 | 作成する | さく·せい·する | 작성하다 |
| | 24 | 交わす | か·わす | 주고받다, 교환하다 |
| | 25 | 達成する | たっ·せい·する | 달성하다 |

**Tip**

**18** ノルマ는 개인에게 부과된 '(작업) 할당량'을 뜻해요.

예 なんとかノルマはこなしました。 어떻게든 할당량은 해냈습니다.

**21** 줄여서 パワポ라고 해요.

예 パワポ使ったことある? 파워포인트 써 본 적 있어?

**22** 일본에서는 보통 외부에서 인쇄할 때 편의점에서 프린트를 하는데요, '인쇄하다'는 プリントアウトする,
줄여서 プリントする라고 해요.

**24** '계약을 주고받다'는 契約を交わす라고 합니다.

**25** 목표를 이뤘을 때 쓸 수 있어요.

예 今日のノルマを達成しました。 오늘의 할당량을 달성했습니다.

외근 나가기 전 후배에게 일을 맡기며

A
来年の予算を経理課に提出するのでエクセルで作成して
もらってもいいですか。

B
はい。分かりました。

A
午後、私外回りなので終わったら私にメールで送って
ください。

B
了解しました。あと今年の報告書も一緒に作成しますか。

A
お願いします。

:해석:

A : 내년 예산을 경리과에 제출하는데 엑셀로 작성해 줄 수 있어요?

B : 네. 알겠습니다.

A : 오후에 저 외근이니까 끝나면 저한테 메일로 보내 주세요.

B : 알겠습니다. 그리고 올해 보고서도 함께 작성하나요?

A : 부탁해요.

 **단어**

来年(らいねん) 내년 | ～課(か) ～과 | 分(わ)かりました 알겠습니다 | 午後(ごご) 오후 | 終(お)わったら 끝나면 |
了解(りょうかい) 이해함, 잘 알겠음 | 一緒(いっしょ)に 함께, 같이

109

# 마무리 연습문제

**1.** 일본어와 뜻을 알맞게 연결해 보세요.

① 事務作業<br>じ む さ ぎょう   •

② 期間<br>き かん   •

③ 提出<br>ていしゅつ   •

④ 担当<br>たんとう   •

⑤ 作成<br>さくせい   •

  • ① 제출

  • ② 기간

  • ③ 작성

  • ④ 사무 작업

  • ⑤ 담당

**2.** 보기에서 알맞은 단어를 골라 우리말에 맞게 문장을 완성하고 소리 내어 읽어 보세요. 🎧 16-3.mp3

> [보기]
>
> 課長 ∣ 達成する ∣ 契約 ∣ 外回り ∣ 締め切り<br>か ちょう   たっせい    けいやく  そとまわ   し  き

① 取引先と＿＿＿＿＿を交わす。<br>とりひきさき           か

거래처와 계약을 주고받다.

② 今週のノルマを＿＿＿＿＿。<br>こんしゅう

이번 주 할당량을 달성했다.

③ ＿＿＿＿＿までに案を出す。<br>             あん だ

마감까지 안(생각)을 내다.

④ ＿＿＿＿＿にサインをもらう。

과장님에게 사인을 받다.

# 연락

이런 단어, 알고 있나요?

전화

통화 중

연락처

부재중 전화

읽씹

무음

여보세요

추후에 연락하다

 잠깐! 먼저 QR코드를 찍으세요!

책을 펼치고
동영상 강의를 보면서
학습을 시작합니다!

 동영상 강의 보기　　 mp3 파일 듣기　　 본책

# 단어 읽는 법과 뜻 알기

품사별로 읽는 법과 뜻을 빠르게 익혀 보자!

| 명사 | | | | |
|---|---|---|---|---|
| | 01 | 連絡 | れん・らく | 연락 |
| | 02 | 連絡先 | れん・らく・さき | 연락처 |
| | 03 | 折り返し | お・り・かえ・し | 되돌림, 반대로 꺾음 |
| | 04 | 返事 | へん・じ | 답장 |
| | 05 | 電話 | でん・わ | 전화 |
| | 06 | 通話中 | つう・わ・ちゅう | 통화 중 |
| | 07 | 留守番電話 | る・す・ばん・でん・わ | 부재중 전화 |
| | 08 | 名刺 | めい・し | 명함 |

**Tip**

**02** '연락처를 묻다'는 連絡先を聞く라고 해요.

**03** 일상에서는 こちらから折り返し連絡します(제가 다시 연락할게요)라고 말할 수 있지만, 비즈니스 상황에서는 折り返しお電話いたします(다시 전화드리겠습니다)라고 표현합니다. 또한 折り返す(전화를 다시 걸다)와 같이 동사의 형태로도 나타낼 수 있어요.

예 現在打ち合わせ中なので、戻り次第折り返しお電話いたします。
현재 사전 미팅 중이니 돌아가자마자 다시 전화드리겠습니다.

**07** 줄여서 留守電이라고 해요.
예 あ、留守電が入っている。어, 부재중 전화가 와 있네.

| | | | |
|---|---|---|---|
| 명사 | 09 掲示板 | けい・じ・ばん | 게시판 |
| | 10 既読 | き・どく | 이미 읽음 |
| | 11 既読無視 | き・どく・む・し | 읽씹,<br>읽고 무시함 |
| | 12 未読 | み・どく | 아직 안 읽음 |
| | 13 未読無視 | み・どく・む・し | 안 읽씹, 읽지<br>않고 무시함 |
| | 14 都合 | つ・ごう | 형편, 사정 |
| 카타카나 | 15 ライン | | 라인(LINE) |
| | 16 マナーモード | | 매너모드, 무음 |
| | 17 ファックス | | 팩스 |

**14** 사전적 의미로는 '형편, 사정'이라는 다소 캐주얼하지 못한 표현으로 보이지만, 일상에서 자주 쓰는 단어예요.

예 都合(つごう)のいい時(とき)、連絡(れんらく)してね。 편할 때 연락해.

**15** 일본에서 가장 이용률이 높은 메신저 앱은 단연코 '라인(LINE)'입니다. 참고로 '카카오톡'은 カカオトーク
라고 해요.

**16** 휴대폰의 '무음'을 일본어로는 マナーモード(매너모드)라고 합니다.

예 マナーモードにするの忘(わす)れてた。 무음으로 하는 거 깜박했어.

| | | | | |
|---|---|---|---|---|
| 카타카나 | 18 | ホームページ | | 홈페이지 |
| | 19 | こまめに | | 자주, 여러 번 |
| 부사 | 20 | 終わり次第 | お·わり·し·だい | 끝나는 대로 |
| | 21 | もしもし | | 여보세요 |
| | 22 | 電話をかける | でん·わ·をかける | 전화를 걸다 |
| 동사 | 23 | お知らせする | お·し·らせする | 알리다, 공지하다 |
| | 24 | 報告する | ほう·こく·する | 보고하다 |
| | 25 | 追って連絡する | お·って·れん·らく·する | 추후에 연락하다 |

**Tip**

**19** '성실히 여러 번 하는 것'을 뜻하는 단어로, 연락 및 수분 보충이나 양치질과 같은 단어와 함께 자주 쓰입니다.
  예 こまめに連絡してくれる彼氏が欲しい. 자주 연락해 주는 남자 친구를 원해.

**21** 회사나 아르바이트처에서 전화를 받을 때는 もしもし(여보세요)가 아닌 전화 상대에 따라서 お疲れ様です(수고하십니다), お世話になっております(신세 지고 있습니다), お電話ありがとうございます(전화 감사합니다) 등 상황에 맞는 표현을 써야 해요.

**22** 이외에도 전화와 관련된 표현에는 電話に出る(전화를 받다), 電話がかかってくる(전화가 걸려 오다), 電話が鳴る(전화가 울리다), 電話を切る(전화를 끊다), 電話をかけ直す(전화를 다시 걸다) 등이 있습니다.

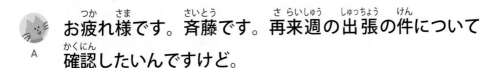
사내에서 업무용 전화를 주고받으며

**A** お疲れ様です。斉藤です。再来週の出張の件について
確認したいんですけど。

**B** お疲れ様です。すみません、まだ日程の方が出ていない
ので確認でき次第、追ってご連絡します。

**A** 分かりました。もし電話に出なかったら留守番電話に
メッセージを残しておいてもらってもいいですか。
そしたらすぐに折り返し電話します。

**B** はい。承知しました。

∶ 해석 ∶

A∶ 수고하십니다. 사이토입니다. 다다음 주 출장 건에 대해서 확인하고 싶은데요.

B∶ 수고하십니다. 죄송해요, 아직 일정이 안 나와서 확인할 수 있는 대로 추후에 연락드릴게요.

A∶ 알겠습니다. 혹시 전화를 안 받으면 부재중 전화로 메시지를 남겨 주실 수 있나요? 그러면 바로 다시
전화드릴게요.

B∶ 네. 알겠습니다.

**단어**

**再来週** 다다음 주 │ **〜の件** 〜(의) 건 │ **確認** 확인 │ **日程** 일정 │ **メッセージ** 메시지 │ **残す** 남기다 │
**承知しました** (공손한 표현) 알겠습니다

115

## 마무리 연습문제

**1.** 일본어와 뜻을 알맞게 연결해 보세요.

❶ こまめに　　　　•

❷ ファックス　　　•

❸ 連絡先<br>れんらくさき　　　•

❹ 電話<br>でん わ　　　•

❺ もしもし　　　•

• ① 연락처

• ② 자주

• ③ 팩스

• ④ 여보세요

• ⑤ 전화

**2.** 보기에서 알맞은 단어를 골라 우리말에 맞게 문장을 완성하고 소리 내어 읽어 보세요. 🎧 17-3.mp3

> [보기]
>
> 終わり次第｜電話をかける｜留守番電話｜
> お　　し だい　　でん わ　　　　　る す ばんでん わ
> 掲示板｜折り返し
> けい じ ばん　お　かえ

❶ 先ほどお電話をいただき、＿＿＿＿＿＿のご連絡をいたしました。<br>さき　　　でん わ　　　　　　　　　　　　　　　れんらく

조금 전 전화를 주셔서 다시 연락을 드렸습니다.

❷ 会社の＿＿＿＿＿＿に記載しますので確認してください。<br>かいしゃ　　　　　　　　き さい　　　　　　かくにん

회사 게시판에 기재하겠으니 확인해 주세요.

❸ 取引先に予定の確認のために＿＿＿＿＿＿＿＿。<br>とりひきさき　よ てい　かくにん

거래처에 예정 확인을 위해 전화를 걸다.

❹ ＿＿＿＿＿＿＿＿報告してください。<br>ほうこく

끝나는 대로 보고해 주세요.

116

# Unit 18

# 이직

이런 단어, 알고 있나요?

퇴직

갑질

첫 출근

사표

천직

대졸

지치다

최선을 다하다

 잠깐! 먼저 QR코드를 찍으세요!

책을 펼치고
동영상 강의를 보면서
학습을 시작합니다!

 동영상 강의 보기  ×   mp3 파일 듣기  ×   본책

# 단어 읽는 법과 뜻 알기

품사별로 읽는 법과 뜻을 빠르게 익혀 보자!

🎧 18-1.mp3

| | | | | |
|---|---|---|---|---|
| 명사 | 01 | 転職 | てん·しょく | 이직 |
| | 02 | 退職 | たい·しょく | 퇴직 |
| | 03 | 求職 | きゅう·しょく | 구직 |
| | 04 | 休職 | きゅう·しょく | 휴직 |
| | 05 | 求人 | きゅう·じん | 구인 |
| | 06 | 職場 | しょく·ば | 직장 |
| | 07 | 退職届 | たい·しょく·とどけ | 사표 |
| | 08 | 初出勤 | はつ·しゅっ·きん | 첫 출근 |
| | 09 | 仕事探し | し·ごと·さが·し | 일 찾기 |

### Tip

**01** 転職(てんしょく)는 우리말로 '이직'에 해당해요.

**03** 일본의 구직자들은 일본 정부가 운영하는 직업 안내소인 ハローワーク를 통해서 일자리를 찾곤 합니다.

**07** 退職届(たいしょくとどけ)는 우리말 '사표'에 해당합니다. 이때 주의할 점이 있는데요, '사표'를 한자로 쓴 辞表(じひょう)는 일반 사원이 아닌 기업의 임원이나 공무원이 퇴직할 때 내는 '사표'라는 뜻으로 통용됩니다.

　예 退職届(たいしょくとどけ)を出(だ)しました。 사표를 냈어요.

**09** 다른 표현으로 職探(しょくさが)し(구직 활동)라고도 해요.

118

명사

| 10 | 条件 | じょう·けん | 조건 |
|---|---|---|---|
| 11 | 新生活 | しん·せい·かつ | 신생활 |
| 12 | 天職 | てん·しょく | 천직 |
| 13 | 資格 | し·かく | 자격(증) |
| 14 | 競争 | きょう·そう | 경쟁 |
| 15 | 高卒 | こう·そつ | 고졸 |
| 16 | 大卒 | だい·そつ | 대졸 |
| 17 | ～再開 | さい·かい | ～재개,<br>～다시 시작함 |

**Tip**

**13** '자격증을 따다'는 資格を取る라고 해요.

**15** 高校卒業(고교 졸업)를 줄여서 부르는 말이에요.

**16** 大学卒業(대학 졸업)를 줄여서 부르는 말입니다. 일본에서는 4년제만 대학교로 인정하기 때문에 2, 3년제의 전문대학을 졸업한 경우에는 短期大学卒業(단기대학 졸업)가 됩니다. 줄여서 短大卒라고 해요.

**17** 仕事再開(일을 다시 시작함), 営業再開(영업을 다시 시작함)와 같이 다른 단어와 합친 표현으로 일상에서 자주 쓰입니다.

예 今日から仕事再開です. 오늘부터 일 다시 시작해요.

| | | | | |
|---|---|---|---|---|
| 카타카나 | 18 | パワハラ | | 갑질 |
| 이형용사 | 19 | 新しい | あたら·しい | 새롭다 |
| | 20 | 辛い | つら·い | 괴롭다 |
| | 21 | しんどい | | 벅차다, 힘들다 |
| 동사 | 22 | 疲れる | つか·れる | 피곤하다, 지치다 |
| | 23 | 辞める | や·める | (일을) 그만두다, 사직하다 |
| | 24 | 心配する | しん·ぱい·する | 걱정하다 |
| | 25 | 最善を尽くす | さい·ぜん·を·つ·くす | 최선을 다하다 |

> **Tip**

18 'power(힘)+harassment(괴롭힘)'의 합성어로, 권력으로 상대방을 괴롭히는 행위를 말합니다. 우리말의 '갑질'에 해당해요. 이외에도 ハラスメント(harassment)를 활용한 セクハラ(성희롱), マタハラ(임신 및 출산 여성 차별) 등의 다양한 단어가 일상에서 쓰여요.
　예 前の職場では上司にパワハラされてたの。 이전 직장에서는 상사한테 갑질당했었거든.

20 辛い는 문맥에 따라서 からい라고도 읽을 수 있습니다. 이 경우 '맵다'라는 전혀 다른 뜻이 되니 주의하세요.
　예 辛くて完食できませんでした。 매워서 다 못 먹었어요.

21 육체적으로나 정신적으로 버틸 힘 없이 벅차고 지칠 때 しんどい라고 합니다.
　예 もうだめだ、しんどすぎる。 더 이상 안 되겠어, 힘들어 죽겠어.

## 회화 속 익히기

단어가 회화 속에서 어떻게 활용되는지 익혀 보자!

🎧 18-2.mp3

이직에 대한 고민 상담을 하며

**A** 最近すごく疲れて見えるけど、大丈夫？

**B** うん。会社となんか合わなくて、転職しようかなって思ってる。

**A** そうなんだ。入社してから会社と合わなくて転職する人が多いってよく聞く。私のお姉ちゃんも最近、転職して新しい会社に入社したよ。

**B** やっぱりそうなんだ。残業も多いし…、やっぱり新しい仕事探そうかな。

**A** ゆりちゃん、資格も持ってるから中途採用でもすぐ見つかると思うよ。

：해석：

A : 요즘 엄청 지쳐 보이는데 괜찮아?

B : 응. 회사랑 뭔가 좀 안 맞아서 이직할까 생각 중이야.

A : 그렇구나. 입사하고 나서 회사랑 안 맞아서 이직하는 사람이 많다고 자주 들어. 우리 언니도 요즘 이직해서 새 회사에 입사했어.

B : 역시 그렇구나. 야근도 많고…, 역시 새로운 일 찾을까 봐.

A : 유리는 자격증도 가지고 있으니까 경력직 채용이라도 금방 찾게 될 거야.

 **단어**

| 見える 보이다 | 大丈夫だ 괜찮다 | なんか 뭔가, 무언가, 무엇인가 | 入社 입사 | 人 사람 |
| お姉ちゃん 누나, 언니 | やっぱり 역시 | 残業 야근 | 探す 찾다 | 見つかる 발견되다, 찾게 되다 |

# 마무리 연습문제

**1.** 일본어와 뜻을 알맞게 연결해 보세요.

① **大卒**    だいそつ    •

            • ① 대졸

② **競争**    きょうそう    •

            • ② 이직

③ **退職**    たいしょく    •

            • ③ 첫 출근

④ **転職**    てんしょく    •

            • ④ 퇴직

⑤ **初出勤**    はつしゅっきん    •

            • ⑤ 경쟁

**2.** 보기에서 알맞은 단어를 골라 우리말에 맞게 문장을 완성하고 소리 내어 읽어 보세요. 🎧 18-3.mp3

> [보기]
>
> **天職** | **高卒** | **資格** | **新しい** | **求人**
> てんしょく こうそつ しかく あたら きゅうじん

① **教師は私にとって＿＿＿＿＿だ。**
きょう し わたし

교사는 나에게 있어서 천직이다.

② **＿＿＿＿＿募集のサイトで今の職場を知った。**
ぼ しゅう いま しょく ば し

구인 모집 사이트에서 지금의 직장을 알았다.

③ **今の会社を辞めて＿＿＿＿＿道に進む。**
いま かいしゃ や みち すす

지금의 회사를 그만두고 새로운 길로 나아가다.

④ **栄養士の＿＿＿＿＿を利用して就職したい。**
えいようし り よう しゅうしょく

영양사 자격증을 이용해서 취직하고 싶다.

# 캠퍼스 라이프

이런 단어, 알고 있나요?

중학교

신입생

1학년 여학생

재수(생)

공강

학점

시험

리포트

 잠깐! 먼저 QR코드를 찍으세요!

책을 펼치고
동영상 강의를 보면서
학습을 시작합니다!

 동영상 강의 보기 ×  mp3 파일 듣기 ×  본책

# 단어 읽는 법과 뜻 알기

품사별로 읽는 법과 뜻을 빠르게 익혀 보자!

🎧 19-1.mp3

| | | | | |
|---|---|---|---|---|
| 명사 | 01 | 学校 | がっ·こう | 학교 |
| | 02 | 小学校 | しょう·がっ·こう | 초등학교 |
| | 03 | 中学校 | ちゅう·がっ·こう | 중학교 |
| | 04 | 高校 | こう·こう | 고등학교 |
| | 05 | 大学 | だい·がく | 대학 |
| | 06 | 大学院 | だい·がく·いん | 대학원 |
| | 07 | 1年生 | いち·ねん·せい | 1학년 |
| | 08 | 1女 | いち·じょ | 1학년 여학생 |

**Tip**

**05** 일본의 고등 교육 기관은 기본적으로 대학, 단기대학, 그리고 전문학교로 분류됩니다. 대학은 4년제 학교를 가리키며, 단기대학의 경우, 한국의 2, 3년제 전문대학을 말해요. 또한 전문학교는 직업과 관련된 교육을 받는 직업 전문학교를 뜻합니다.

**07** '2학년'은 2年生, '3학년'은 3年生, '4학년'은 4年生, '5학년'은 5年生, '6학년'은 6年生라고 해요.

**08** 대학교 '1학년 여학생'은 1女, '2학년 여학생'은 2女, '3학년 여학생'은 3女, '4학년 여학생'은 4女라고 해요.
　예 かわいい 1女にうちのサークル入って欲しい。
　　　귀여운 1학년 여학생이 우리 서클에 들어왔으면 해.

| 명사 | | | |
|---|---|---|---|
| 09 | 新入生 | しん・にゅう・せい | 신입생 |
| 10 | 浪人 | ろう・にん | 재수(생) |
| 11 | 留年 | りゅう・ねん | 유급 |
| 12 | 時間割 | じ・かん・わり | 시간표 |
| 13 | 試験 | し・けん | 시험 |
| 14 | 単位 | たん・い | 학점 |
| 15 | 学費 | がく・ひ | 학비 |
| 16 | 奨学金 | しょう・がく・きん | 장학금, 학자금 |

**Tip**

**10** 입시에 실패해 '재수'를 하는 경우 一浪(いちろう)라고 하고, '삼수'는 二浪(にろう)라고 해요. 또 '재수생'은 浪人生(ろうにんせい)라고도 합니다.

예 一浪(いちろう)してから大学(だいがく)に受(う)かりました。 재수하고 나서 대학에 붙었어요.

**14** 単位(たんい)는 우리말로 대학에서의 '학점'을 뜻해요. 그리고 '학점을 따다'는 単位(たんい)を取(と)る라고 합니다.

**16** 일본에서는 '학자금 대출'을 '장학금'이라고 해요. 즉, 일본에서의 장학금은 '무료로 지급하는 장학금'과 '학자금 형식의 대여 장학금' 모두를 일컫는데요. 대여 장학금의 경우, '이자를 내야 하는 장학금'과 '무이자 장학금'으로 구분되며, 장학금 대여가 끝난 익월 기준 7개월 후부터 반환할 의무가 있어요. 보통 대학교 졸업 후 7개월이 지난 시점부터 반환하게 됩니다.

예 奨学金(しょうがくきん)の返済(へんさい)が辛(つら)すぎる。 학자금 갚는 게 너무 괴로워.

| | | | | |
|---|---|---|---|---|
| 명사 | 17 | 学期 | がっ・き | 학기 |
| | 18 | 空きコマ | あ・きコマ | 공강 |
| 카타카나 | 19 | レポート | | 리포트 |
| | 20 | モテキ | | 이성에게 인기가 많은 시기 |
| 부사 | 21 | もう一度 | もう・いち・ど | 다시 한 번, 한 번 더 |
| 동사 | 22 | 入る | はい・る | 들어가다, 들어오다 |
| | 23 | 受かる | う・かる | 합격되다, 붙다 |
| | 24 | 落ちる | お・ちる | 떨어지다 |
| | 25 | 勉強する | べん・きょう・する | 공부하다 |

**20** 이성에게 가장 인기가 많은 시기를 뜻합니다. '이성에게 인기가 많다'는 뜻의 동사 モテる와 '기간'을 뜻하는 期를 합친 표현이에요.

예 私のモテキっていつ来るんだろう。 내 전성기는 언제 올까?

어느 동아리에 들어갈지에 대해 이야기하며

 **A** どこのサークルに入るか決めた？

 **B** うん！ 私はダンスサークルに入るよ！ 2女の先輩も 3女の先輩もみんな優しいよ。

 **A** ダンスかぁ。 私、サークルに入ったら試験勉強できな そうで迷ってるんだよね。

 **B** 空きコマでも勉強できるし、サークルは別に休んでも 大丈夫だから入っておいた方が絶対いいよ。 後悔するよ!

：해석：

A : 어디 서클에 들어갈지 정했어?

B : 응! 나는 댄스 동아리에 들어갈래! 2학년 여자 선배도 3학년 여자 선배도 모두 친절해.

A : 댄스구나. 나는 서클에 들어가면 시험 공부 못 할 것 같아서 고민된단 말이지.

B : 공강에도 공부할 수 있고, 서클은 딱히 쉬어도 괜찮으니까 들어가 놓는 게 훨씬 좋아. 후회한다!

 **Tip**

| | | |
|---|---|---|
| どこ 어디 ┃ 決める 정하다 ┃ ダンス 댄스 ┃ 先輩 선배 ┃ みんな 모두 ┃ 優しい 친절하다, 상냥하다 | | |
| 迷う 망설이다, 헤매다 ┃ 別に 별로, 딱히 ┃ 休む 쉬다 ┃ 絶対 절대로 | | |

**1.** 일본어와 뜻을 알맞게 연결해 보세요.

① レポート ・　　　　　　　　・ ① 재수(생)

②<br>しんにゅうせい<br>新入生 ・　　　　　　　　・ ② 신입생

③<br>しょうがっこう<br>小学校 ・　　　　　　　　・ ③ 초등학교

④<br>あ<br>空きコマ ・　　　　　　　　・ ④ 리포트

⑤<br>ろうにん<br>浪人 ・　　　　　　　　・ ⑤ 공강

**2.** 보기에서 알맞은 단어를 골라 우리말에 맞게 문장을 완성하고 소리 내어 읽어 보세요. 🎧 19-3.mp3

[보기]

たん い<br>単位 ｜ モテキ ｜ りゅうねん<br>留年 ｜ しょうがくきん<br>奨学金 ｜ し けん<br>試験

① さすがに_____だけはしたくない。

정말이지 유급만큼은 하고 싶지 않아.

②<br>こん ど<br>今度の_____はん い　はっぴょう<br>範囲を発表します。

이다음 시험 범위를 발표할게요.

③ _____の説明会せつめいかいに参加さんかする。

장학금 설명회에 참가하다.

④<br>だいがくいちねんせい<br>大学１年生が_____だった。

대학교 1학년이 전성기였어.

# 교내 발표

이런 단어, 알고 있나요?

| | | |
|---|---|---|
| 발표 | 인사 | 대본 |
| 몸짓 손짓 | 한눈 | 목차 |
| | 질문 | A4 용지 |

 잠깐! 먼저 QR코드를 찍으세요!

책을 펼치고
동영상 강의를 보면서
학습을 시작합니다!

 동영상 강의 보기   ✕    mp3 파일 듣기   ✕    본책

# 단어 읽는 법과 뜻 알기

품사별로 읽는 법과 뜻을 빠르게 익혀 보자!

| | | 読み方 | 뜻 |
|---|---|---|---|
| 01 | 発表 | はっ・ぴょう | 발표 |
| 02 | 挨拶 | あい・さつ | 인사 |
| 03 | 台本 | だい・ほん | 대본 |
| 04 | 図 | ず | 도표 |
| 05 | 表 | ひょう | 표 |
| 06 | 身振り手振り | み・ぶ・り・て・ぶ・り | 몸짓 손짓 |
| 07 | 画面 | が・めん | 화면 |
| 08 | 一目 | ひと・め | 한눈 |
| 09 | 目次 | もく・じ | 목차 |

명사

### Tip

**01** 실제 발표를 할 때 '발표하겠습니다'라는 말은 発表します가 아닌 発表させていただきます라고 합니다.
중요한 자리이기 때문에 보다 겸손한 어투로 말해요.

**06** ジェスチャー(제스처)라고도 해요.

**08** 一目で分かる(한눈에 알 수 있다)라는 표현으로 쓰입니다.
예 難易度を一目で分かるように表した図です。 난이도를 한눈에 알 수 있게 나타낸 그림이에요.

| | | | |
|---|---|---|---|
| 명사 | 10 | 仮説 | か·せつ | 가설 |
| | 11 | 質問 | しつ·もん | 질문 |
| | 12 | 疑問 | ぎ·もん | 의문 |
| | 13 | 予想 | よ·そう | 예상 |
| | 14 | 結果 | けっ·か | 결과 |
| | 15 | 挙手 | きょ·しゅ | 거수, 손을 듦 |
| | 16 | 清聴 | せい·ちょう | 경청 |
| 카타카나 | 17 | グループ | | 그룹 |

### Tip

**10** 仮説を立てる(가설을 세우다)라는 표현으로 쓰여요.

**15** '손을 든다'는 뜻으로, 발표 후에 많이 쓰이는 표현이에요.
   예 質問のある方は挙手してください。 질문 있으신 분은 손을 들어 주세요.

**16** 발표를 마치면서 내 이야기를 들어준 데 감사를 표하는 말입니다. 대학이나 회사에서 발표 마지막에 자주 사용하는 표현이에요.
   예 ご清聴ありがとうございました。 들어 주셔서 감사합니다.

**17** '조별 발표'를 グループ発表라고 합니다.

| | | | | |
|---|---|---|---|---|
| 카타카나 | 18 | グラフ | | 그래프 |
| | 19 | プレゼンテーション | | 프레젠테이션 |
| | 20 | スライド | | 슬라이드 |
| | 21 | A4 | エー・ヨン | A4 용지 |
| 동사 | 22 | 分かる | わ・かる | 이해하다, 알다 |
| | 23 | 知る | し・る | 알다 |
| | 24 | 配る | くば・る | 분배하다, 배포하다 |
| | 25 | 用いる | もち・いる | 쓰다, 이용하다 |

**Tip**

19 プレゼン이라고 줄여서 말하기도 해요.
　예　明日、大事なプレゼンがあるの。 내일 중요한 프레젠테이션이 있거든.

22 '～을 알다'는 조사 が를 써서 ～が分かる라고 해야 해요. 조사에 꼭 주의하세요.

23 知る는 정보나 지식을 얻게 되었을 때의 '알다'라는 뜻으로 씁니다. '이해하고 파악해서 알다'란 뜻의 分かる와 다르다는 것을 확실히 알아 두세요.
　예　これ知ってた？ 이거 알고 있었어? 〈정보를 알고 있었는지 물음〉
　　　もう分かった？ 이제 알았어? 〈이해했는지 물음〉

발표 준비로 선생님께 상담하며

A

来週、発表のパワーポイントは完成しましたか。

B

それがまだです。最初の仮説と説明は終わったんですけど、結果をどのようにまとめたらいいか分からなくて。
先生、助けてください～。

A

結果は簡潔に書かなくてはいけません。聞き手が一目で分かりやすく図や表を用いるといいですよ。

B

なるほど。ありがとうございます！参考にします。

: 해석 :

A : 다음 주에 발표할 파워포인트는 완성했어요?

B : 그게 아직이에요. 처음의 가설과 설명은 끝났는데요, 결과를 어떻게 정리하면 좋을지 몰라서요.
선생님 도와주세요~.

A : 결과는 간결하게 쓰지 않으면 안 돼요. 듣는 사람이 한눈에 알아보기 쉽게 그림이나 표를 이용하면 좋아요.

B : 그렇군요. 감사합니다! 참고로 할게요.

 단어

来週 다음 주 | 完成 완성 | まだ 아직 | どのように 어떻게 | まとめる 정리하다 | 先生 선생님 |
助ける 돕다, 살리다 | 簡潔に 간결하게 | 聞き手 듣는 사람 | なるほど (맞장구치며) 과연, 그렇군(요) |
参考 참고 | ～にする ～(으)로 하다

# 마무리 연습문제

**1.** 일본어와 뜻을 알맞게 연결해 보세요.

❶ 画面<sup>がめん</sup> •                                      • ① 의문

❷ 配る<sup>くば</sup> •                                      • ② 인사

❸ 身振り手振り<sup>みぶ てぶ</sup> •                                   • ③ 몸짓 손짓

❹ 挨拶<sup>あいさつ</sup> •                                      • ④ 화면

❺ 疑問<sup>ぎもん</sup> •                                      • ⑤ 분배하다, 배포하다

**2.** 보기에서 알맞은 단어를 골라 우리말에 맞게 문장을 완성하고 소리 내어 읽어 보세요. 🎧 20-3.mp3

> [보기]
>
> 仮説<sup>かせつ</sup> | 挙手<sup>きょしゅ</sup> | 発表<sup>はっぴょう</sup> | スライド | 結果<sup>けっか</sup>

❶ 次<sup>つぎ</sup>の_____をご覧<sup>らん</sup>ください。

다음 슬라이드를 봐 주세요.

❷ これから交換留学<sup>こうかんりゅうがく</sup>についての_____を始<sup>はじ</sup>めます。

이제부터 교환 유학에 대한 발표를 시작하겠습니다.

❸ 何<sup>なに</sup>か質問<sup>しつもん</sup>のある方<sup>かた</sup>は_____お願<sup>ねが</sup>いします。

무언가 질문이 있는 분은 손을 들어 주세요.

❹ 私達<sup>わたしたち</sup>はこのような_____を立<sup>た</sup>てました。

저희는 이러한 가설을 세웠습니다.

# 음식

# PART 4

# 디저트

## 이런 단어, 알고 있나요?

과자

빙수

껌

푸딩

달다

마카롱

바삭바삭

폭신폭신

 잠깐! 먼저 QR코드를 찍으세요!

책을 펼치고
동영상 강의를 보면서
학습을 시작합니다!

 동영상 강의 보기 ×  mp3 파일 듣기 ×  본책

| | | | | |
|---|---|---|---|---|
| 명사 | 01 | お菓子 | お·か·し | 과자 |
| | 02 | 和菓子 | わ·が·し | 화과자, 일본의 전통 과자 |
| | 03 | どら焼き | どら·や·き | 도라야키 |
| | 04 | ようかん | | 양갱 |
| | 05 | かき氷 | かき·ごおり | 빙수 |
| | 06 | 焼きたて | や·きたて | 갓 구움 |
| 카타카나 | 07 | デザート | | 디저트 |
| | 08 | プリン | | 푸딩 |

### Tip

**02** 和菓子(화과자)는 일본의 전통 과자로, 주로 차와 함께 먹는 경우가 많습니다. 양갱(ようかん), 와라비모치(わらび餅), 다이후쿠(大福), 안미츠(あんみつ), 도라야키(どら焼き) 등 찹쌀과 팥이 주재료로 쓰여요.

**05** 일본의 빙수는 곱게 간 얼음에 시럽을 뿌려 먹습니다. 또한 일본은 기본적으로 음식을 비벼 먹지 않으니 만약 일본인 친구와 함께 먹게 된다면 비벼도 되는지 미리 꼭 물어보세요.

**06** '갓(막) ~한'이라고 동작을 끝낸 지 얼마 안 된 상태를 표현할 때는 동사 ます형에 たて를 접속시켜서 표현할 수 있어요. 예를 들어 '갓 구운 다코야키'는 焼きたてのたこ焼き, '막 딴 과일'은 取りたての果物라고 표현합니다.

　예 焼きたてのマフィンは最高に美味しい。 갓 구운 머핀은 최고로 맛있다.

| | | | |
|---|---|---|---|
| 09 | アイスクリーム | | 아이스크림 |
| 10 | ケーキ | | 케이크 |
| 11 | マカロン | | 마카롱 |
| 12 | マフィン | | 머핀 |
| 13 | パフェ | | 파르페 |
| 14 | シュークリーム | | 슈크림 |
| 15 | グミ | | 젤리 |
| 16 | ゼリー | | 젤리 |
| 17 | ガム | | 껌 |
| 18 | タルト | | 타르트 |

카타카나

**Tip**

**15** 한국어로는 다 젤리지만, 일본에서는 하리보나 마이구미, 꿈틀이 같은 모형의 젤리는 グミ라고 해요.

**16** 쁘띠첼, 젤리 푸딩처럼 '컵에 들어 있는 형태의 젤리'를 ゼリー라고 해요.

| 카타카나 | 19 | **チョコレート** | | 초콜릿 |
|---|---|---|---|---|
| い형용사 | 20 | **甘い** | あま·い | 달다 |
| | 21 | **甘すぎない** | あま·すぎない | 너무 달지 않다 |
| | 22 | **いい** | | 좋다 |
| 부사 | 23 | **サクサク** | | 바삭바삭 |
| | 24 | **ザクザク** | | 바삭바삭 |
| | 25 | **ふわふわ** | | 푹신푹신, 폭신폭신 |

**Tip**

**23** 두 가지 쓰임새가 있습니다. 쿠키나 튀김 등이 바삭하게 씹히는 식감을 말하거나, 동작이 시원하게 진행될 때 사용해요.

예 このクッキー、焼きたてでサクサクしてますね。
이 쿠키, 갓 구워서 바삭바삭하네요.
この前買ったパソコン、さすがサクサク動きますね。
요전에 산 컴퓨터 역시 잘 움직이네요.

**24** サクサク와 닮은 표현이지만, 더욱 바삭한 느낌이에요. 음식 안에 크런치나 초코칩, 아몬드 혹은 굵은 설탕과 같은 알맹이가 들어 있어 씹는 맛이 좋고 간단히 부서질 때 쓰는 표현이에요.

예 このシュークリーム、生地にアーモンドがあるからなんかザクザクするね。
이 슈크림, 반죽에 아몬드가 있으니까 뭔가 바삭바삭하네.

좋아하는 디저트에 대해 이야기할 때

**A** 好きなデザートある?

**B** 私はタルトが好きかな。果物が入ってると、そこまで甘すぎなくて果物の酸味がちょうどいい。

**A** デザートは甘いのがいいのに。私はチョコレートがないと生きていけないくらいだよ。

**B** チョコレートは私には甘すぎるなぁ。

: 해석 :

A : 좋아하는 디저트 있어?

B : 나는 타르트를 좋아해. 과일이 들어가 있으면 그렇게까지 너무 달지 않아서 과일의 신맛이 딱 좋아.

A : 디저트는 단 게 좋은데. 나는 초콜릿이 없으면 살아갈 수 없을 정도야.

B : 초콜릿은 나한테는 너무 달아.

### 단어

好きだ 좋아하다 | 入る 들어가다, 들어오다 | そこ 거기 | 〜まで 〜까지 | 酸味 산미, 신맛 |
ちょうどいい 딱 좋다 | 〜のに 〜인데 | 生きていけない 살아갈 수 없다 | くらい 정도 | 〜には 〜에게는

# 마무리 연습문제

**1.** 일본어와 뜻을 알맞게 연결해 보세요.

❶ 甘<ruby>甘<rt>あま</rt></ruby>い　　　　　•

❷ シュークリーム　•

❸ ガム　　　　　•

❹ タルト　　　　•

❺ チョコレート　•

•　① 초콜릿

•　② 달다

•　③ 타르트

•　④ 껌

•　⑤ 슈크림

**2.** 보기에서 알맞은 단어를 골라 우리말에 맞게 문장을 완성하고 소리 내어 읽어 보세요. 🎧 21-3.mp3

> [보기]
>
> <ruby>和菓子<rt>わ が し</rt></ruby> | <ruby>かき氷<rt>ごおり</rt></ruby> | ケーキ | サクサク | <ruby>焼<rt>や</rt></ruby>きたて

❶ <ruby>夏<rt>なつ</rt></ruby>は＿＿＿＿＿を<ruby>必<rt>かなら</rt></ruby>ず<ruby>食<rt>た</rt></ruby>べます。

여름에는 빙수를 꼭 먹어요.

❷ やっぱりパンは＿＿＿＿＿が<ruby>一番<rt>いちばん</rt></ruby><ruby>美味<rt>お い</rt></ruby>しいですね。

역시 빵은 갓 구운 게 가장 맛있죠.

❸ <ruby>日本<rt>に ほん</rt></ruby>のお<ruby>菓子<rt>か し</rt></ruby>を＿＿＿＿＿と<ruby>言<rt>い</rt></ruby>います。

일본 과자를 화과자라고 해요.

❹ <ruby>誕生日<rt>たんじょう び</rt></ruby>には＿＿＿＿＿を<ruby>食<rt>た</rt></ruby>べます。

생일에는 케이크를 먹어요.

학습일 :　　월　　일

# 커피

┄┄┄┄┄ 이런 단어, 알고 있나요? ┄┄┄┄┄

얼음

포장

추가

뚜껑

커피

카페라떼

휘핑크림

미지근하다

 잠깐! 먼저 QR코드를 찍으세요!

책을 펼치고
동영상 강의를 보면서
학습을 시작합니다!

 동영상 강의 보기

×  mp3 파일 듣기

×  본책

# 단어 읽는 법과 뜻 알기

품사별로 읽는 법과 뜻을 빠르게 익혀 보자!

🎧 22-1.mp3

| | | | |
|---|---|---|---|
| 01 | 飲み物 | の·み·もの | 마실 것, 음료 |
| 02 | お水 | お·みず | 물 |
| 03 | 氷 | こおり | 얼음 |
| 04 | 1杯 | いっ·ぱい | 한 잔 |
| 05 | 多め | おお·め | 많음 |
| 06 | 少なめ | すく·なめ | 적음 |
| 07 | お持ち帰り | お·も·ち·かえ·り | 포장, 테이크아웃 |
| 08 | 追加 | つい·か | 추가 |

명사

### Tip

**01** ドリンク(드링크)라고도 해요.

**02** '찬물'을 원할 때는 お冷ください(찬물 주세요)라고 해야 해요.

**04** 杯는 '잔'이라는 뜻이에요. 숫자를 넣어서 2杯(두 잔), 3杯(세 잔), 4杯(네 잔), 5杯(다섯 잔)와 같이 응용해 보세요.

**07** 포장해 갈 때는 お를 뺀 持ち帰り라고 말해야 합니다. 접두어 お는 상대에게 말할 때 쓰는 표현으로 상냥하고 겸손한 어감을 주는데, 본인에게는 해당되지 않기 때문이죠. 또한 お持ち帰り는 テイクアウト(테이크아웃)라고도 표현해요.

예 점원: 店内でお召し上がりですか。それともお持ち帰りですか。
　　　가게에서 드시나요? 아니면 포장이신가요?
　　손님: 持ち帰りでお願いします。포장으로 부탁해요.

| 명사 | 09 | 蓋 | ふた | 뚜껑 |
|---|---|---|---|---|
| | 10 | 店内 | てん・ない | 점내, 가게 안 |
| 카타카나 | 11 | スモールサイズ | | 스몰 사이즈 |
| | 12 | レギュラー | | 레귤러 |
| | 13 | ラージ | | 라지 |
| | 14 | ホット | | 핫(hot) |
| | 15 | アイス | | 아이스(ice) |
| | 16 | コーヒー | | 커피 |
| | 17 | スタバ | | 스벅 (스타벅스의 줄임말) |

**Tip**

**09** '뚜껑을 덮다'는 蓋をする, '뚜껑을 닫다'는 蓋を閉める라고 해요.

　예　蓋をしてもらえますか。뚜껑을 덮어 주시겠어요?
　　　蓋をちゃんと閉めてください。뚜껑을 꽉 닫아 주세요.

**16** '따뜻한 커피'는 ホットコーヒー, '아이스커피'는 アイスコーヒー라고 해요.
　　카페에 갔을 때 アイスコーヒー一つください(아이스커피 하나 주세요)라고 말해 보세요.

**17** スターバックス(스타벅스)를 줄여서 부르는 말이에요.

| | | | | |
|---|---|---|---|---|
| 카타카나 | 18 | コーラ | | 콜라 |
| | 19 | カフェラテ | | 카페라떼 |
| | 20 | フラペチーノ | | 프라푸치노 |
| | 21 | ホイップクリーム | | 휘핑크림 |
| い형용사 | 22 | 美味しい | お·い·しい | 맛있다 |
| | 23 | 冷たい | つめ·たい | 차갑다 |
| | 24 | 熱い | あつ·い | 뜨겁다 |
| | 25 | ぬるい | | 미지근하다 |

**20** 프라푸치노에는 꼭 빨대가 있어야 하는데요. '빨대'가 필요하다면 ストローください(빨대 주세요)라고 말해 보세요.

**21** 줄여서 ホイップ라고 해요. 카페에서 휘핑크림을 적게 달라고 할 때는 ホイップ少(すく)なめでお願(ねが)いします (휘핑크림 적게 부탁해요)라고 말하면 돼요.

**22** 남녀 모두 잘 사용하는 '맛있다'는 표현입니다. 이외에 남성어로 '맛있다'란 뜻의 うまい도 있는데 기본적으로 여성이 잘 안 쓰는 표현이니 조심해야 해요. うまい를 10대 여성이 쓴다면 대체로 이해하고 넘어가지만, 성인 여성이 쓸 경우에는 상대에게 품위가 떨어지는 인상을 줄 수 있습니다.

카페에서 음료를 주문할 때

**A** いらっしゃいませ。店内でお召し上がりですか。
それともお持ち帰りですか。

**B** 店内で。抹茶フラペチーノ一つください。
ホイップクリーム多めでお願いします。

**A** サイズはいかがなさいますか。

**B** レギュラーサイズで。

∶ 해석 ∶

A : 어서 오세요. 가게에서 드시나요? 아니면 포장이신가요?

B : 가게에서요. 말차 프라푸치노 하나 주세요. 휘핑크림 많이로 부탁해요.

A : 사이즈는 어떻게 하시겠어요?

B : 레귤러 사이즈로요.

**단어**

いらっしゃいませ 어서 오세요 | ～で ～에서, ～(으)로 | それとも 아니면 | 抹茶 말차 | 一つ 하나 |

いかが 어떻게 | なさいますか 하시겠어요?

# 마무리 연습문제

**1.** 일본어와 뜻을 알맞게 연결해 보세요.

❶ ぬるい　　　　•

❷ 追加<br>　　　　　　•

❸ 蓋<br>　　　　　　•

❹ レギュラー　•

❺ スタバ　　　•

　　　　　　　• ① 미지근하다

　　　　　　　• ② 스벅

　　　　　　　• ③ 추가

　　　　　　　• ④ 뚜껑

　　　　　　　• ⑤ 레귤러

**2.** 보기에서 알맞은 단어를 골라 우리말에 맞게 문장을 완성하고 소리 내어 읽어 보세요. 🎧 22-3.mp3

> **[보기]**
>
> お水 | お持ち帰り | 店内 | 多め | 1杯

❶ アイスコーヒー＿＿＿＿＿＿くださいい。

아이스커피 한 잔 주세요.

❷ ＿＿＿＿＿＿ありますか。

물 있나요?

❸ ＿＿＿＿＿＿ですか。

포장이세요?

❹ ＿＿＿＿＿＿でお召し上がりですか。

가게에서 드세요?

148

# Unit 23

# 술

이런 단어, 알고 있나요?

안주

선술집

건배

계산

2차 (모임)

원샷

생맥주

만취하다

 잠깐! 먼저 QR코드를 찍으세요!

책을 펼치고
동영상 강의를 보면서
학습을 시작합니다!

 동영상 강의 보기   mp3 파일 듣기  본책

# 단어 읽는 법과 뜻 알기
품사별로 읽는 법과 뜻을 빠르게 익혀 보자!

🎧 23-1.mp3

| | | | |
|---|---|---|---|
| 01 | お酒 | お·さけ | 술 |
| 02 | おつまみ | | 안주 |
| 03 | 居酒屋 | い·ざか·や | 선술집 |
| 04 | 梅酒 | うめ·しゅ | 매실주 |
| 05 | 日本酒 | に·ほん·しゅ | 일본술, 정종, 사케 |
| 06 | お通し | お·とお·し | 식전 음식 |
| 07 | 乾杯 | かん·ぱい | 건배 |
| 08 | お会計 | お·かい·けい | 계산 |

명사

**Tip**

05 日本酒(にほんしゅ)를 우리는 흔히 '사케'라고 해요.

06 お通(とお)し는 이자카야에서 주문한 요리가 나오기 전에 제공되는 간단한 음식을 말해요. 기본으로 나오기 때문에 무료라고 생각할 수도 있으나, 보통 유료로 제공되며 금액은 대체로 300엔~500엔 전후예요.

08 '계산해 주세요'라고 할 때 쓸 수 있는 표현에는 두 가지가 있어요. お会計(かいけい)お願(ねが)いします 또는 お勘定(かんじょう)お願(ねが)いします라는 표현인데요. 연령대가 젊은층은 お会計(かいけい)라는 말을 선호하고, 연배 있는 분들은 お勘定(かんじょう)를 자주 씁니다.

| | | | | |
|---|---|---|---|---|
| 명사 | 09 | 一気飲み | いっ·き·の·み | 원샷 |
| | 10 | 2次会 | に·じ·かい | 2차 (모임) |
| | 11 | 酔っ払い | よ·っ·ぱら·い | 술 취한 사람 |
| | 12 | 二日酔い | ふつか·よ·い | 숙취 |
| 카타카나 | 13 | ビール | | 맥주 |
| | 14 | 生ビール | なま·ビール | 생맥주 |
| | 15 | アルコール | | 알코올 |
| | 16 | チューハイ | | 츄하이 |
| | 17 | ウーロンハイ | | 우롱하이 |

**Tip**

**09** '원샷하다'는 一気飲みする라고 해요.

**14** 줄여서 生라고도 해요.

　　예　生一つください。생맥 하나 주세요.

**16** 소주와 탄산을 섞은 칵테일을 말해요.

**17** 소주와 우롱차를 섞은 칵테일을 말해요.

| | | | | |
|---|---|---|---|---|
| 카타카나 | 18 | レモンサワー | | 레몬사와 |
| い형용사 | 19 | 強い | つよ·い | 강하다, 세다 |
| | 20 | 弱い | よわ·い | 약하다 |
| | 21 | 頭が痛い | あたま·が·いた·い | 머리가 아프다 |
| | 22 | 気持ち悪い | き·も·ち·わる·い | 기분 나쁘다 |
| 동사 | 23 | 頼む | たの·む | 부탁하다, 주문하다 |
| | 24 | 飲み過ぎる | の·み·す·ぎる | 과음하다 |
| | 25 | 酔っ払う | よ·っ·ぱら·う | 만취하다 |

**Tip**

**18** サワー는 소주에 탄산과 과일 시럽을 섞은 칵테일을 말해요.

**22** 신체적, 감각적으로 불쾌감이 들 때 쓰는 표현이에요. 예를 들면, 과식이나 숙취 등으로 몸 상태가 좋지 않거나, 뱀 혹은 바퀴벌레 등 거북스러운 것을 접한 후 불쾌한 감정이 들었을 때 쓸 수 있어요. 또한 음주 후의 気持ち悪い는 우리말로 '속이 안 좋아'라고도 해석할 수 있답니다.

　예　食べ過ぎて気持ち悪くなった。 너무 많이 먹어서 속이 안 좋아졌어.

**23** 注文する(주문하다)와 같은 의미로 써요.

　예　A え、どうしよう。何頼む？ 어, 어떡할까? 뭐 주문할 거야?

　　　B とりあえず生で！ 일단은 생맥으로!

회식 자리에서 주문할 때

A です！ プロジェクトが無事終わり、皆さんお疲れ様でした。
乾杯！

B おつまみ、もっと頼んだ方がよくないですか。
何頼みます？

A 唐揚げとお好み焼き頼みましょう！
あと、ウーロンハイも！

B 分かりました！ でも皆さん、明日も仕事ありますから
飲み過ぎには注意ですよ。

：해석：

A : 그럼! 프로젝트가 무사히 끝나 여러분 수고하셨습니다. 건배!

B : 안주, 더 주문하는 게 좋지 않나요? 뭐 주문할까요?

A : 닭 튀김이랑 오코노미야키 주문해요! 그리고 우롱하이도!

B : 알겠습니다. 그런데 여러분, 내일도 일해야 하니까 과음에는 주의하세요.

**단어**

では 그럼 | プロジェクト 프로젝트 | 無事(に) 무사히 | 皆さん 여러분 | お疲れ様でした 수고하셨습니다 |
もっと 더, 더욱 | 唐揚げ 가라아게(치킨과 비슷한 닭튀김 요리) | ～と ～와/과, ～(이)랑 |
お好み焼き 오코노미야키 | ～も ～도 | 注意 주의

# 마무리 연습문제

**1.** 일본어와 뜻을 알맞게 연결해 보세요.

① 二日酔い　　　•　　　　　　　　•　① 숙취

② 生ビール　　　•　　　　　　　　•　② 술 취한 사람

③ 居酒屋　　　　•　　　　　　　　•　③ 선술집

④ 一気飲み　　　•　　　　　　　　•　④ 생맥주

⑤ 酔っ払い　　　•　　　　　　　　•　⑤ 원샷

**2.** 보기에서 알맞은 단어를 골라 우리말에 맞게 문장을 완성하고 소리 내어 읽어 보세요. 🎧 23-3.mp3

> **[보기]**
>
> 2次会｜梅酒｜おつまみ｜お会計｜飲み過ぎる

① 昨日＿＿＿＿＿＿＿ました。

어제 너무 마셨어요.

② ＿＿＿＿＿＿＿はカラオケです。

2차는 노래방이에요.

③ ビールは飲めないから＿＿＿＿＿＿＿にします。

맥주는 못 마시니까 매실주로 할게요.

④ ＿＿＿＿＿＿＿は何頼みますか。

안주는 뭘 주문할까요?

# 요리

이런 단어, 알고 있나요?

기름

닭꼬치

조미료

한 입 사이즈

신선하다

주문하다

물을 끓이다

데치다

 잠깐! 먼저 QR코드를 찍으세요!

책을 펼치고
동영상 강의를 보면서
학습을 시작합니다!

 동영상 강의 보기   mp3 파일 듣기   본책

# 단어 읽는 법과 뜻 알기
품사별로 읽는 법과 뜻을 빠르게 익혀 보자!

🎧 24-1.mp3

| | | | | |
|---|---|---|---|---|
| 명사 | 01 | 料理 | りょう・り | 요리 |
| | 02 | 寿司 | す・し | 초밥 |
| | 03 | 油 | あぶら | 기름 |
| | 04 | 餃子 | ぎょう・ざ | 만두 |
| | 05 | 焼き鳥 | や・き・とり | 닭꼬치 |
| | 06 | 焼き魚 | や・き・ざかな | 생선구이 |
| | 07 | 調味料 | ちょう・み・りょう | 조미료 |
| 카타카나 | 08 | ラーメン | | 라멘 |
| | 09 | 一口サイズ | ひと・くち・サイズ | 한 입 사이즈, 한 입 크기 |

> **Tip**
>
> **05** 닭꼬치는 기본적으로 두 가지 소스가 있습니다. 달콤한 '양념 소스'를 원한다면 たれ, 짭짤한 '소금 맛'을 원한다면 しお로 고를 수 있어요.
>
> **07** '설탕'은 砂糖(さ とう), '소금'은 塩(しお), '간장'은 醬油(しょう ゆ)라고 해요.

| | | | | |
|---|---|---|---|---|
| 카타카나 | 10 | チャーハン | | 중국식 볶음밥 |
| な형용사 | 11 | 新鮮だ | しん·せん·だ | 신선하다 |
| | 12 | 綺麗だ | き·れい·だ | 예쁘다,<br>깨끗하다 |
| | 13 | 食べる | た·べる | 먹다 |
| | 14 | 出前を取る | で·まえ·を·と·る | (음식을)<br>배달시켜 먹다 |
| 동사 | 15 | 注文する | ちゅう·もん·する | 주문하다 |
| | 16 | 揚げる | あ·げる | 튀기다 |
| | 17 | お湯を沸かす | お·ゆ·を·わ·かす | 물을 끓이다 |

**Tip**

**12** 문맥에 따라서 '예쁘다, 깨끗하다'로 뜻을 구별해서 씁니다.

　예　部屋をきれいにする。 방을 깨끗하게 하다.
　　　発色がよくてすごくきれいです。 발색이 좋아서 엄청 예뻐요.

**14** 出前(요리 배달)는 デリバリー(딜리버리)라고도 해요.

| | | | |
|---|---|---|---|
| 동사 | 18 沸騰する | ふっ·とう·する | 끓다, 끓어오르다 |
| | 19 切る | き·る | 자르다, 베다, 깎다 |
| | 20 茹でる | ゆ·でる | (살짝) 삶다, 데치다 |
| | 21 炒める | いた·める | 볶다 |
| | 22 蒸す | む·す | 찌다 |
| | 23 煮る | に·る | (푹) 삶다, 끓이다, 조리다 |
| | 24 焼く | や·く | 굽다 |
| | 25 気を付ける | き·を·つ·ける | 조심하다 |

**Tip**

**20** 끓는 물에 살짝 데치거나 단시간 내에 가볍게 삶는 것을 말해요. 브로콜리 등 채소를 익히거나 파스타 면을 삶을 때 혹은 달걀을 삶을 때 사용해요.
    예 卵を茹でる。달걀을 삶다.

**23** 푹 삶아서 딱딱한 식재료를 부드럽게 하거나 양념이 밸 수 있도록 조리는 것을 말해요. 카레나 죽, 찌개를 양념간이 배도록 끓이거나, 고구마나 감자 등을 삶을 때 써요.
    예 肉をやわらかく煮る。고기를 부드럽게 삶다.

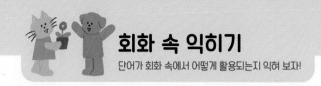

볶음밥 만드는 방법을 물어볼 때

A

チャーハンってどうやって作<small>つく</small>るんですか。

B

まず野菜<small>やさい</small>を細<small>こま</small>かく、小<small>ちい</small>さく切<small>き</small>ります。

A

材料<small>ざいりょう</small>を切<small>き</small>った後<small>あと</small>はご飯<small>はん</small>と一緒<small>いっしょ</small>に炒<small>いた</small>めますか。

B

先<small>さき</small>に切<small>き</small>った野菜<small>やさい</small>を炒<small>いた</small>めてから、ご飯<small>はん</small>も一緒<small>いっしょ</small>に炒<small>いた</small>めます。

：해석：

A : 볶음밥은 어떻게 만드는 거예요?

B : 우선 채소를 잘고 작게 썰어요.

A : 재료를 자른 다음에는 밥이랑 함께 볶나요?

B : 먼저 썬 채소를 볶고 나서 밥도 함께 볶아요.

 단어

どうやって 어떻게 | 作<small>つく</small>る 만들다 | まず 우선, 먼저 | 野菜<small>やさい</small> 채소 | 細<small>こま</small>かい 잘다, 미세하다 | 小<small>ちい</small>さい 작다 |
～く ～하게 | 材料<small>ざいりょう</small> 재료 | ご飯<small>はん</small> 밥 | 一緒<small>いっしょ</small>に 함께, 같이 | 先<small>さき</small>に 앞서, 이전에, 먼저 | ～てから ～하고 나서

159

**1.** 일본어와 뜻을 알맞게 연결해 보세요.

❶ ラーメン　　・

❷ 焼<ruby>焼<rt>や</rt></ruby>く　　・

❸ <ruby>餃<rt>ぎょう</rt></ruby><ruby>子<rt>ざ</rt></ruby>　　・

❹ <ruby>出<rt>で</rt></ruby><ruby>前<rt>まえ</rt></ruby>を<ruby>取<rt>と</rt></ruby>る　・

❺ <ruby>注<rt>ちゅう</rt></ruby><ruby>文<rt>もん</rt></ruby>する　・

・① 만두

・② 라멘

・③ 굽다

・④ 주문하다

・⑤ (음식을) 배달시켜 먹다

**2.** 보기에서 알맞은 단어를 골라 우리말에 맞게 문장을 완성하고 소리 내어 읽어 보세요. 🎧 24-3.mp3

> [보기]
>
> <ruby>新鮮<rt>しんせん</rt></ruby>だ｜<ruby>焼<rt>や</rt></ruby>き<ruby>魚<rt>ざかな</rt></ruby>｜<ruby>沸<rt>わ</rt></ruby>かす｜<ruby>切<rt>き</rt></ruby>る｜<ruby>炒<rt>いた</rt></ruby>める

❶ キャベツを<ruby>一口<rt>ひとくち</rt></ruby>サイズに＿＿＿＿＿。

　 양배추를 한 입 사이즈로 자르다.

❷ <ruby>野菜<rt>やさい</rt></ruby>を＿＿＿＿＿。

　 채소를 볶다.

❸ お<ruby>湯<rt>ゆ</rt></ruby>を＿＿＿＿＿。

　 물을 끓이다.

❹ <ruby>朝<rt>あさ</rt></ruby>は＿＿＿＿＿を<ruby>食<rt>た</rt></ruby>べる。

　 아침에는 생선구이를 먹는다.

# Unit 25

# 과일

이런 단어, 알고 있나요?

사과

귤

껍질

꼭지

설탕

새콤달콤하다

시다

벗기다

잠깐! 먼저 QR코드를 찍으세요!

책을 펼치고
동영상 강의를 보면서
학습을 시작합니다!

동영상 강의 보기 × mp3 파일 듣기 × 본책

# 단어 읽는 법과 뜻 알기

품사별로 읽는 법과 뜻을 빠르게 익혀 보자!

🎧 25-1.mp3

| | 01 | 果物 | くだ·もの | 과일 |
|---|---|---|---|---|
| | 02 | 皮 | かわ | 껍질 |
| | 03 | へた | | 꼭지 |
| | 04 | りんご | | 사과 |
| 명사 | 05 | みかん | | 귤 |
| | 06 | 梨 | なし | 배 |
| | 07 | いちご | | 딸기 |
| | 08 | もも | | 복숭아 |

**Tip**

**02** 과일, 채소 등의 '껍질을 깎다, 까다, 벗기다'는 皮を剥く 라고 해요.

　예　ジャガイモの皮を剥く。감자 껍질을 깎다.
　　　みかんの皮を剥く。귤 껍질을 까다.

**03** '꼭지를 따다'는 へたを取る 라고 해요.

　예　トマトのへたを取る。토마토 꼭지를 따다.
　　　いちごのへたを取る。딸기 꼭지를 따다.

| | | | | |
|---|---|---|---|---|
| 명사 | 09 | ぶどう | | 포도 |
| | 10 | すいか | | 수박 |
| | 11 | 砂糖 | さ・とう | 설탕 |
| | 12 | 練乳 | れん・にゅう | 연유 |
| | 13 | 素手 | す・で | 맨손 |
| 카타카나 | 14 | バナナ | | 바나나 |
| | 15 | パイナップル | | 파인애플 |
| | 16 | メロン | | 메론 |

Tip

**12** 일본에서는 딸기에 연유를 뿌려 먹기도 합니다. 판매 촉진을 위해서 슈퍼마켓의 딸기 코너 근처에 연유를 두기도 하며, 아이스크림이나 음료에도 練乳いちご味(연유 딸기 맛)가 있을 정도예요.

**13** '맨손으로 먹다'는 素手で食べる라고 해요. 일본에서 맨손으로 먹는 대표적인 음식에는 초밥(すし)이 있는데요. 밥알이 안 떨어지게 소스를 찍어 먹을 수 있어서 맨손으로 먹곤 합니다. 또한 회전초밥집보다 고급 초밥집에서 젓가락 대신 맨손으로 먹는 경향이 있어요.

| | 17 | キウイ | | 키위 |
|---|---|---|---|---|
| 카타카나 | 18 | グレープフルーツ | | 그레이프프루트, 자몽 |
| | 19 | ザクロ | | 석류 |
| | 20 | スプーン | | 스푼, 숟가락 |
| | 21 | フォーク | | 포크 |
| い형용사 | 22 | 酸っぱい | す・っぱい | 시다, 시큼하다 |
| | 23 | 甘酸っぱい | あま・ず・っぱい | 새콤달콤하다 |
| 동사 | 24 | 分ける | わ・ける | 나누다 |
| | 25 | 剥く | む・く | 벗기다, 까다 |

**Tip**

**20** 일본에서는 밥공기나 국그릇을 보통 왼손에 들고 먹어요. 숟가락은 잘 사용하지 않으며, 기본적으로 젓가락(箸)을 사용하는데요, 라면이나 중국식 볶음밥 등의 중국 음식을 먹을 때에는 숟가락보다 더 큰 렌게(レンゲ)를 사용합니다.

**21** '젓가락'은 箸라고 해요.

겨울철 나만의 딸기 먹는 법을 말하며

**A** 冬はやっぱり、いちごだよね!

**B** そうだね! ねね、いちごってどうやって食べる?
そのまま食べる? それとも練乳派? 砂糖派?

**A** 私は普段は砂糖をつけて食べる! たまに牛乳をかけて、
いちごミルクにして食べることもある。

**B** え? 牛乳? 美味しいの? ちょっと想像がつかないな。

**A** 甘くて美味しいよ!

: 해석 :

A : 겨울에는 역시 딸기지!

B : 맞아! 있잖아, 딸기는 어떻게 먹어? 그대로 먹어? 아니면 연유파? 설탕파?

A : 나는 평소에는 설탕을 찍어 먹어! 가끔 우유를 곁들여서 딸기우유로 해서 먹기도 해.

B : 어? 우유? 맛있어? 좀 상상이 안 되는데.

A : 달고 맛있어!

 **단어**

冬 겨울 | やっぱり 역시 | 食べる 먹다 | そのまま 그대로 | 〜派 ~파 | 普段 평소 | 牛乳 우유 |
かける 뿌리다, 곁들이다 | 〜にする ~(으)로 하다 | 〜こともある ~하는 일도 있다, ~하기도 한다 |
美味しい 맛있다 | ちょっと 조금, 좀 | 想像がつかない 상상이 안 되다

165

# 마무리 연습문제

**1.** 일본어와 뜻을 알맞게 연결해 보세요.

① <ruby>分<rt>わ</rt></ruby>ける ・　　　　　　　　・ ① 새콤달콤하다

② りんご ・　　　　　　　　・ ② 사과

③ いちご ・　　　　　　　　・ ③ 설탕

④ <ruby>甘<rt>あま</rt></ruby><ruby>酸<rt>ず</rt></ruby>っぱい ・　　　　　　　・ ④ 나누다

⑤ <ruby>砂<rt>さ</rt></ruby><ruby>糖<rt>とう</rt></ruby> ・　　　　　　　　・ ⑤ 딸기

**2.** 보기에서 알맞은 단어를 골라 우리말에 맞게 문장을 완성하고 소리 내어 읽어 보세요. 🎧 25-3.mp3

> [보기]
>
> <ruby>剥<rt>む</rt></ruby>く ｜ <ruby>練乳<rt>れんにゅう</rt></ruby> ｜ <ruby>酸<rt>す</rt></ruby>っぱい ｜ <ruby>素手<rt>すで</rt></ruby> ｜ へた

① りんごの<ruby>皮<rt>かわ</rt></ruby>は＿＿＿＿＿＿ください。

사과 껍질은 벗겨 주세요.

② いちごの＿＿＿＿＿＿は<ruby>食<rt>た</rt></ruby>べません。

딸기 꼭지는 안 먹어요.

③ みかんはたまに＿＿＿＿＿＿みかんもある。

귤에는 가끔 시큼한 귤도 있다.

④ いちごに＿＿＿＿＿＿をかけて<ruby>食<rt>た</rt></ruby>べます。

딸기에 연유를 뿌려서 먹어요.

166

## PART 5

# 외출·여행

# PART 5

# 쇼핑

이런 단어, 알고 있나요?

거스름돈

할인

충동구매

무료 배송

품절

일시불

영수증

반품하다

 잠깐! 먼저 QR코드를 찍으세요!

책을 펼치고
동영상 강의를 보면서
학습을 시작합니다!

동영상 강의 보기

✕

mp3 파일 듣기

✕

본책

# 단어 읽는 법과 뜻 알기

품사별로 읽는 법과 뜻을 빠르게 익혀 보자!

🎧 26-1.mp3

| | | | | |
|---|---|---|---|---|
| 명사 | 01 | 買い物 | か·い·もの | 쇼핑 |
| | 02 | 暇つぶし | ひま·つぶし | 시간 때우기 |
| | 03 | お金 | お·かね | 돈 |
| | 04 | 値段 | ね·だん | 가격 |
| | 05 | おつり | | 거스름돈 |
| | 06 | 割引 | わり·びき | 할인 |
| | 07 | 衝動買い | しょう·どう·が·い | 충동구매 |
| | 08 | 送料無料 | そう·りょう·む·りょう | 무료 배송 |

## Tip

**05** 조금 더 정중하게 표현할 때는 お返し라고 해요.

**08** 보통 '무료 배송'이라고 할 때는 送料無料라고 하는데요. 이는 백화점, 쇼핑몰, 마트 등에서 자주 볼 수 있는 말로, 일상에서 편하게 말할 때는 無料配送라고도 할 수 있어요.

| | | | | |
|---|---|---|---|---|
| 명사 | 09 | お取り寄せ | お·と·り·よ·せ | (주문해서) 가져오게 함 |
| | 10 | 試着 | し·ちゃく | 한 번 입어 봄 |
| | 11 | 売り切れ | う·り·き·れ | 품절 |
| | 12 | 一括払い | いっ·かつ·ばら·い | 일시불 |
| | 13 | ビニール袋 | ビニール·ぶくろ | 비닐봉지 |
| 카타카나 | 14 | セール | | 세일 |
| | 15 | クーポン | | 쿠폰 |
| | 16 | レシート | | 영수증 |

**Tip**

**09** 점포에 상품이 없을 경우, 다른 점포에서 가져와서 수령하는 것을 뜻합니다. 요즘에는 お取り寄せグルメ 라고 해서 원하는 먹거리를 전국 각지에서 택배로 주문하여 공수해 오는 것도 유행이에요.

에 すぐ売り切れるけど、お取り寄せもできるそうです。 바로 품절되지만, 공수해 올 수도 있다고 해요.

**12** '할부'는 分割払い라고 해요.

**13** レジ袋라고도 합니다. '종이봉투'는 紙袋라고 해요.

**16** レシート는 결제하면 보통 받는 '인쇄된 영수증'이고, 領収証는 회사 지출 증빙용의 '직접 손으로 작성한 영수증'을 말합니다. 차이를 확실히 알아 두세요.

| | | | | |
|---|---|---|---|---|
| 카타카나 | 17 | クレジットカード | | 신용 카드 |
| | 18 | ネットショッピング | | 인터넷 쇼핑 |
| | 19 | ウィンドウショッピング | | 윈도쇼핑, 아이쇼핑 |
| | 20 | レジ | | 계산대 |
| い형용사 | 21 | 高い | たか・い | 비싸다, 높다 |
| | 22 | 欲しい | ほ・しい | 원하다, 갖고 싶다 |
| 동사 | 23 | 買う | か・う | 사다 |
| | 24 | 売る | う・る | 팔다 |
| | 25 | 返品する | へん・ぴん・する | 반품하다 |

**Tip**

17 줄여서 クレカ라고도 해요.

19 구매 목적 없이 눈으로만 상품을 구경할 때 쓰는 표현이에요.

　예 デパートでウィンドウショッピングしてきたよ。 백화점에서 아이쇼핑하고 왔어.

21 '싸다'는 安い라고 해요.

22 '~를 갖고 싶다'라고 하려면 조사 が를 써서 ~が欲しい라고 해야 해요. 조사에 꼭 주의하세요.

친구에게 쇼핑을 제안할 때

**A** あ、そうだ。今度の日曜日、一緒に買い物に行かない？

**B** 行く、行く。あ、私も返品するものがあって、どうせ行かないといけないんだ。

**A** 何を返品するの？

**B** この前、セールしてて衝動買いでいっぱい買っちゃったんだよね。サイズが合わないものがあって返品に行かないといけないんだよ。

**A** そうなんだ。やっぱり一回は試着してみないとね。

：해석：

A : 아, 맞다. 이번 일요일, 같이 쇼핑하러 가지 않을래?

B : 갈래 갈래. 아, 나도 반품할 게 있어서 어차피 가야 해.

A : 뭘 반품할 거야?

B : 요전에 세일하길래 충동구매로 잔뜩 사 버렸지 뭐야. 사이즈가 안 맞는 게 있어서 반품하러 가야 해.

A : 그렇구나. 역시 한 번은 입어 봐야 해.

 **단어**

今度 이번, 다음 ｜ 日曜日 일요일 ｜ 一緒に 함께, 같이 ｜ 行く 가다 ｜ もの 것, 물건 ｜ どうせ 어차피 ｜ 何 무엇 ｜
この前 요전(에) ｜ いっぱい 가득, 잔뜩 ｜ サイズが合う 사이즈가 맞다 ｜ やっぱり 역시 ｜ 一回 한 번

# 마무리 연습문제

**1.** 일본어와 뜻을 알맞게 연결해 보세요.

① 買い物　　　　　　　　　　•　　　　　　　• ① 충동구매

② クレジットカード　•　　　　　　　• ② 일시불

③ 売り切れ　　　　　　•　　　　　　　• ③ 신용 카드

④ 一括払い　　　　　　•　　　　　　　• ④ 쇼핑

⑤ 衝動買い　　　　　　•　　　　　　　• ⑤ 품절

**2.** 보기에서 알맞은 단어를 골라 우리말에 맞게 문장을 완성하고 소리 내어 읽어 보세요. 🎧 26-3.mp3

[보기]

レシート ｜ 割引 ｜ 試着 ｜ 高い ｜ 送料無料

① この商品は３０％＿＿＿＿＿＿です。

이 상품은 30% 할인입니다.

② このズボン、＿＿＿＿＿＿できますか。

이 바지 입어 볼 수 있을까요?

③ 5,000円以上で＿＿＿＿＿＿＿＿です。

5,000엔 이상이면 무료 배송입니다.

④ ＿＿＿＿＿＿は要りません。

영수증은 필요 없어요.

174

학습일 : 월 일

# 화장품

이런 단어, 알고 있나요?

스킨

로션

민감 피부

선크림

퍼스널 컬러

웜톤

쿨톤

여드름

 **잠깐! 먼저 QR코드를 찍으세요!**

책을 펼치고
동영상 강의를 보면서
학습을 시작합니다!

 동영상 강의 보기 ×  mp3 파일 듣기 ×  본책

# 단어 읽는 법과 뜻 알기

품사별로 읽는 법과 뜻을 빠르게 익혀 보자!

🎧 27-1.mp3

| | | | | |
|---|---|---|---|---|
| 명사 | 01 | 化粧品 | け・しょう・ひん | 화장품 |
| | 02 | 化粧 | け・しょう | 화장 |
| | 03 | 化粧水 | け・しょう・すい | 스킨 |
| | 04 | 乳液 | にゅう・えき | 로션 |
| | 05 | 敏感肌 | びん・かん・はだ | 민감 피부 |
| | 06 | 乾燥肌 | かん・そう・はだ | 건성 피부 |
| | 07 | 鎮静効果 | ちん・せい・こう・か | 진정 효과 |
| | 08 | 口紅 | くち・べに | 립스틱 |
| | 09 | 日焼け止め | ひ・や・け・ど・め | 선크림 |

**Tip**

**02** メイク(메이크업)라고도 해요.

**03** 같은 말로는 ローション(로션)이 있어요. 일본에서 ローション(로션)은 한국 화장품의 '스킨'을 가리킵니다. 또한 한국어 그대로 スキン이라고 하면 일본에서는 '피부'를 가리키니 주의하세요.

**08** 일본에서 '립스틱'은 口紅(くちべに)라고도 하고, 프랑스어로 '빨강'이라는 뜻을 가진 ルージュ라고도 해요. 이때 립스틱을 카타카나 그대로 나타낸 リップスティック라는 표현은 거의 사용되지 않으니 주의하세요.

| | | | |
|---|---|---|---|
| 10 | **オイリー肌** | オイリー・はだ | 지성 피부 |
| 11 | **スキンケア** | | 스킨케어 |
| 12 | **パーソナルカラー** | | 퍼스널 컬러 |
| 13 | **イエベ** | | 웜톤 |
| 14 | **ブルベ** | | 쿨톤 |
| 15 | **アイシャドウ** | | 아이섀도 |
| 16 | **クレンジング** | | 클렌징 |
| 17 | **メイク落とし** | メイク・お・とし | 클렌저 |

카타카나

**Tip**

16 단순히 얼굴을 씻는 것은 洗顔(세안)이라고 해요.
17 '클렌저'는 化粧落とし라고도 해요. 또한 '클렌징 오일'은 クレンジングオイル라고 하며, 단순 세안을 위한 '세안제'는 洗顔フォーム라고 합니다.

| | | | | |
|---|---|---|---|---|
| 카타카나 | 18 | パック | | 팩 |
| | 19 | ニキビ | | 여드름 |
| 부사 | 20 | しっとり | | 촉촉한 모양 |
| | 21 | モチモチする | | 탱탱하다 |
| 동사 | 22 | 塗る | ぬ・る | 바르다, 칠하다 |
| | 23 | 落とす | お・とす | 떨어뜨리다, (화장을) 지우다 |
| | 24 | 荒れる | あ・れる | 거칠어지다, (피부) 트러블이 나다 |
| | 25 | 潤う | うるお・う | 촉촉해지다, 축축해지다 |

**Tip**

**20** '촉촉하다'는 しっとりしている라고 해요.

**24** '피부 트러블'은 肌荒れ라고 해요.

예 マスクのせいで肌荒れが半端ない。
마스크 탓에 피부 트러블이 장난 아니야.

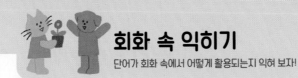

단어가 회화 속에서 어떻게 활용되는지 익혀 보자!

🎧 27-2.mp3

친구에게 평소 쓰는 화장품 브랜드를 물을 때

**A** りさちゃんってどこの化粧品使ってるの?

**B** 私は韓国のブランドの化粧品を使ってるよ。
アイシャドウの発色もいいし、おすすめ!

**A** え～! そうなんだ。実は新しく買った化粧品のせいな
のか分からないんだけど、肌荒れしちゃってさ。
スキンケアも韓国のブランドっていい?

**B** え! スキンケアも私韓国の使ってるけど、すごくいいよ。
鎮静効果もあるし、肌もモチモチするよ。

: 해석 :

A : 리사는 어디 화장품 써?

B : 나는 한국 브랜드 화장품을 쓰고 있어. 아이섀도 발색도 좋고, 추천이야!

A : 어~! 그렇구나. 실은 새로 산 화장품 탓인지 모르겠지만, 피부 트러블이 일어나서 말이지. 스킨케어도
한국 브랜드가 좋아?

B : 어! 스킨케어도 나 한국 꺼 쓰고 있는데 엄청 좋아. 진정 효과도 있고 피부도 탱탱해져.

どこ 어디 | 使う 쓰다, 사용하다 | 韓国 한국 | 発色 발색 | いい 좋다 | おすすめ 추천 | 実は 실은 |
新しい 새롭다 | ～く ～게 | ～しちゃう ~해 버리다(～してしまう의 줄임말) | 肌 피부

179

**1.** 일본어와 뜻을 알맞게 연결해 보세요.

1 イエベ ・

2 化粧水<br>け しょうすい ・

3 潤う<br>うるお ・

4 敏感肌<br>びんかんはだ ・

5 パック ・

・ ① 민감 피부

・ ② 웜톤

・ ③ 촉촉해지다

・ ④ 팩

・ ⑤ 스킨

**2.** 보기에서 알맞은 단어를 골라 우리말에 맞게 문장을 완성하고 소리 내어 읽어 보세요. 🎧 27-3.mp3

> [보기]
>
> 鎮静効果｜モチモチする｜荒れる｜<br>ちんせいこう か あ
>
> オイリー肌｜スキンケア<br>はだ

1 肌が＿＿＿＿＿しまいました。<br>はだ

　피부가 트러블이 나 버렸어요.

2 お風呂から上がったら＿＿＿＿＿をしっかりしましょう。<br>ふ ろ あ

　목욕하고 나오면 스킨케어를 제대로 합시다.

3 このパックは＿＿＿＿＿があります。

　이 팩은 진정 효과가 있어요.

4 昨日パックをしたので肌が＿＿＿＿＿＿ています。<br>きのう はだ

　어제 팩을 해서 피부가 탱탱해졌어요.

# 옷

이런 단어, 알고 있나요?

신발

양말

옷 정리

반팔

바지

추리닝

후드티

헐렁하다

**잠깐! 먼저 QR코드를 찍으세요!**

책을 펼치고
동영상 강의를 보면서
학습을 시작합니다!

 동영상 강의 보기 ✕  mp3 파일 듣기 ✕  본책

| | | | |
|---|---|---|---|
| 01 | 服 | ふく | 옷 |
| 02 | 洋服 | よう·ふく | (서양식) 옷 |
| 03 | 服装 | ふく·そう | 복장 |
| 04 | 靴 | くつ | 신발, 구두 |
| 05 | 靴下 | くつ·した | 양말 |
| 06 | 大きさ | おお·きさ | 크기 |
| 07 | 衣替え | ころも·が·え | 옷 정리 |
| 08 | 半袖 | はん·そで | 반팔 |

(명사)

---

**Tip**

**04** 일본의 靴(くつ)는 한국의 구두와 인식이 달라요. 한국에서의 구두는 주로 가죽을 재료로 하여 만든 신발을 가리키지만, 일본의 靴(くつ)는 구두를 포함한 '신발' 자체를 의미해요. 한국의 '여성 구두'는 일본에서는 ヒール(힐)라고 하고, '남성 구두'는 革靴(かわぐつ)라고 합니다.

예 靴(くつ)を買(か)いたい。 신발을 사고 싶어.

**07** 계절이 바뀔 때 하는 옷 정리를 말해요.

예 今日(きょう)は衣替(ころもが)えをしよう。 오늘은 옷 정리를 해야지.

| | | | | |
|---|---|---|---|---|
| 명사 | 09 | **長袖** | なが・そで | 긴팔 |
| | 10 | **帽子** | ぼう・し | 모자 |
| | 11 | **しみ** | | 얼룩, 기미 |
| | 12 | **ズボン** | | 바지 |
| | 13 | **スカート** | | 치마 |
| 카타카나 | 14 | **Tシャツ** | ティー・シャツ | 티셔츠 |
| | 15 | **スニーカー** | | 스니커즈 |
| | 16 | **サンダル** | | 샌들 |
| | 17 | **ジャージ** | | 추리닝 |

**Tip**

12 '(옷을) 입다'는 기본적으로 着る라고 하지만, 하의는 반드시 履く(신다)로 표현합니다. ズボン(바지) 외에도 靴下(양말), 靴(신발) 모두 동일하게 履く로 표현하는 점에 유의하세요.

예 ズボンを履く。바지를 입다.

15 운동화의 한 종류예요. 일본어로 '운동화'는 運動靴라고 하는데, 그중에서도 신발 밑창이 고무로 되어 있으며, 윗부분이 컬러풀한 천 소재의 신발을 スニーカー라고 합니다.

예 運動靴を着用すること。スニーカーは不可。운동화를 착용할 것. 스니커즈는 불가.

| | | | | |
|---|---|---|---|---|
| 카타카나 | 18 | トレーナー | | 맨투맨 티셔츠,<br>스웨트 셔츠 |
| | 19 | ポケット | | 주머니 |
| | 20 | パーカー | | 후드티 |
| | 21 | ワンピース | | 원피스 |
| い형용사 | 22 | きつい | | (정도가) 심하다,<br>(옷이) 꽉 끼다 |
| | 23 | 緩い | ゆる・い | 느슨하다,<br>헐겁다 |
| 동사 | 24 | ダボっとしている | | 헐렁하다 |
| | 25 | ピッチリしている | | 딱 맞다 |

---

**Tip**

**18** 일본에서는 '맨투맨 티셔츠'를 トレーナー 외에 スウェット라고도 불러요. 둘 다 같은 뜻으로 일상에서 잘 쓰입니다. 다만 간혹 맨투맨 티셔츠를 말할 때 카타카나로 바꿔서 マンツーマン으로 생각할 수 있는데, 일본에서 マンツーマン은 1:1을 가리키는 표현으로만 쓰이니 주의하세요.

**20** 일본에서 '후드티'는 パーカー라고 하고, '집업 재킷'은 ジップアップパーカー라고 해요. 그리고 이때 '후드티에 달린 모자'는 フード라고 하는데, 보통 '후드 없는 파카'라고 해서 フードなしパーカー라고 하면 '모자가 안 달린 집업 재킷'을 말해요.

　예　フードついてるパーカーが好き。후드 달린 후드티가 좋아.

**24** ダボダボ(헐렁헐렁)라고도 해요.

　예　めっちゃダボっとした服だね。엄청 헐렁한 옷이네.
　　　めっちゃダボダボの服だね。엄청 헐렁헐렁한 옷이네.

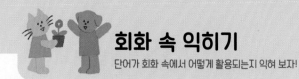

# 회화 속 익히기

단어가 회화 속에서 어떻게 활용되는지 익혀 보자!

🎧 28-2.mp3

친구와 쇼핑하러 가서

A

今日どんな服買うの？

B

うーん、最近少し肌寒くなったからトレーナーが
欲しいな。

A

あぁ、トレーナーね。私はちょっとダボッとしたＴシャツ
が欲しいんだよね。

B

最近ダボッとしたのが流行ってるよね。私もいいのが
あったら買おうっと。

: 해석 :

A : 오늘 어떤 옷 살 거야?

B : 음, 요즘 좀 쌀쌀해졌으니까 스웨트 셔츠를 갖고 싶어.

A : 아, 스웨트 셔츠 말이지. 난 좀 헐렁한 티셔츠가 갖고 싶어.

B : 요즘 헐렁한 게 유행하고 있잖아. 나도 좋은 게 있으면 사려고.

 단어

どんな 어떤 ｜ 買う 사다 ｜ 少し 조금, 약간 ｜ 肌寒い 쌀쌀하다 ｜ 〜から 〜(이)니까, 〜때문에 ｜
欲しい 원하다, 갖고 싶다 ｜ 流行る 유행하다 ｜ 〜たら 〜(하)면

## 마무리 연습문제

1. 일본어와 뜻을 알맞게 연결해 보세요.

1 半袖 <sup>はんそで</sup> •　　　　　• ① 긴팔

2 帽子 <sup>ぼうし</sup> •　　　　　• ② 반팔

3 長袖 <sup>ながそで</sup> •　　　　　• ③ 모자

4 パーカー •　　　　　• ④ 후드티

5 靴下 <sup>くつした</sup> •　　　　　• ⑤ 양말

2. 보기에서 알맞은 단어를 골라 우리말에 맞게 문장을 완성하고 소리 내어 읽어 보세요. 🎧 28-3.mp3

> **[보기]**
>
> しみ ｜ ポケット ｜ 衣替え<sup>ころもが</sup> ｜ きつい ｜ ワンピース

1 最近寒<sup>さいきんさむ</sup>くなったから＿＿＿＿＿＿しようか。

요즘 추워졌으니 옷 정리할까?

2 このＴ<sup>ティー</sup>シャツ、すごく＿＿＿＿＿＿です。

이 티셔츠 엄청 꽉 껴요.

3 デートには＿＿＿＿＿＿＿を着<sup>き</sup>ていこう。

데이트에는 원피스를 입고 가야지.

4 パスタを食<sup>た</sup>べたら服<sup>ふく</sup>に＿＿＿＿＿＿が付<sup>つ</sup>いてしまった。

파스타를 먹었더니 옷에 얼룩이 묻어 버렸다.

# Unit 29

# 편의점

이런 단어, 알고 있나요?

잡지

도시락

삼각김밥

빵

택배

편의점

유명하다

수취하다

 잠깐! 먼저 QR코드를 찍으세요!

책을 펼치고
동영상 강의를 보면서
학습을 시작합니다!

 동영상 강의 보기 ×  mp3 파일 듣기 ×  본책

# 단어 읽는 법과 뜻 알기

품사별로 읽는 법과 뜻을 빠르게 익혀 보자!

🎧 29-1.mp3

| | | | |
|---|---|---|---|
| 01 | たばこ | | 담배 |
| 02 | おにぎり | | 삼각김밥,<br>주먹밥 |
| 03 | おでん | | 오뎅, 어묵탕 |
| 04 | 雑誌 | ざっ·し | 잡지 |
| 05 | 印刷 | いん·さつ | 인쇄 |
| 06 | 商品 | しょう·ひん | 상품 |
| 07 | 限定 | げん·てい | 한정 |
| 08 | お弁当 | お·べん·とう | 도시락 |

명사

**Tip**

**03** おでん은 간장과 여러 재료로 맛을 낸 국물 요리를 말하죠. 종류 또한 굉장히 다양한데요. 무, 곤약, 문어, 치쿠와(대롱 모양의 어묵), 우엉말이, 유부 주머니 등 골라먹는 재미가 있습니다.

**05** 일본 편의점에서는 인쇄는 물론 스캔 및 팩스, 사진 인쇄까지 할 수 있어요. USB나 SD카드, 스마트폰 등에 내용물을 담아 가면 돼요.

**06** 일본 편의점에서는 PB商品(PB상품) 혹은 プライベートブランド(프라이빗 브랜드)라고 해서 자체 개발한 자사 제품을 다양하게 내놓고 있습니다. 일본 편의점은 볼거리가 정말 풍성해요.

| | | | | |
|---|---|---|---|---|
| 명사 | 09 | 宅配便 | たく·はい·びん | 택배 |
| | 10 | 24時間営業 | にじゅうよ·じ·かん·えい·ぎょう | 24시간 영업 |
| 카타카나 | 11 | パン | | 빵 |
| | 12 | サンドイッチ | | 샌드위치 |
| | 13 | コンビニ | | 편의점 |
| | 14 | コンビニスイーツ | | 편의점 디저트 |
| | 15 | ローソン | | 로손 |
| | 16 | セブン | | 세븐일레븐 |

Tip

**09** '택배를 부치다'는 宅配便を送る, '택배가 도착하다'는 宅配便が届く 라고 해요.

**13** 정식 명칭은 コンビニエンスストア예요. 길어서 보통 コンビニ라고 줄여서 불러요.

**15** 일본의 3대 편의점은 로손(ローソン), 패밀리마트(ファミリーマート), 세븐일레븐(セブンイレブン)이에요. 그중 로손은 빵과 디저트가 가장 유명해요.

**16** 원래 セブンイレブン(세븐일레븐)인데 줄여서 セブン이라고도 해요. 도시락과 삼각김밥, 어묵탕이 맛있는 것으로 유명해요.

| | | | | |
|---|---|---|---|---|
| 카타카나 | 17 | ファミマ | | 패밀리마트 |
| | 18 | ファミチキ | | 패밀리마트 치킨 |
| | 19 | ATM | エー・ティー・エム | ATM, 현금 자동 입출금기 |
| な형용사 | 20 | 便利だ | べん・り・だ | 편리하다 |
| | 21 | 有名だ | ゆう・めい・だ | 유명하다 |
| 동사 | 22 | 送る | おく・る | 보내다 |
| | 23 | 受け取る | う・け・と・る | 받다, 수취하다 |
| | 24 | 寄る | よ・る | 들르다 |
| | 25 | お金をおろす | お・かね・をおろす | 돈을 꺼내다, 돈을 찾다 |

**Tip**

**17** 원래 ファミリーマート(패밀리마트)인데, 줄여서 ファミマ라고 불러요. 치킨이 맛있는 것으로 알려져 있어요.

**18** 패밀리마트에서 파는 치킨의 명칭으로 일상에서 자주 쓰여요.

**24** 어딘가에 잠시 들렀다 가자고 할 때 자주 쓰는 표현이에요.
　　예 ちょっとコンビニ寄って行かない? 잠깐 편의점 들렀다 안 갈래?

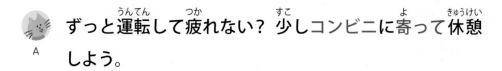

운전 중에 잠깐 편의점에 들를 때

**A** ずっと運転して疲れない？ 少しコンビニに寄って休憩しよう。

**B** そうだね。小腹も空いてきたし、おにぎりか何か買って車で食べようか。

**A** うんうん。そういえばコンビニ限定の新しいおにぎりが出たらしいよ。

**B** そうなの？ あ、なんかファミチキも食べたいな。

---

：해석：

A : 계속 운전해서 피곤하지 않아? 잠깐 편의점에 들러서 쉬자.

B : 그래. 출출해지기도 했고, 삼각김밥이든 뭐든 사서 차에서 먹을까?

A : 응응. 그러고 보니 편의점 한정의 새로운 삼각김밥이 나왔다더라.

B : 그래? 아, 뭔가 패밀리마트 치킨도 먹고 싶다.

### 단어

**ずっと** 계속, 쭉 | **運転する** 운전하다 | **疲れる** 지치다, 피곤하다 | **休憩** 휴식 | **小腹が空く** 출출하다, 허기지다 | **車** 자동차 | **食べる** 먹다

191

## 마무리 연습문제

**1.** 일본어와 뜻을 알맞게 연결해 보세요.

① コンビニ ・                               ・① 빵

② <ruby>宅配便<rt>たくはいびん</rt></ruby> ・                               ・② 편의점

③ <ruby>雑誌<rt>ざっし</rt></ruby> ・                               ・③ 택배

④ パン ・                               ・④ 잡지

⑤ おにぎり ・                               ・⑤ 삼각김밥

**2.** 보기에서 알맞은 단어를 골라 우리말에 맞게 문장을 완성하고 소리 내어 읽어 보세요. 🎧 29-3.mp3

> [보기]
> <ruby>寄<rt>よ</rt></ruby>る｜たばこ｜<ruby>お弁当<rt>べんとう</rt></ruby>｜<ruby>限定<rt>げんてい</rt></ruby>｜<ruby>２４時間営業<rt>にじゅうよ じ かんえいぎょう</rt></ruby>

① コンビニ＿＿＿＿＿のスイーツです。

편의점 한정의 디저트예요.

② ＿＿＿＿＿を<ruby>買<rt>か</rt></ruby>って<ruby>公園<rt>こうえん</rt></ruby>で<ruby>食<rt>た</rt></ruby>べよう。

도시락을 사서 공원에서 먹자.

③ ＿＿＿＿＿は<ruby>１８歳以上<rt>じゅうはっさい い じょう</rt></ruby>の<ruby>方<rt>かた</rt></ruby>が<ruby>購入可能<rt>こうにゅう か のう</rt></ruby>です。

담배는 18세 이상이신 분이 구입 가능합니다.

④ トイレに<ruby>行<rt>い</rt></ruby>きたいからコンビニに＿＿＿＿＿。

화장실에 가고 싶으니까 편의점에 들르자.

# 명품

이런 단어, 알고 있나요?

단골 손님

백화점

향수

재고

이득

콜라보

브랜드

고급지다

 **잠깐!** 먼저 QR코드를 찍으세요!

책을 펼치고
동영상 강의를 보면서
학습을 시작합니다!

 동영상 강의 보기 ✕  mp3 파일 듣기 ✕  본책

# 단어 읽는 법과 뜻 알기

품사별로 읽는 법과 뜻을 빠르게 익혀 보자!

🎧 30-1.mp3

| | | | |
|---|---|---|---|
| 01 | 常連 | じょう·れん | 단골 손님 |
| 02 | お客さん | お·きゃく·さん | 손님 |
| 03 | 百貨店 | ひゃっ·か·てん | 백화점 |
| 04 | 時計 | と·けい | 시계 |
| 05 | 香水 | こう·すい | 향수 |
| 06 | 財布 | さい·ふ | 지갑 |
| 07 | 高級 | こう·きゅう | 고급 |
| 08 | 在庫 | ざい·こ | 재고 |
| 09 | 数量限定 | すう·りょう·げん·てい | 한정 수량 |

명사 (01~09)

**Tip**

**02** 더욱 정중하게 말할 때는 お客様(きゃくさま)라고 해요.

**03** デパート라고도 해요.

**06** '장지갑'은 長財布(ながざいふ), '반지갑'은 二(ふた)つ折(お)り財布(さいふ)라고 해요. 특히 일본에서는 동전을 많이 사용하기 때문에 小銭入(こぜにい)れ(동전 지갑)도 알아 두면 좋아요.

| | | | |
|---|---|---|---|
| 명사 | 10 | お得 | お・とく | 이득 |
| | 11 | 新品 | しん・ぴん | 새 상품 |
| | 12 | 行列 | ぎょう・れつ | 행렬 |
| | 13 | 列 | れつ | 열, 줄 |
| | 14 | 憧れ | あこが・れ | 동경 |
| 카타카나 | 15 | コラボ | | 콜라보 |
| | 16 | ブランド | | 브랜드 |
| | 17 | カバン | | 가방 |

**Tip**

**12** 점포 앞에 사람이 줄 지어 서 있는 것을 行列(ぎょうれつ)라고 해요.

**13** '줄 서다'는 列(れつ)に並(なら)ぶ라고 해요. 대기 행렬이 있을 경우 行列(ぎょうれつ)가 생겨서 列(れつ)に並(なら)んだ(행렬이 있어서 줄 섰다)라고 할 수 있어요.

**16** 일본어로 '명품 브랜드'는 高級(こうきゅう)ブランド라고 해요. 또한 '명품 브랜드에서 나온 제품, 명품'을 高級(こうきゅう)ブランド品(ひん)이라고 합니다.

　예　さすが高級(こうきゅう)ブランド品(ひん)ですね。역시 명품이네요.

| | | | | |
|---|---|---|---|---|
| な형용사 | 18 | **大切だ** | たい·せつ·だ | 소중하다 |
| | 19 | **素敵だ** | す·てき·だ | 멋지다,<br>근사하다 |
| | 20 | **上品だ** | じょう·ひん·だ | 고상하다,<br>고급지다 |
| 동사 | 21 | **混む** | こ·む | 붐비다,<br>혼잡하다 |
| | 22 | **空いている** | す·いている | 비어 있다 |
| | 23 | **苦労する** | く·ろう·する | 고생하다 |
| | 24 | **手に入れる** | て·に·い·れる | 손에 넣다 |
| | 25 | **長持ちする** | なが·も·ちする | 오래가다 |

> **Tip**
>
> **22** 한적하거나 속이 비어 있는 것을 의미하는 말이에요. 버스, 전철, 길 등이 한적할 때는 물론, 배가 고플 때도 쓸 수 있어요.
> 예 道が空いている。 길이 한적하다.
> お腹空いた。 배고프다.
> **24** 갖고 싶었던 지갑을 사게 된 경우에 やっと憧れの財布を手に入れた(겨우 동경하던 지갑을 손에 넣었다) 라고 말할 수 있어요.

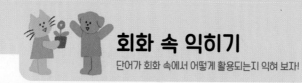

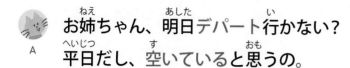

언니에게 백화점에 같이 가자고 하며

**A** お姉<sup>ねえ</sup>ちゃん、明日<sup>あした</sup>デパート行<sup>い</sup>かない？
平日<sup>へいじつ</sup>だし、空<sup>す</sup>いていると思<sup>おも</sup>うの。

**B** 別<sup>べつ</sup>にいいよ。何<sup>なに</sup>か<sup>か</sup>買うの？

**A** 私<sup>わたし</sup>の好<sup>す</sup>きなブランドから数量限定<sup>すうりょうげんてい</sup>のカバンが出<sup>で</sup>て、
すごくかわいいんだよね。だから欲<sup>ほ</sup>しくてさ。

**B** あ〜、もしかして昨日<sup>きのう</sup>、発売発表<sup>はつばいはっぴょう</sup>されたやつ？
あれ、手<sup>て</sup>に入<sup>い</sup>れるの大変<sup>たいへん</sup>らしいよ。

: 해석 :

A : 언니, 내일 백화점 안 갈래? 평일이고 한산할 거 같아.

B : 딱히 뭐 괜찮아. 뭔가 살 거야?

A : 내가 좋아하는 브랜드에서 한정 수량 가방이 나와서, 엄청 귀여운 거 있지. 그래서 갖고 싶어서.

B : 아~, 혹시 어제 발매 발표된 거? 그거, 손에 넣기 힘들대.

**단어**

明日<sup>あした</sup> 내일 | 平日<sup>へいじつ</sup> 평일 | 別<sup>べつ</sup>に 딱히 | いい 좋다 | 欲<sup>ほ</sup>しい 원하다, 갖고 싶다 | もしかして 혹시 | 発売<sup>はつばい</sup> 발매 |
発表<sup>はっぴょう</sup> 발표 | やつ 것

# 마무리 연습문제

**1.** 일본어와 뜻을 알맞게 연결해 보세요.

① 新品(しんぴん)  •                         • ① 동경

② ブランド  •                         • ② 이득

③ お得(とく)  •                         • ③ 새 상품

④ 憧れ(あこがれ)  •                         • ④ 콜라보

⑤ コラボ  •                         • ⑤ 브랜드

**2.** 보기에서 알맞은 단어를 골라 우리말에 맞게 문장을 완성하고 소리 내어 읽어 보세요. 🎧 30-3.mp3

[보기]

手(て)に入(い)れる │ 数量限定(すうりょうげんてい) │ 在庫(ざいこ) │ 新品(しんぴん) │ 混(こ)む

① こちらのカバンは＿＿＿＿＿＿があります。

이쪽의 가방은 재고가 있어요.

② ついに欲(ほ)しい時計(とけい)を＿＿＿＿＿＿＿。

마침내 원하는 시계를 손에 넣었다.

③ このスニーカーは＿＿＿＿＿です。

이 스니커즈는 한정 수량이에요.

④ 日曜日(にちようび)なのでデパートが＿＿＿＿＿いる。

일요일이라서 백화점이 붐빈다.

# Unit 31

# PC방

이런 단어, 알고 있나요?

개인실

자유

만화(책)

서서 읽기

무제한 보기

무료

선불

인터넷 카페

 잠깐! 먼저 QR코드를 찍으세요!

책을 펼치고
동영상 강의를 보면서
학습을 시작합니다!

 동영상 강의 보기 ×  mp3 파일 듣기 ×  본책

# 단어 읽는 법과 뜻 알기

품사별로 읽는 법과 뜻을 빠르게 익혀 보자!

🎧 31-1.mp3

| | | | | |
|---|---|---|---|---|
| 명사 | 01 | 1 時間 | いち・じ・かん | 한 시간 |
| | 02 | 時間制 | じ・かん・せい | 시간제 |
| | 03 | 個室 | こ・しつ | 개인실 |
| | 04 | 自由 | じ・ゆう | 자유 |
| | 05 | 漫画 | まん・が | 만화(책) |
| | 06 | 漫画喫茶 | まん・が・きっ・さ | 만화 카페, 만화방 |
| | 07 | 立ち読み | た・ち・よ・み | 서서 읽기 |
| | 08 | 受付 | うけ・つけ | 접수(처) |
| | 09 | 引きこもり | ひ・きこもり | 히키코모리, 은둔형 외톨이 |

### Tip

**01** 숫자를 넣어서 2時間(두 시간), 3時間(세 시간), 4時間(네 시간), 5時間(다섯 시간)과 같이 응용해 보세요.

**06** 줄여서 漫喫라고 해요. 원래는 만화책을 읽는 게 주된 목적이었지만, 요즘은 한국의 PC방처럼 컴퓨터는 물론, 칸막이로 된 개인 공간에 샤워 부스, 음료 무제한 드링크 바까지 갖춘 곳이 대부분이에요. PC방과 만화방, 그리고 룸 카페가 융합된 곳이라고 생각하면 돼요.

**09** 본격적으로 칩거 생활을 하는 사람을 引きこもり라고 합니다. 우리말의 집순이, 집돌이와는 다른 뜻이니 주의하세요. '집순이' '집돌이'의 경우는 インドア派(실내파)라고 표현하면 되고, 외부 활동을 즐길 경우에는 アウトドア派(실외파)라고 하면 돼요.

| | | | |
|---|---|---|---|
| 명사 | 10 **見放題** | み·ほう·だい | 무제한 보기 |
| | 11 **新聞** | しん·ぶん | 신문 |
| | 12 **貸し出し** | か·し·だ·し | 대여 |
| | 13 **無料** | む·りょう | 무료 |
| | 14 **入室** | にゅう·しつ | 입실 |
| | 15 **退室** | たい·しつ | 퇴실 |
| | 16 **退出** | たい·しゅつ | 퇴출 |
| | 17 **お手洗い** | お·て·あ·ら·い | 화장실 |

**Tip**

10 ～放題는 '무제한 ～'라는 뜻이에요. 飲み放題(무제한 마시기), 食べ放題(무제한 먹기)라는 말도 자주 쓰여요. 요금을 내고 정해진 시간 내에 원하는 음료 및 음식을 무제한으로 즐길 수 있는 방법을 말합니다.

12 レンタル(렌탈)라고도 표현할 수 있어요.
예 お店に充電器の貸し出しがあってよかった。
가게에 충전기 대여가 있어서 다행이야.

17 トイレ(화장실)와 같은 뜻이지만, 상대방에 대한 배려가 담긴 단어입니다. トイレ는 직설적인 표현이기에 친구나 가족들에게 쓰고, お手洗い는 교제하고 있는 이성이나 상사 및 지인에게 말할 때 주로 써요.

| | | | | |
|---|---|---|---|---|
| 명사 | 18 | **先払い** | さき·ばら·い | 선불 |
| | 19 | **寝泊り** | ね·とま·り | 숙박 |
| 카타카나 | 20 | **ルーム** | | 룸 |
| | 21 | **サービス** | | 서비스 |
| | 22 | **ブランケット** | | 담요 |
| | 23 | **トイレットペーパー** | | (두루마리)화장지 |
| | 24 | **ネットカフェ** | | 인터넷 카페, PC방 |
| | 25 | **コインランドリー** | | 빨래방 |

**Tip**

**18** '후불'은 後払い(あとばら)라고 해요.

**22** 毛布(もうふ)라고 표현할 수도 있어요.

**23** 화장실에서는 トイレットペーパー(화장지)를 사용하지만, 그 외에는 보통 ティッシュ(ペーパー)(티슈)를 사용한다는 점에 유의하세요.

**24** 정식 명칭은 インターネットカフェ(인터넷 카페)인데 보통 줄여서 ネットカフェ라고 불러요. 원래 인터넷 사용이 목적이지만, 요새는 マンガ喫茶(きっさ)(만화방)와 만화책, 무료 드링크 바, 샤워실 등 서비스에 차이가 없기 때문에 구분 없이 쓰이는 단어예요. 또한 일본의 ネットカフェ는 체인점의 형태로 전국에 분포된 점이 특징입니다.

# 회화 속 익히기

단어가 회화 속에서 어떻게 활용되는지 익혀 보자!

🎧 31-2.mp3

만화방에서 이용 안내를 받을 때

A
いらっしゃいませ。当店<sup>とうてん</sup>のご利用方法<sup>りようほうほう</sup>はご存知<sup>ぞんじ</sup>ですか。

B
いいえ。初<sup>はじ</sup>めてです。

A
当店<sup>とうてん</sup>の漫画喫茶<sup>まんがきっさ</sup>では、漫画<sup>まんが</sup>、雑誌<sup>ざっし</sup>、新聞等<sup>しんぶんなど</sup>が見放題<sup>みほうだい</sup>でございます。1時間<sup>いちじかん</sup>500円<sup>えん</sup>のプランになっております。ご利用時間<sup>りようじかん</sup>はいかがなさいますか。

B
では、3時間<sup>さんじかん</sup>お願<sup>ねが</sup>いします。

A
はい。3時間<sup>さんじかん</sup>ですね。

：해석：

A : 어서 오세요. 저희 지점 이용 방법은 알고 계신가요?

B : 아니요. 처음이에요.

A : 저희 지점의 만화방에서는 만화, 잡지, 신문 등이 무제한 보기입니다. 1시간 500엔의 플랜으로 되어 있어요. 이용 시간은 어떻게 되시나요?

B : 그럼 3시간 부탁해요.

A : 네. 3시간인 거죠.

**단어**

いらっしゃいませ 어서 오세요 | 当店<sup>とうてん</sup> 저희 가게(해당 지점) | 利用方法<sup>りようほうほう</sup> 이용 방법 | ご存知<sup>ぞんじ</sup>だ 아시다 |
いいえ 아니요 | 初<sup>はじ</sup>めて 처음(으로) | ～では ～에서는 | 雑誌<sup>ざっし</sup> 잡지 | ～等<sup>など</sup> ～등 | プラン 플랜(plan)

# 마무리 연습문제

**1.** 일본어와 뜻을 알맞게 연결해 보세요.

❶ <ruby>先払<rt>さきばら</rt></ruby>い    •     • ① 무료

❷ ルーム    •     • ② 선불

❸ <ruby>新聞<rt>しんぶん</rt></ruby>    •     • ③ 담요

❹ ブランケット    •     • ④ 룸

❺ <ruby>無料<rt>むりょう</rt></ruby>    •     • ⑤ 신문

**2.** 보기에서 알맞은 단어를 골라 우리말에 맞게 문장을 완성하고 소리 내어 읽어 보세요. 🎧 31-3.mp3

[보기]

サービス ｜ <ruby>見放題<rt>みほうだい</rt></ruby> ｜ <ruby>1時間<rt>いちじかん</rt></ruby> ｜ <ruby>退室<rt>たいしつ</rt></ruby> ｜ <ruby>お手洗<rt>てあら</rt></ruby>い

❶ <ruby>利用料<rt>りようりょう</rt></ruby>は_____500<ruby>円<rt>えん</rt></ruby>です。

이용료는 1시간 500엔입니다.

❷ _____はどこですか。

화장실은 어디예요?

❸ _____する<ruby>際<rt>さい</rt></ruby>に<ruby>お支払<rt>しはら</rt></ruby>いください。

퇴실할 때에 지불해 주세요.

❹ <ruby>漫画<rt>まんが</rt></ruby>、<ruby>雑誌<rt>ざっし</rt></ruby>は_____です。

만화, 잡지는 무제한 보기입니다.

# 카페

이런 단어, 알고 있나요?

분위기

(마시는) 차

빈자리

멋

한턱냄

힐링

점원

자리를 잡다

 잠깐! 먼저 QR코드를 찍으세요!

책을 펼치고
동영상 강의를 보면서
학습을 시작합니다!

 동영상 강의 보기 ×  mp3 파일 듣기 ×  본책

# 단어 읽는 법과 뜻 알기

품사별로 읽는 법과 뜻을 빠르게 익혀 보자!

🎧 32-1.mp3

| | | | |
|---|---|---|---|
| 01 | 雰囲気 | ふん・い・き | 분위기 |
| 02 | 癒し | いや・し | 힐링 |
| 03 | 入口 | いり・ぐち | 입구 |
| 04 | お茶 | お・ちゃ | (마시는) 차 |
| 05 | 椅子 | い・す | 의자 |
| 06 | 空いている席 | あ・いている・せき | 비어 있는 자리, 빈자리 |
| 07 | 確保 | かく・ほ | 확보 |
| 08 | 1階 | いっ・かい | 1층 |

명사

### Tip

**06** 空く는 '빌 공(空)' 자를 써서 あく 라고 읽거나 すく 라고 읽는데요. 같은 한자를 쓰지만 읽는 법에 따라서 뜻이 다르기 때문에 주의해야 해요. あく로 읽을 때는 텅 빈 '무'의 상태를 의미하는 '비다'라는 뜻이지만, すく로 읽을 때는 공간이 생길 만큼 '적어짐, 한적함'을 나타내는 '비다'의 뜻이 됩니다.

예 席が空いている。 자리가 비어 있다. 〈자리에 아무도 없음〉
電車が空いている。 전철이 비어 있다. 〈사람이 적어서 한적함〉

**06/07** 카페에 자리가 꽉 찬 경우, 점원으로부터 '빈자리를 확보해 주세요'라는 말을 종종 듣게 되는데요, 일본 어로는 空いている席を確保してください라고 해요.

**08** ～階는 '～층'이라는 뜻이에요. 숫자를 넣어서 2階(2층), 3階(3층), 4階(4층), 5階(5층)와 같이 응용해 보세요.

| | | | | |
|---|---|---|---|---|
| 명사 | 09 | おしゃれ | | 세련됨, 멋 |
| | 10 | おごり | | 한턱냄 |
| | 11 | 店員 | てん·いん | 점원 |
| 카타카나 | 12 | カフェ | | 카페 |
| | 13 | カフェ代 | カフェ·だい | 카페 이용료 |
| | 14 | テーブル | | 테이블 |
| | 15 | ソファー | | 소파 |
| | 16 | ムード | | 무드, 분위기 |
| な형용사 | 17 | 独特だ | どく·とく·だ | 독특하다 |

**Tip**

**09** 일본인들이 정말 자주 쓰는 표현이에요. 분위기가 세련되고 멋이 느껴질 때 쓰는 표현인데요, 사람만이 아닌 장소, 물건 등에도 폭넓게 사용합니다.

　예 おしゃれしてどこ行くの? 멋 부리고 어디 가니?

　　 おしゃれなレストランに行ってきました。 세련된 레스토랑에 다녀왔어요.

**10** 동사로는 おごる(한턱내다, 쏘다)라고 해요.

**11** 보통 회화에서는 좀 더 상냥한 어감의 店員さん을 많이 써요.

**13** 우리는 어떠한 금액을 말할 때 식사비, 택시비, 기름값 등 '〜비'나 '〜값'이라고 표현하죠? 일본의 경우는 〜代(〜대)라고 하는데요, '카페 비용'은 カフェ代, '식사 비용'은 食事代 혹은 ご飯代와 같이 써요.

| | | | | |
|---|---|---|---|---|
| い형용사 | 18 | 広い | ひろ・い | 넓다 |
| | 19 | 居心地がいい | い・ごこ・ち・がいい | (있기에) 편하다 |
| 부사 | 20 | ゆっくり | | 천천히 |
| | 21 | まったり | | 느긋이 |
| | 22 | こぢんまり | | 아담히 |
| 동사 | 23 | 拭く | ふ・く | 닦다 |
| | 24 | 休む | やす・む | 쉬다 |
| | 25 | 席を取る | せき・を・と・る | 자리를 잡다 |

**Tip**

**18** 반대로 '좁다'는 狭い라고 해요.

**19** 心地는 외부 자극에 의해 느낀 기분을 말해요. 일상생활에서 다른 단어와 합쳐서 〜心地がいい(〜하는 감이 좋다)의 형태로 많이 쓰여요.

　예 乗り心地がいい。승차감이 좋다.
　　　触り心地がいい。촉감이 좋다.

**21** 여유롭고 한가로운 느낌을 주는 단어이므로 주로 휴식을 취할 때 써요.

　예 今日はカフェでまったりする予定だよ。오늘은 카페에서 느긋하게 지낼 예정이야.

**22** 조촐하고 아담하지만 있을 것은 다 있을 때 쓰는 표현이에요.

　예 こぢんまりしているけど、リラックスできそうな部屋でよかった。
　　　아담하긴 하지만, 릴랙스할 수 있을 듯한 방이라서 다행이야.

감성 카페를 방문했을 때

**A**

わあ〜! ここのカフェ、インスタで見たことあるけど、
本当、雰囲気がいいね。

**B**

ねっ! ここ一度は来たかったんだよね。あ、でも１階は
全然席が空いてないわ!

**A**

２階行ってみよう?

**B**

うん。そうしよう。先に席取ってから注文しよう。

:해석:

A : 와~! 여기 카페, 인스타에서 본 적 있는데, 진짜 분위기가 좋다.

B : 그치? 여기 한 번은 와 보고 싶었어. 어, 근데 1층은 자리가 아예 없네!

A : 2층 가 볼래?

B : 응. 그러자. 먼저 자리 잡고 나서 주문하자.

 **단어**

ここ 여기 | インスタ 인스타그램 | 〜たこと(が)ある 〜한 적(이) 있다 | 本当 정말 | 一度 한 번 |

〜たかった 〜하고 싶었다(〜たい의 과거형) | 全然 전혀 | 先に 먼저 | 注文 주문

# 마무리 연습문제

1. 일본어와 뜻을 알맞게 연결해 보세요.

❶ カフェ代 •　　　　　　　　• ① 1층

❷ 入口 •　　　　　　　　• ② 넓다

❸ 広い •　　　　　　　　• ③ 입구

❹ 1階 •　　　　　　　　• ④ 확보

❺ 確保 •　　　　　　　　• ⑤ 카페 이용료

2. 보기에서 알맞은 단어를 골라 우리말에 맞게 문장을 완성하고 소리 내어 읽어 보세요. 🎧 32-3.mp3

> [보기]
>
> 雰囲気 | 店員 | こぢんまり | 癒し | 拭く

❶ テーブルを＿＿＿＿＿＿ください。

테이블을 닦아 주세요.

❷ 思ったより＿＿＿＿＿＿していたけど、綺麗だった。

생각보다 아담했지만 예뻤다.

❸ あの＿＿＿＿＿＿さんはかっこいい。

저 점원은 멋있다.

❹ このカフェは＿＿＿＿＿＿がいいですね。

이 카페는 분위기가 좋네요.

210

# 코로나

이런 단어, 알고 있나요?

예방

주사

열

감염

병원

격리

코로나

백신

 잠깐! 먼저 QR코드를 찍으세요!

책을 펼치고
동영상 강의를 보면서
학습을 시작합니다!

동영상 강의 보기 ✕ mp3 파일 듣기 ✕ 본책

# 단어 읽는 법과 뜻 알기

품사별로 읽는 법과 뜻을 빠르게 익혀 보자!

| | | | | |
|---|---|---|---|---|
| 명사 | 01 | 予防 | よ·ぼう | 예방 |
| | 02 | 予防接種 | よ·ぼう·せっ·しゅ | 예방 접종 |
| | 03 | 注射 | ちゅう·しゃ | 주사 |
| | 04 | 消毒 | しょう·どく | 소독 |
| | 05 | 熱 | ねつ | 열 |
| | 06 | くしゃみ | | 재채기 |
| | 07 | 体温 | たい·おん | 체온 |
| | 08 | 感染 | かん·せん | 감염 |
| | 09 | 三密 | さん·みつ | 삼밀<br>(밀폐, 밀집, 밀접) |

**Tip**

**03** '주사를 맞다'는 注射をする 혹은 注射を打つ라고 합니다.

**07** '체온계'는 体温計라고 해요.

**09** 코로나로 인해 일본에서 유행어가 된 말입니다. '밀폐된 곳과 밀집된 곳을 피하고, 밀접한 접촉을 피하자'라는 뜻으로, 일본의 후생노동성에서 내건 슬로건이 시발점이었어요.

| | | | | |
|---|---|---|---|---|
| 명사 | 10 | 病院 | びょう・いん | 병원 |
| | 11 | 隔離 | かく・り | 격리 |
| | 12 | 検査 | けん・さ | 검사 |
| | 13 | 副作用 | ふく・さ・よう | 부작용 |
| | 14 | 対策 | たい・さく | 대책 |
| | 15 | 手洗いうがい | て・あら・いうがい | 손씻기 양치질 |
| 카타카나 | 16 | コロナ | | 코로나 |
| | 17 | コロナ太り | コロナ・ぶと・り | 코로나로 인해 급격히 살찐 것 |

---

**Tip**

11 '자가 격리'는 自宅隔離라고 해요.

15 보통 手洗いうがい라고 두 단어를 세트로 말하는 경우가 많아요.
　예 手洗いうがいしたの？ 손씻기 양치질했어?

17 우리말의 '확찐자'와 비슷한 단어로, 코로나로 인해 급격히 살찐 것을 뜻해요.
　예 最近、コロナ太りでだいぶ体重が増えました。
　　요즘 코로나로 살이 확 쪄서 꽤 체중이 늘었어요.

| | | | | |
|---|---|---|---|---|
| 카타카나 | 18 | コロナ禍 | コロナ·か | 코로나 재앙 |
| | 19 | ワクチン | | 백신 |
| | 20 | マスク | | 마스크 |
| | 21 | ウイルス | | 바이러스 |
| | 22 | ズーム | | 줌(zoom) |
| 동사 | 23 | 打つ | う·つ | 치다, 때리다 |
| | 24 | うつる | | 옮다 |
| | 25 | 測る | はか·る | 재다 |

**Tip**

18 코로나 위기를 재앙에 빗댄 거예요. 원래 '재앙'은 禍(わざわい)라고 하는데, 다른 단어와 합쳐지면 음독 か로 읽어요.

19 '백신 맞았어?'라고 물을 때는 ワクチン打(う)った?라고 해요.

20 '마스크를 하다'는 マスクをする, '마스크를 쓰다'는 マスクをつける라고 해요.

22 대학이나 기업 등의 원격 화상 회의에 가장 많이 쓰이는 앱이에요.

24 '감기가 옮다'는 風邪(かぜ)がうつる, '바이러스가 옮다'는 ウイルスがうつる라고 해요.

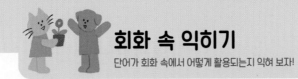 
코로나 백신을 맞았는지 물어볼 때

A

コロナの注射、打った？

B

いや、私まだなんだよね。先週、留学が終わって帰国したから今、自宅隔離中なんだ。

A

そっか、そっか。隔離が終わったら注射するの？

B

うん。する予定。でもコロナの予防接種って副作用があるんでしょ？怖いな～。

∶ 해석 ∶

A ∶ 코로나 주사, 맞았어?

B ∶ 아니, 나 아직이야. 지난주에 유학이 끝나고 귀국해서 지금 자가 격리 중이거든.

A ∶ 그렇구나. 격리가 끝나면 주사 맞을 거야?

B ∶ 응. 맞을 예정이야. 근데 코로나 예방 접종은 부작용이 있다며? 무섭다~.

 단어

いや 아니 | まだ 아직 | 先週 지난주 | 留学 유학 | 終わる 끝나다 | 帰国 귀국 | 今 지금 | 予定 예정 |
でも 그렇지만, 근데 | 怖い 무섭다

215

# 마무리 연습문제

**1.** 일본어와 뜻을 알맞게 연결해 보세요.

❶ うつる •

❷ コロナ太<sup>ぶと</sup>り •

❸ 予防接種<sup>よ ぼうせっしゅ</sup> •

❹ コロナ禍<sup>か</sup> •

❺ ワクチン •

• ① 코로나로 인해 급격히 살찐 것

• ② 백신

• ③ 코로나 재앙

• ④ 옮다

• ⑤ 예방 접종

**2.** 보기에서 알맞은 단어를 골라 우리말에 맞게 문장을 완성하고 소리 내어 읽어 보세요. 🎧 33-3.mp3

> [보기]
>
> マスク | 三密<sup>さんみつ</sup> | 測<sup>はか</sup>る | 隔離<sup>かくり</sup> | 手洗<sup>てあら</sup>いうがい

❶ _____を避<sup>さ</sup>けましょう。

삼밀을 피합시다.

❷ 帰<sup>かえ</sup>って来<sup>き</sup>たら_____をしましょう。

돌아왔으면 손씻기 양치질을 합시다.

❸ 海外<sup>かいがい</sup>から来<sup>き</sup>た人<sup>ひと</sup>は２週間<sup>にしゅうかん</sup>、_____をしなければなりません。

해외에서 온 사람은 2주간 격리를 하지 않으면 안 됩니다.

❹ 外<sup>そと</sup>に出<sup>で</sup>る時<sup>とき</sup>は_____をしましょう。

밖에 나갈 때에는 마스크를 합시다.

# 해외여행

이런 단어, 알고 있나요?

해외

여행

비행기

한국

환전

사기

바가지 씌우다

캐리어

 잠깐! 먼저 QR코드를 찍으세요!

책을 펼치고
동영상 강의를 보면서
학습을 시작합니다!

 ×  ×

동영상 강의 보기　　mp3 파일 듣기　　본책

# 단어 읽는 법과 뜻 알기

품사별로 읽는 법과 뜻을 빠르게 익혀 보자!

🎧 34-1.mp3

| | | | | |
|---|---|---|---|---|
| | 01 | 海外 | かい·がい | 해외 |
| | 02 | 旅行 | りょ·こう | 여행 |
| | 03 | 飛行機 | ひ·こう·き | 비행기 |
| | 04 | 世界 | せ·かい | 세계 |
| 명사 | 05 | 欧米 | おう·べい | 유럽과 미국 |
| | 06 | 東南アジア | とう·なん·アジア | 동남아시아 |
| | 07 | 韓国 | かん·こく | 한국 |
| | 08 | 台湾 | たい·わん | 대만 |
| | 09 | 日本 | に·ほん | 일본 |

 Tip

05 뉴스나 논문에서 欧米諸国(おうべいしょこく)라는 단어를 자주 접할 수 있는데요. 諸国(しょこく)는 '여러 나라'라는 뜻으로, 欧米諸国(おうべいしょこく)
는 '유럽과 미국의 국가들'이라고 해석하면 돼요.

| | | | |
|---|---|---|---|
| 명사 | 10 予約 | よ・やく | 예약 |
| | 11 計画 | けい・かく | 계획 |
| | 12 両替 | りょう・がえ | 환전 |
| | 13 変圧器 | へん・あつ・き | 변압기 |
| | 14 翻訳機 | ほん・やく・き | 번역기 |
| | 15 英語 | えい・ご | 영어 |
| | 16 詐欺 | さ・ぎ | 사기 |
| | 17 航空券 | こう・くう・けん | 항공권 |

**Tip**

10 '예약을 하다'는 予約をする 혹은 予約を入れる라고 합니다. 入れる는 직역하면 '넣다'지만 '예약하다'라는 뜻으로 쓰여요. 또한 '예약을 잡다'라고 할 때는 予約を取る라고 해요.

　　예　予約、入れた?　예약했어?

11 '계획을 세우다'는 計画を立てる라고 해요.

12 '환율'은 為替レート라고 합니다.

| | | | | |
|---|---|---|---|---|
| 명사 | 18 | 時間厳守 | じ・かん・げん・しゅ | 시간 엄수 |
| | 19 | 離陸 | り・りく | 이륙 |
| | 20 | 着陸 | ちゃく・りく | 착륙 |
| 카타카나 | 21 | スーツケース | | 캐리어 |
| | 22 | レストラン | | 레스토랑 |
| | 23 | ホテル | | 호텔 |
| | 24 | ハプニング | | 해프닝 |
| 동사 | 25 | ぼったくる | | 바가지 씌우다 |

**25** 詐欺(사기)와 비슷한 말로, 명사로는 ぼったくり(바가지 씌우기)라고 합니다.
　예　タクシーでぼったくられた。택시에서 바가지 썼어.

졸업 여행에 대해 이야기하며

A
卒業旅行どこ行く？ せっかくだし、海外旅行行かない？

B
あ～、いいね。私、台湾か韓国行きたい。

A
お～、近いし、いいね。航空券調べてみたら、大体往復で3万円くらいだよ。

B
見て見て！ ホテルもそんなに高くないよ。えっ、もう今日予約しちゃおうよ。

:해석:

A : 졸업 여행 어디 갈래? 모처럼인데 해외여행 안 갈래?

B : 아～, 좋은데. 나, 대만이나 한국 가고 싶어.

A : 오～, 가깝고 좋네. 항공권 알아봤더니 대략 왕복으로 3만 엔 정도야.

B : 봐 봐! 호텔도 그렇게 안 비싸. 엇, 그냥 오늘 예약해 버리자.

**단어**

卒業旅行 졸업 여행 ｜ どこ 어디 ｜ 行く 가다 ｜ せっかく 모처럼 ｜ 近い 가깝다 ｜ 調べる 조사하다 ｜
大体 대체(로), 대강, 대략 ｜ 往復 왕복 ｜ くらい 정도 ｜ そんなに 그렇게 ｜ 高い 비싸다 ｜
もう 이제, 이미, 벌써, 정말 ｜ 今日 오늘

## 마무리 연습문제

**1.** 일본어와 뜻을 알맞게 연결해 보세요.

① 航空券（こうくうけん）　•

② 翻訳機（ほんやくき）　•

③ 時間厳守（じかんげんしゅ）　•

④ 世界（せかい）　•

⑤ 英語（えいご）　•

•　① 영어

•　② 시간 엄수

•　③ 세계

•　④ 번역기

•　⑤ 항공권

**2.** 보기에서 알맞은 단어를 골라 우리말에 맞게 문장을 완성하고 소리 내어 읽어 보세요. 🎧 34-3.mp3

> [보기]
>
> ぼったくる ｜ 離陸（りりく） ｜ 両替（りょうがえ） ｜ 飛行機（ひこうき） ｜ 計画（けいかく）

① 次（つぎ）の旅行（りょこう）の＿＿＿＿＿＿を立（た）てる。

다음 여행 계획을 세우다.

② １１時（じゅういちじ）の＿＿＿＿＿＿を予約（よやく）した。

11시 비행기를 예약했다.

③ ＿＿＿＿＿＿の際（さい）は携帯（けいたい）を機内（きない）モードにする。

이륙할 때에는 휴대폰을 기내 모드로 한다.

④ 海外（かいがい）で＿＿＿＿＿＿＿＿ました。

해외에서 바가지 썼어요.

# 국내 여행

이런 단어, 알고 있나요?

민박

바다

차박

2박 3일

체험

온천

가성비

펜션

**잠깐! 먼저 QR코드를 찍으세요!**

책을 펼치고
동영상 강의를 보면서
학습을 시작합니다!

 동영상 강의 보기　×　 mp3 파일 듣기　×　 본책

# 단어 읽는 법과 뜻 알기
품사별로 읽는 법과 뜻을 빠르게 익혀 보자!

🎧 35-1.mp3

| | | | | |
|---|---|---|---|---|
| 명사 | 01 | 国内旅行 | こく·ない·りょ·こう | 국내 여행 |
| | 02 | 民泊 | みん·ぱく | 민박 |
| | 03 | 船 | ふね | 배 |
| | 04 | 海 | うみ | 바다 |
| | 05 | 車中泊 | しゃ·ちゅう·はく | 차박 |
| | 06 | 2泊3日 | に·はく·みっ·か | 2박 3일 |
| | 07 | 夏休み | なつ·やす·み | 여름 방학, 여름휴가 |
| | 08 | 花火 | はな·び | 불꽃놀이 |
| | 09 | お土産 | お·みやげ | 기념 선물 |

**Tip**

05 풀어서 해석하면 車の中で寝泊まりすること(차 안에서 숙박하는 것)라고 할 수 있어요.

06 2泊3日(2박 3일), 3泊4日(3박 4일), 4泊5日(4박 5일)와 같이 숫자를 넣어서 응용해 보세요.

09 여행지에서 가족이나 지인을 위해 사 오는 그 지방만의 '기념 선물'을 말해요. 일본에는 작은 선물이라도 그 지방에서 사 오는 문화가 있는데, 주로 먹거리를 선물해요.

| | | | | |
|---|---|---|---|---|
| 명사 | 10 | 観光地 | かん・こう・ち | 관광지 |
| | 11 | 旅行会社 | りょ・こう・がい・しゃ | 여행사 |
| | 12 | 見学 | けん・がく | 견학 |
| | 13 | 体験 | たい・けん | 체험 |
| | 14 | おみくじ | | 제비, 점괘 |
| | 15 | 温泉 | おん・せん | 온천 |
| 카타카나 | 16 | リュックサック | | 배낭 |
| | 17 | コスパ | | 가성비 |

**Tip**

14 '제비를 뽑다'는 おみくじを引く라고 해요. 절이나 신사에서 보통 100엔을 내고 おみくじ(제비)를 뽑는데, おみくじ에 적힌 숫자에 해당하는 서랍을 열어 점괘를 확인한답니다.

16 リュックサック는 독일어에서 따온 말로, 보통 줄여서 リュック라고 해요. 한편, 같은 뜻의 다른 어휘로 영어에서 따온 '백팩'이란 뜻의 バックパック도 있는데, 일본에서는 주로 リュック라고 부른다는 점을 기억하세요.

17 일상에서 자주 쓰는 말이에요. '가성비가 좋다'는 コスパがいい라고 하고, 반대로 '가성비가 나쁘다'는 コスパが悪い라고 해요.

| | | | | |
|---|---|---|---|---|
| | 18 | **BBQ** | バーベキュー | 바비큐 |
| | 19 | **ゲストハウス** | | 게스트 하우스 |
| 카타카나 | 20 | **コテージ** | | 펜션 |
| | 21 | **パワースポット** | | 파워 스팟 |
| | 22 | **バックパッカー** | | 백패커, 배낭 여행자 |
| な형용사 | 23 | **へとへとだ** | | 녹초가 되다, 진이 빠지다 |
| 동사 | 24 | **巡る** | めぐ・る | 돌아다니다, 여기저기 돌다 |
| | 25 | **手こずる** | て・こずる | 애먹다, 어찌할 바를 모르다 |

**Tip**

**18** BBQ 대신 バーベキュー라고 카타카나로 표기하기도 해요.

예 今夜はコテージでバーベキューです。
오늘 밤은 펜션에서 바비큐할 거예요.

**21** 초자연적인 힘이 있어서 '좋은 기운을 주는 곳'을 의미해요. 보통 운을 높이기 위해서 찾아가곤 해요.

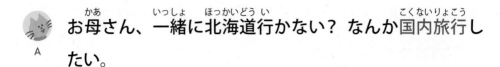

## 회화 속 익히기

단어가 회화 속에서 어떻게 활용되는지 익혀 보자!

🎧 35-2.mp3

여행지를 고를 때

A: お母（かあ）さん、一緒（いっしょ）に北海道（ほっかいどう）行（い）かない？ なんか国内旅行（こくないりょこう）したい。

B: あら、いいね。北海道（ほっかいどう）は観光地（かんこうち）が多（おお）いからね。温泉（おんせん）も入（はい）りたいわ。

A: いろんな所（ところ）を巡（めぐ）りたい。

B: でも、お母（かあ）さん、体力（たいりょく）なくてすぐへとへとになっちゃうから余裕（よゆう）のある旅行（りょこう）がいいわ。

: 해석 :

A : 엄마, 같이 홋카이도 안 갈래? 뭔가 국내 여행 하고 싶어.

B : 어머, 좋다. 홋카이도는 관광지가 많으니까. 온천도 들어가고 싶구나.

A : 여러 곳을 돌고 싶어.

B : 근데 엄마는 체력이 없어서 금방 녹초가 돼 버리니까 여유 있는 여행이 좋아.

一緒（いっしょ）に 함께, 같이 ㅣ 北海道（ほっかいどう） 홋카이도 ㅣ なんか 뭔가, 무언가, 무엇인가 ㅣ あら 어머(나) ㅣ 多（おお）い 많다 ㅣ 入（はい）る 들어가다, 들어오다 ㅣ いろんな 여러 가지 ㅣ 所（ところ） 곳 ㅣ 体力（たいりょく） 체력 ㅣ すぐ 곧, 바로 ㅣ 余裕（よゆう） 여유

# 마무리 연습문제

**1.** 일본어와 뜻을 알맞게 연결해 보세요.

**①** へとへとだ ・ ・ ① 국내 여행

**②** 国内旅行 ・ ・ ② 차박
　　<sup>こくないりょこう</sup>

**③** 花火 ・ ・ ③ 체험
　　<sup>はな び</sup>

**④** 体験 ・ ・ ④ 녹초가 되다
　　<sup>たいけん</sup>

**⑤** 車中泊 ・ ・ ⑤ 불꽃놀이
　　<sup>しゃちゅうはく</sup>

**2.** 보기에서 알맞은 단어를 골라 우리말에 맞게 문장을 완성하고 소리 내어 읽어 보세요. 🎧 35-3.mp3

> [보기]
>
> コスパ ｜ 観光地 ｜ おみくじ ｜ 温泉 ｜ 手こずる
> 　　　　かんこう ち　　　　　　　おんせん　て

**①** 神社で_____を引きます。
　　<sup>じんじゃ</sup>　　　　　　　<sup>ひ</sup>

신사에서 제비를 뽑습니다.

**②** 有名な_____はどこですか。
　　<sup>ゆうめい</sup>

유명한 관광지는 어디예요?

**③** このツアーは_____がいいね。

이 투어는 가성비가 좋네.

**④** どう使うのか分からなくて_____ている。
　　　　<sup>つか</sup>　　　<sup>わ</sup>

어떻게 사용하는지 몰라서 애먹고 있다.

228

학습일 : 월 일

# 교통

이런 단어, 알고 있나요?

지하철

전철비

교통비

빈 차

환승하다

합승

손잡이

~행

 잠깐! 먼저 QR코드를 찍으세요!

책을 펼치고
동영상 강의를 보면서
학습을 시작합니다!

 동영상 강의 보기 ×  mp3 파일 듣기 ×  본책

## 단어 읽는 법과 뜻 알기

품사별로 읽는 법과 뜻을 빠르게 익혀 보자!

🎧 36-1.mp3

| | | | | |
|---|---|---|---|---|
| 명사 | 01 | 地下鉄 | ち·か·てつ | 지하철 |
| | 02 | 横断歩道 | おう·だん·ほ·どう | 횡단보도 |
| | 03 | 電車賃 | でん·しゃ·ちん | 전철비 |
| | 04 | 交通手段 | こう·つう·しゅ·だん | 교통수단 |
| | 05 | 交通費 | こう·つう·ひ | 교통비 |
| | 06 | 料金 | りょう·きん | 요금 |
| | 07 | 切符 | きっ·ぷ | 표 |
| | 08 | 改札口 | かい·さつ·ぐち | 개찰구 |

**Tip**

**01** 일본에서는 地下鉄(지하철)라고 하면 일반적으로 지하(地下) 이미지를 떠올립니다. 보통 지하철이 지하 통로를 달리기 때문이죠. 몇몇 노선의 경우, 일부 구간은 지상을 달리는 지하철이 있기도 하지만, 이 경우에도 電車(전철)라고 하지 않고 地下鉄(지하철)라고 합니다.

**02** '횡단보도를 건너다'는 横断歩道を渡る라고 해요.

**06** '심야 요금'은 深夜料金이라고 해요.

**08** 줄여서 改札라고도 해요.

230

| | | | |
|---|---|---|---|
| **명사** | 09 | **出口** | で·ぐち | 출구 |
| | 10 | **車** | くるま | 자동차 |
| | 11 | **自転車** | じ·てん·しゃ | 자전거 |
| | 12 | **空車** | くう·しゃ | 빈 차 |
| | 13 | **相乗り** | あい·の·り | 합승, 같이 탐 |
| | 14 | **自動販売機** | じ·どう·はん·ばい·き | 자동판매기 |
| | 15 | **信号機** | しん·ごう·き | 신호등 |
| | 16 | **駅** | えき | 역 |
| | 17 | **つり革** | つり·かわ | 손잡이 |

**Tip**

**11** 일상에서는 보통 캐주얼하게 チャリ라고 해요. 엄마들이 '아이를 태우는 자전거'는 ママチャリ라고 하는데, 앞에 前かご(앞 장바구니)가 달려 있고, 뒤에는 チャイルドシート(아동 시트)를 장착하는 게 특징입니다.

**14** 보통 줄여서 自販機(자판기)라고 해요.

**16** 근처의 '가장 가까운 역'은 最寄り駅라고 합니다.

　예 最寄り駅はどこですか。 가장 가까운 역은 어디예요?

| 명사 | 18 | ～行き | ゆ・き | (목적지를 향해)<br>～행 |
|---|---|---|---|---|
| 카타카나 | 19 | パスモ | | 파스모<br>*교통카드 중 하나 |
| | 20 | スイカ | | 스이카<br>*교통카드 중 하나 |
| | 21 | バス | | 버스 |
| | 22 | タクシー | | 택시 |
| 동사 | 23 | 乗る | の・る | 타다 |
| | 24 | 降りる | お・りる | 내리다 |
| | 25 | 乗り換える | の・り・か・える | 갈아타다,<br>환승하다 |

**Tip**

18 ～에는 목적지 이름을 넣으면 돼요. 만일 나리타 공항까지 가는 버스를 타고 싶다면, 成田空港行きバス
(나리타 공항행 버스)를 타면 됩니다.

19 일본 생활 필수품이라고 할 수 있는 충전식 교통카드예요. 도쿄 및 수도권 내의 지하철, 버스 등에서 이용할
수 있어요.

20 JR 동일본에서 사용할 수 있는 충전식 교통카드로, 도쿄 여행 시 필수품이에요. 일본인이라면 パスモ(파스
모)나 スイカ(스이카) 중 하나는 반드시 가지고 있을 정도예요.

23 '～을 타다'는 ～に乗る라고 해요. 반드시 조사 に를 쓴다는 점에 유의하세요.

25 '갈아타기, 환승'은 乗り換え라고 해요.

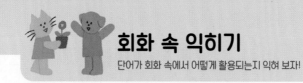
친구와 헤어지며

A
最寄り駅はどこ？ どうやって帰る？ 電車？ バス？

B
大船駅だよ。ここから電車に乗って横浜駅で乗り換えて
帰るかな。

A
そっかそっか。そしたら私の反対方向だ。改札まで一
緒に行こう。

B
うんうん。あれ？ パスモがない。さっきバスを降りた
時はあったのに…。

: 해석 :

A : 가장 가까운 역은 어디야? 어떻게 돌아가? 전철? 버스?

B : 오후나역이야. 여기에서 전철을 타고 요코하마역에서 갈아타고 돌아갈걸.

A : 그렇구나. 그러면 내 반대 방향이다. 개찰구까지 같이 가자.

B : 응응. 어? 파스모(교통카드)가 없어. 아까 버스를 내렸을 때에는 있었는데….

どこ 어디 | 帰る 돌아가다, 돌아오다 | ここ 여기 | そしたら 그렇다면, 그러면 | 反対 반대 | 方向 방향 |
さっき 아까, 조금 전 | 時 때

233

# 마무리 연습문제

**1.** 일본어와 뜻을 알맞게 연결해 보세요.

① つり革 <sub>かわ</sub> •                    • ① 손잡이

② タクシー •                    • ② 합승

③ 駅 <sub>えき</sub> •                    • ③ 내리다

④ 降りる <sub>お</sub> •                    • ④ 택시

⑤ 相乗り <sub>あい の</sub> •                    • ⑤ 역

**2.** 보기에서 알맞은 단어를 골라 우리말에 맞게 문장을 완성하고 소리 내어 읽어 보세요. 🎧 36-3.mp3

> [보기]
>
> 電車賃 <sub>でんしゃちん</sub> ┃ 信号機 <sub>しんごう き</sub> ┃ バス ┃ 改札口 <sub>かいさつぐち</sub> ┃ 乗り換える <sub>の か</sub>

① _____で待ち合わせしましょう。 <sub>ま あ</sub>

개찰구에서 만나요.

② 東京駅で_____ます。 <sub>とうきょうえき</sub>

도쿄역에서 갈아타요.

③ _____で行こう。 <sub>い</sub>

버스로 가자.

④ _____もありません。

전철비도 없어요.

# PART 6

# 여가 생활

# PART 6

# 다이어트

운동

탄수화물

체중

체형

폭음 폭식

작심삼일

요요

근력 운동

 잠깐! 먼저 QR코드를 찍으세요!

책을 펼치고
동영상 강의를 보면서
학습을 시작합니다!

 동영상 강의 보기　×　 mp3 파일 듣기　×　 본책

# 단어 읽는 법과 뜻 알기

품사별로 읽는 법과 뜻을 빠르게 익혀 보자!

🎧 37-1.mp3

| | | | | |
|---|---|---|---|---|
| 명사 | 01 | **体重** | たい·じゅう | 체중 |
| | 02 | **体型** | たい·けい | 체형 |
| | 03 | **減量** | げん·りょう | 감량 |
| | 04 | **目標** | もく·ひょう | 목표 |
| | 05 | **食事** | しょく·じ | 식사 |
| | 06 | **運動** | うん·どう | 운동 |
| | 07 | **器具** | き·ぐ | 기구 |
| | 08 | **炭水化物** | たん·すい·か·ぶつ | 탄수화물 |

**Tip**

**05** 다이어트할 때 食事制限(식사 제한)이라는 단어를 많이 써요.
　예 食事制限だけだと、すぐリバウンドしちゃうと思う。
　　식사 제한만 하면 바로 요요가 와 버릴 거야.

**08** '탄수화물 섭취를 제한하는 다이어트'는 低炭水化物ダイエット(저탄수화물 다이어트)라고 해요.
　예 低炭水化物ダイエットで５キロ痩せた。
　　저탄수화물 다이어트로 5킬로그램 살 뺐다.

238

| | | | | |
|---|---|---|---|---|
| 명사 | 09 | 暴飲暴食 | ぼう・いん・ぼう・しょく | 폭음 폭식 |
| | 10 | 三日坊主 | みっ・か・ぼう・ず | 작심삼일 |
| 카타카나 | 11 | ダイエット | | 다이어트 |
| | 12 | ダイエット宣言 | ダイエット・せん・げん | 다이어트 선언 |
| | 13 | メニュー | | 메뉴 |
| | 14 | 筋トレ | きん・トレ | 근력 운동 |
| | 15 | スクワット | | 스쿼트 |
| | 16 | リバウンド | | 요요, 리바운드 |
| | 17 | タンパク質 | タンパク・しつ | 단백질 |

**10** 일본에서도 다이어트를 할 때 '작심삼일(三日坊主)'이라는 표현을 써요.

　예　ダイエット宣言してから三日坊主でやめた。
　　　다이어트 선언하고 나서 작심삼일로 그만뒀다.

**14** 원래는 筋力トレーニング(근력 운동)인데 길기 때문에 보통 줄여서 筋トレ라고 해요.

**16** 다이어트로 체중 감량 후, 도로 살이 찌는 '요요 현상'을 일본어로는 リバウンド라고 해요.

239

| | | | | |
|---|---|---|---|---|
| な형용사 부사 | 18 | **ふくよかだ** | | 뚱뚱하다 |
| | 19 | **ガリガリ** | | 삐쩍 마름 |
| 동사 | 20 | **制限する** | せい·げん·する | 제한하다 |
| | 21 | **頑張る** | がん·ば·る | 힘내다 |
| | 22 | **痩せる** | や·せる | 살이 빠지다 |
| | 23 | **太る** | ふと·る | 살찌다 |
| | 24 | **繰り返す** | く·り·かえ·す | 되풀이하다, 반복하다 |
| | 25 | **我慢する** | が·まん·する | 참다, 견디다 |

**Tip**

**18** '뚱뚱한 체형'은 ふくよかな体型(たいけい)라고 해요. '뚱뚱하다'는 太(ふと)っている라고도 하는데, ふくよかだ가 보다 살이 부드럽고 포동포동한 느낌이 강조되는 정중한 어감이에요. 참고로 뚱뚱한 체형 혹은 '뚱땡이'라고 나쁘게 표현할 때는 デブ라고 합니다.

예 かわいくてふくよかなのはぽっちゃりだけど、不細工(ぶさいく)でふくよかなのはデブと言(い)われたりする。
귀엽고 뚱뚱한 것은 통통한 거지만, 못생기고 뚱뚱한 것은 뚱땡이라고 불리기도 한다.

**19** '군살 없이 깡마른 것'을 말해요.

예 ガリガリすぎて、太(ふと)りたい。너무 삐쩍 말라서 살찌고 싶어.

## 회화 속 익히기

단어가 회화 속에서 어떻게 활용되는지 익혀 보자!

🎧 37-2.mp3

다이어트에 대한 고민을 나누며

A

最近、コロナのせいで家にいるから太ってきちゃったよ。ダイエットしようかな。

B

私も。先月から食事制限して炭水化物はなるべく摂らないようにしている。

A

え、どう？効果ある？

B

うーん、やっぱり食事だけ制限しても運動しないと、リバウンドしやすいかな。

∴ 해석 :

A : 요즘 코로나 때문에 집에 있으니까 살쪄 버렸어. 다이어트할까?

B : 나도. 지난달부터 식사 제한해서 탄수화물은 되도록 안 먹으려고 하고 있어.

A : 어, 어때? 효과 있어?

B : 음, 역시 식사만 제한해도 운동 안 하면 요요 오기 쉬우려나.

### 단어

**最近** 최근, 요즘 | **～せいで** ～탓에, ～바람에(원망・비난의 뉘앙스) | **家** 집 | **先月** 지난달 | **なるべく** 가능한 한 | **摂る** 섭취하다, 먹다 | **効果** 효과 | **うーん** 음 | **～だけ** ～만 | **～しやすい** ～하기 쉽다

241

# 마무리 연습문제

**1.** 일본어와 뜻을 알맞게 연결해 보세요.

❶ ガリガリ　　　•

❷ 痩<sub>や</sub>せる　　　•

❸ ダイエット　•

❹ 目標<sub>もくひょう</sub>　　　•

❺ 頑張<sub>がんば</sub>る　　　•

•　① 목표

•　② 삐쩍 마름

•　③ 힘내다

•　④ 살이 빠지다

•　⑤ 다이어트

**2.** 보기에서 알맞은 단어를 골라 우리말에 맞게 문장을 완성하고 소리 내어 읽어 보세요. 🎧 37-3.mp3

[보기]

暴飲暴食<sub>ぼういんぼうしょく</sub> | 器具<sub>きぐ</sub> | 我慢<sub>がまん</sub>する | リバウンド | 減量<sub>げんりょう</sub>

❶ ダイエットしたのに5キロ＿＿＿＿＿＿＿してしまった。

다이어트했는데 5킬로 요요 와 버렸어.

❷ 今日<sub>きょう</sub>から＿＿＿＿＿を使<sub>つか</sub>って運動<sub>うんどう</sub>をしましょう。

오늘부터 기구를 사용해서 운동을 합시다.

❸ 10キロの＿＿＿＿＿に成功<sub>せいこう</sub>した。

10킬로 감량에 성공했다.

❹ ダイエット中<sub>ちゅう</sub>は炭水化物<sub>たんすいかぶつ</sub>を＿＿＿＿＿。

다이어트 중에는 탄수화물을 참는다.

# Unit 38

# 자기 계발

이런 단어, 알고 있나요?

성장

우선순위

자기 관리

자기 계발

심리

자신(감)

양립

스펙

잠깐! 먼저 QR코드를 찍으세요!

책을 펼치고
동영상 강의를 보면서
학습을 시작합니다!

 동영상 강의 보기  ×  mp3 파일 듣기  ×  본책

# 단어 읽는 법과 뜻 알기

품사별로 읽는 법과 뜻을 빠르게 익혀 보자!

| | | | | |
|---|---|---|---|---|
| 명사 | 01 | 自分 | じ・ぶん | 자기, 자신 |
| | 02 | 成長 | せい・ちょう | 성장 |
| | 03 | 人それぞれ | ひと・それぞれ | 사람마다 다름 |
| | 04 | 優先順位 | ゆう・せん・じゅん・い | 우선순위 |
| | 05 | 他人 | た・にん | 타인, 남 |
| | 06 | 自分磨き | じ・ぶん・みが・き | 자기 관리 |
| | 07 | 自己啓発 | じ・こ・けい・はつ | 자기 계발 |
| | 08 | 自己肯定感 | じ・こ・こう・てい・かん | 자존감 |
| | 09 | 自己嫌悪 | じ・こ・けん・お | 자기혐오 |

### Tip

**05** 他の人(다른 사람)라고도 해요.

**06** 운동, 독서, 요리 등 외면만이 아닌 내면까지 관리하는 것을 의미해요.
　예 もっと自分磨き頑張らなくちゃ！ 더욱 자기 관리 힘내야지!

**07** '자기 계발'은 自己開発(자기 개발)라고 잘못 외우기 쉬운데 自己啓発(자기 계발)라는 점에 유의하세요. 또한 '자기 계발서'는 自己啓発本이라고 합니다.
　예 久々に自己啓発本が読みたくなってきた。 오랜만에 자기 계발서를 읽고 싶어졌다.

244

| | | | | |
|---|---|---|---|---|
| 명사 | 10 | 自信 | じ·しん | 자신(감) |
| | 11 | 生き方 | い·き·かた | 사는 방식 |
| | 12 | 心理 | しん·り | 심리 |
| | 13 | 両立 | りょう·りつ | 양립 |
| 카타카나 | 14 | スキル | | 스킬, 기능, 기술 |
| | 15 | プライド | | 프라이드, 자존심, 자긍심 |
| | 16 | ポジティブ | | 포지티브, 긍정적 |
| | 17 | スペック | | 스펙 |

**Tip**

10 '자신감을 갖다'는 自信を持つ라고 해요. 이때 感(감)이라는 한자를 붙이지 않으니 주의하세요.

예 自信ある？ 자신 있어?

13 일상에서 잘 쓰는 표현입니다. 응용해서 両立させる(양립시키다)라고 종종 말하는데, 우리말로는 '(두 마리 토끼를 잡기 위하여) 두 가지 일을 병행하다'라고 해석하면 돼요.

예 勉強とバイトをうまく両立させたい。 공부랑 알바를 잘 병행하고 싶다.

16 반대말은 ネガティブ(네거티브, 부정적)예요.

17 성능이나 학력, 학점 등이 좋을 때 스펙이 좋다고 하죠. 일본에서도 사람이나 물건에 대해서 스펙이라는 표현을 씁니다.

예 ハイスペックすぎて近づけない。 너무 고스펙이라 못 다가가겠어.

| | | | | |
|---|---|---|---|---|
| い형용사 | 18 | 頼もしい | たの·もしい | 믿음직하다 |
| | 19 | 気にしない | き·にしない | 신경 안 쓰다 |
| 동사 | 20 | 準備する | じゅん·び·する | 준비하다 |
| | 21 | 高める | たか·める | 높이다 |
| | 22 | 挑戦する | ちょう·せん·する | 도전하다 |
| | 23 | 行動に移す | こう·どう·に·うつ·す | 행동으로 옮기다 |
| | 24 | 極める | きわ·める | (극에 다다를 때까지) 노력하다 |
| | 25 | 比較する | ひ·かく·する | 비교하다 |

**Tip**

**19** '신경 쓰다'는 気にする라고 해요. 비슷한 표현으로는 '마음에 걸려서 신경 쓰인다'는 뜻의 気になる가 있습니다.
　예 気にしたくなくてもどうしても気になる。
　　신경 쓰고 싶지 않아도 아무래도 신경 쓰인다(마음에 걸린다).

**24** 기본적으로 '노력하다'는 努力する라고 하는데, 極める의 경우, 극에 다다를 때까지 철저히 노력하는 것을 말해요.
　예 英語を極めただけで、自己肯定感が上がった。 영어를 판 것만으로 자존감이 올라갔다.

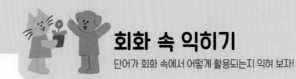

장래에 대한 고민을 나누며

A: なんか最近将来が不安なんだよね。やりたいことはたくさんあるんだけど、全部中途半端な感じ。

B: その悩みって尽きないよな。僕も他人と比較すると自分って全然スキルがないなとか。よく思っちゃう。

A: 何か一つを極めた方がいいよね。そしたら自信も持てるし。

B: そうそう。考えたって答えが出ないから、とりあえず行動に移して挑戦してみることが大事だよね。

: 해석 :

A : 왠지 요즘 장래가 불안한 거 있지. 하고 싶은 건 많이 있는데 전부 어중간한 느낌.

B : 그 고민은 끝나지 않지. 나도 다른 사람이랑 비교하면 나 자신은 전혀 스킬이 없다든지. 자꾸 생각해 버려.

A : 뭔가 하나를 끝까지 파는 게 좋지. 그럼 자신감도 가질 수 있고.

B : 맞아 맞아. 생각한다 한들 답이 안 나오니까 일단 행동으로 옮겨서 도전해 보는 게 중요해.

**단어**

なんか 뭔가, 왠지 │ 将来 장래 │ 不安 불안 │ 全部 전부 │ 中途半端だ 어중간하다 │ 悩み 고민, 걱정 │
尽きる 다하다, 끝나다 │ 答え 대답, 답 │ とりあえず 일단, 우선 │ 大事だ 중요하다

# 마무리 연습문제

**1.** 일본어와 뜻을 알맞게 연결해 보세요.

**①** 自己嫌悪 • ・① 자신(감)
じ こ けん お

**②** スペック • ・② 양립

**③** 自分磨き • ・③ 자기 관리
じ ぶんみが

**④** 両立 • ・④ 자기혐오
りょうりつ

**⑤** 自信 • ・⑤ 스펙
じ しん

**2.** 보기에서 알맞은 단어를 골라 우리말에 맞게 문장을 완성하고 소리 내어 읽어 보세요. 🎧 38-3.mp3

[보기]

| 気にしない | 挑戦する | 成長 | ポジティブ | 自己肯定感 |
| き | ちょうせん | せいちょう | | じ こ こうていかん |

**①** _____を高めましょう。
たか

자존감을 높입시다.

**②** 他人は_____でやりたいことをしよう。
た にん

남은 신경 쓰지 말고 하고 싶은 것을 하자.

**③** まだまだ_____したいと思っています。
おも

더더욱 성장하고 싶습니다.

**④** 新しいことに_____。
あたら

새로운 것에 도전하다.

248

# Unit 39

# 인테리어

이런 단어, 알고 있나요?

소품

이불

거울

남향

라이프 스타일

베란다

침대

흑백

 잠깐! 먼저 QR코드를 찍으세요!

책을 펼치고
동영상 강의를 보면서
학습을 시작합니다!

 동영상 강의 보기 ×  mp3 파일 듣기 ×  본책

# 단어 읽는 법과 뜻 알기

품사별로 읽는 법과 뜻을 빠르게 익혀 보자!

| | | | | |
|---|---|---|---|---|
| 명사 | 01 | 収納 | しゅう·のう | 수납 |
| | 02 | 小物 | こ·もの | 소품 |
| | 03 | 布団 | ふ·とん | 이불 |
| | 04 | 鏡 | かがみ | 거울 |
| | 05 | 机 | つくえ | 책상 |
| | 06 | 南向き | みなみ·む·き | 남향 |
| | 07 | 間取り | ま·ど·り | 집 구조, 방 배치 |
| | 08 | 模様替え | も·よう·が·え | 사물의 짜임새, 생김새를 바꾸는 것 |

**Tip**

**06** 일본에서도 한국과 마찬가지로 우수한 채광으로 인해 남향집이 가장 인기가 많아요. 다만 선호도가 높기 때문에 가격이 비싸다는 단점이 있습니다.

예 南向きで日当たりもいいです。 남향이라서 채광도 좋아요.

**08** 일상에서 '실내 장식이나 가구의 배치를 바꾸는 것'을 말해요.

예 昨日は部屋の模様替えをしました。 어제는 방의 가구 배치를 바꿨어요.

| 명사 | 09 | 無印 | む·じるし | 무인양품<br>*브랜드명 |
|---|---|---|---|---|
| | 10 | イケア | | 이케아(IKEA)<br>*브랜드명 |
| | 11 | ニトリ | | 니토리<br>*브랜드명 |
| | 12 | 1LDK | ワン·エル·ディー·ケー | 방 1개, 거실과<br>식사 공간을<br>겸한 주방 |
| 카타카나 | 13 | インテリア | | 인테리어 |
| | 14 | アンティーク | | 앤티크, 골동품 |
| | 15 | ワンルーム | | 원룸 |
| | 16 | カーペット | | 카펫 |

**Tip**

**09** 無印良品(무인양품)의 줄임말이에요. '무인양품'은 의류, 생활 잡화, 식품, 가구 등 다양한 상품을 선보이는 생활용품 브랜드입니다.

**11** 인테리어 소품 및 가구 판매점으로, '일본판 이케아'라고 할 수 있어요. 일본에서는 이케아보다 압도적으로 점포 수가 많습니다.

**12** 일본의 부동산에 가면 꼭 보는 용어예요. 숫자는 방의 개수, R은 Room(방), L은 Living(거실), D는 Dining(식사 공간), K는 Kitchen(주방)을 의미합니다.

**16** 다른 말로 絨毯(융단)이라고도 합니다. 참고로 '러그'는 ラグ라고 해요.

| | | | | |
|---|---|---|---|---|
| 카타카나 | 17 | カーテン | | 커튼 |
| | 18 | ベッド | | 침대 |
| | 19 | ベランダ | | 베란다 |
| | 20 | モノクロ | | 흑백 |
| | 21 | ライフスタイル | | 라이프 스타일 |
| な형용사 | 22 | 派手だ | は・で・だ | 화려하다 |
| い형용사 | 23 | ちょうどいい | | 딱 좋다 |
| 동사 | 24 | 変わる | か・わる | 바뀌다, 변하다 |
| | 25 | 買いそろえる | か・いそろえる | 사서 갖추다 |

**Tip**

**20** '흑백 사진'은 モノクロ写真(しゃしん)이라고 해요.

**25** 기본적으로 買(か)う는 '사다', 揃(そろ)える는 '갖추다, 가지런히 하다'라는 뜻이에요. 買(か)いそろえる는 이 두 단어가 합쳐진 것으로 '(어떠한 물품을 전부 사서) 통일성 있게 갖추는 것'을 의미합니다. 가령, 좋아하는 만화에 등장하는 피규어들을 전부 사서 나란히 장식한다거나, 신혼집 가구를 깔맞춤으로 살 때 쓸 수 있는 표현이에요.

예 本当(ほんとう)は全巻(ぜんかん)買(か)いそろえたいけど、お金(かね)がない。 사실은 전권 다 사서 갖추고 싶지만, 돈이 없어.

# 회화 속 익히기

단어가 회화 속에서 어떻게 활용되는지 익혀 보자!

🎧 39-2.mp3

방을 어떻게 꾸밀지 이야기하며

 A
部屋の模様替えしようかな～。

 B
いいんじゃない？ カーテン一つ替えるだけで部屋の雰囲気って変わるもんね。

 A
そうそう。なんかシンプルな部屋にしたいな！
無印で買いそろえようかな？

 B
無印は収納ケースとかも売っているからいいかもね！
私も一緒に無印行きたーい！

: 해석 :

A : 방의 가구 배치 바꿀까?

B : 괜찮을 것 같은데? 커튼 하나 바꾸기만 해도 방 분위기가 바뀌잖아.

A : 맞아 맞아. 뭔가 심플한 방으로 하고 싶어! 무인양품에서 다 사서 맞출까?

B : 무인양품은 수납 케이스 같은 것도 파니까 좋을지도! 나도 같이 무인양품 가고 싶어!

 단어

部屋 방 | 替える 바꾸다, 갈다 | ケース 케이스 | 売る 팔다 | ～かも ～할지도 (모른다) | 一緒に 함께, 같이

# 마무리 연습문제

1. 일본어와 뜻을 알맞게 연결해 보세요.

① モノクロ •　　　　　　　　• ① 수납

② 机 •　　　　　　　　• ② 흑백
   （つくえ）

③ インテリア •　　　　　　　• ③ 책상

④ 収納 •　　　　　　　　• ④ 소품
   （しゅうのう）

⑤ 小物 •　　　　　　　　• ⑤ 인테리어
   （こもの）

2. 보기에서 알맞은 단어를 골라 우리말에 맞게 문장을 완성하고 소리 내어 읽어 보세요. 🎧 39-3.mp3

> [보기]
>
> 派手だ ｜ ニトリ ｜ 模様替え ｜ カーテン ｜ 南向き
> （はで）　　　　　　（もようが）　　　　　　　　（みなみむ）

① 今日は部屋の_____をしよう。
   （きょう）　（へや）

　오늘은 방의 가구 배치를 바꿔야지.

② この_____すごくかわいいですね。

　이 커튼 엄청 귀엽네요.

③ _____の部屋は暖かいです。
　　　　　　　　（へや）（あたた）

　남향 방은 따뜻해요.

④ _____で家具をそろえる。
　　　　　　　　（かぐ）

　니토리에서 가구를 갖추다.

# 재테크

이런 단어, 알고 있나요?

주식

부동산

임대

저금

부업

빚

이자

맞벌이

잠깐! 먼저 QR코드를 찍으세요!

책을 펼치고
동영상 강의를 보면서
학습을 시작합니다!

 동영상 강의 보기 ×  mp3 파일 듣기 ×  본책

# 단어 읽는 법과 뜻 알기

품사별로 읽는 법과 뜻을 빠르게 익혀 보자!

🎧 40-1.mp3

| | | | |
|---|---|---|---|
| 01 | 株 | かぶ | 주식 |
| 02 | 不動産 | ふ・どう・さん | 부동산 |
| 03 | 賃貸 | ちん・たい | 임대 |
| 04 | 貯金 | ちょ・きん | 저금 |
| 05 | 貯蓄 | ちょ・ちく | 저축 |
| 06 | 副業 | ふく・ぎょう | 부업 |
| 07 | 優待 | ゆう・たい | 우대 |
| 08 | 福利厚生 | ふく・り・こう・せい | 복리후생 |

명사

---

**Tip**

01 '주가가 떨어졌다'는 株価が下がった라고 해요.

03 일본에서는 차고지 증명제로 인해 자신의 집에 주차장이 있어야만 차량을 구입할 수 있어요. 그렇기 때문에 부동산뿐만 아니라 주차장도 임대가 이루어지고 있는데요. 만일 주차장이 없다면, 동네 주차장을 임대해서 계약서를 제출해야 해요. 보통 외부 주차장의 경우, 月極(월정액)의 형태로 계약을 하는데, 도쿄의 경우, 매월 평균 3~4만 엔이 듭니다.

06 Wワーク라고도 해요.

| | 09 | 待遇 | たい・ぐう | 대우 |
|---|---|---|---|---|
| 명사 | 10 | 借金 | しゃっ・きん | 빚, 빌린 돈 |
| | 11 | 銀行 | ぎん・こう | 은행 |
| | 12 | 需要 | じゅ・よう | 수요 |
| | 13 | 供給 | きょう・きゅう | 공급 |
| | 14 | 投資 | とう・し | 투자 |
| | 15 | 価値 | か・ち | 가치 |
| | 16 | 利子 | り・し | 이자 |
| | 17 | 儲け | もう・け | 벌이 |

**16** '이자가 붙다'는 利子がつく 라고 해요.
예 銀行で利子がついた。은행에서 이자가 붙었다.

257

| | | | | |
|---|---|---|---|---|
| 명사 | 18 | 共働き | とも·ばたら·き | 맞벌이 |
| 카타카나 | 19 | ローン | | 론, 대출 |
| | 20 | ビットコイン | | 비트코인 |
| | 21 | 財テク | ざい·テク | 재테크 |
| 동사 | 22 | 困る | こま·る | 곤란하다,<br>어려움을 겪다 |
| | 23 | 上がる | あ·がる | 오르다,<br>올라가다 |
| | 24 | 下がる | さ·がる | 내리다,<br>내려가다 |
| | 25 | 儲かる | もう·かる | 벌이가 되다,<br>이득을 보다 |

**Tip**

18 '맞벌이 부부'는 共働き夫婦라고 해요.

19 '대출을 받다'는 ローンを組む라고 해요. 직역으로 '받다'라는 뜻을 가진 もらう를 쓰지 않는다는 점에 주의하세요.

25 반대로 '손해 보다'는 損する라고 해요.

예 損する人がいるから、儲かる人もいるわけ。손해 보는 사람이 있으니까 득 보는 사람도 있는 거야.

# 회화 속 익히기

단어가 회화 속에서 어떻게 활용되는지 익혀 보자!

🎧 40-2.mp3

선배에게 저축 관련 팁을 물으며

A: 先輩(せんぱい)、そろそろ貯金(ちょきん)を本格的(ほんかくてき)にしないといけないですかね？　先輩(せんぱい)はいつから貯金(ちょきん)し始(はじ)めましたか。

B: 社会人(しゃかいじん)になってから３年(さんねん)くらい経(た)つ頃(ころ)？　僕(ぼく)も社会人(しゃかいじん)３年目(ねんめ)くらいから副業(ふくぎょう)はじめて、貯金(ちょきん)し始(はじ)めたよ。

A: そうなんですか。あと最近(さいきん)、株(かぶ)に興味(きょうみ)があるんですけど、先輩(せんぱい)は株(かぶ)持(も)っていますか。

B: 株(かぶ)はやってない。株価(かぶか)が下(さ)がったり上(あ)がったり見(み)てられないからね。

:해석:

A : 선배님, 슬슬 저금을 본격적으로 하지 않으면 안 될까요? 선배님은 언제부터 저금하기 시작했어요?

B : 사회인이 되고 나서 3년 정도 지날 즈음? 나도 사회인 3년차 정도부터 부업 시작해서 저금하기 시작했어.

A : 그래요? 그리고 요즘 주식에 관심이 있는데 선배님은 주식 가지고 있어요?

B : 주식은 안 해. 주가가 오르내리는 걸 보고 있을 수 없거든.

**단어**

| | |
|---|---|
| 先輩(せんぱい) 선배 ｜ そろそろ 슬슬 ｜ 本格的(ほんかくてき)に 본격적으로 ｜ いつから 언제부터 ｜ 社会人(しゃかいじん) 사회인 ｜ くらい 정도 ｜ 経(た)つ (시간·때가) 지나다 ｜ ～頃(ころ) ～즈음, ～쯤 ｜ 僕(ぼく) (남성이 본인을 지칭할 때) 저, 나 ｜ 3年目(さんねんめ) 3년째 ｜ 興味(きょうみ) 관심 ｜ 株価(かぶか) 주가 | |

# 마무리 연습문제

**1.** 일본어와 뜻을 알맞게 연결해 보세요.

① 儲け　　　　　　　　　　　　　　　　• ① 저금

② 投資　　　　　　　　　　　　　　　　• ② 부동산

③ 価値　　　　　　　　　　　　　　　　• ③ 벌이

④ 貯金　　　　　　　　　　　　　　　　• ④ 가치

⑤ 不動産　　　　　　　　　　　　　　　• ⑤ 투자

**2.** 보기에서 알맞은 단어를 골라 우리말에 맞게 문장을 완성하고 소리 내어 읽어 보세요. 🎧 40-3.mp3

> **[보기]**
> 利子 ｜ 共働き ｜ 銀行 ｜ 福利厚生 ｜ 株

① この会社は＿＿＿＿＿＿＿が良いです。

이 회사는 복리후생이 좋아요.

② ＿＿＿＿＿に行ってきました。

은행에 다녀왔어요.

③ 毎月、銀行から＿＿＿＿＿がつきます。

매달 은행으로부터 이자가 붙어요.

④ 私の両親は＿＿＿＿＿です。

제 부모님은 맞벌이예요.

# 건강

이런 단어, 알고 있나요?

근육통

복근

금연

피로

염좌

기침

설사

건강 검진

잠깐! 먼저 QR코드를 찍으세요!

책을 펼치고
동영상 강의를 보면서
학습을 시작합니다!

동영상 강의 보기

×

mp3 파일 듣기

×

본책

# 단어 읽는 법과 뜻 알기

품사별로 읽는 법과 뜻을 빠르게 익혀 보자!

🎧 41-1.mp3

<table>
<tr><td rowspan="9">명사</td><td>01</td><td>頭</td><td>あたま</td><td>머리</td></tr>
<tr><td>02</td><td>首</td><td>くび</td><td>목</td></tr>
<tr><td>03</td><td>お腹</td><td>お·なか</td><td>배</td></tr>
<tr><td>04</td><td>太もも</td><td>ふと·もも</td><td>허벅지</td></tr>
<tr><td>05</td><td>ふくらはぎ</td><td></td><td>종아리</td></tr>
<tr><td>06</td><td>足</td><td>あし</td><td>발, 다리</td></tr>
<tr><td>07</td><td>筋肉</td><td>きん·にく</td><td>근육</td></tr>
<tr><td>08</td><td>筋肉痛</td><td>きん·にく·つう</td><td>근육통</td></tr>
<tr><td>09</td><td>腹筋</td><td>ふっ·きん</td><td>복근</td></tr>
</table>

**Tip**

**01** 정신 나간 소리를 할 때 조롱의 의미로 頭どうかしてる?(미쳤어?)라고 해요.

예 あの人、頭どうかしてるんじゃない? 저 사람 미친 거 아냐?

**08** '근육통이 생기다'는 筋肉痛になる라고 해요.

예 歩きすぎてふくらはぎ、筋肉痛になりそう。 너무 걸어서 종아리 근육통 올 것 같아.

| | | | |
|---|---|---|---|
| 10 | 禁煙 | きん・えん | 금연 |
| 11 | 医者 | い・しゃ | 의사 |
| 12 | 診察 | しん・さつ | 진찰 |
| 13 | 頭痛 | ず・つう | 두통 |
| 14 | 腹痛 | ふく・つう | 복통 |
| 15 | 疲れ | つか・れ | 피로 |
| 16 | 捻挫 | ねん・ざ | 염좌 |
| 17 | 咳 | せき | 기침 |

명사

**Tip**

**10** '흡연'은 喫煙이라고 해요.

**11** '병원에 가다'를 医者に行く라고도 해요. 또한 일상에서 말할 때는 '의사'를 お医者さん이라고 친절하게 부르기도 합니다.

　예　お医者さんに行ってきました。 병원에 다녀왔어요.

**15** '피로가 잘 안 풀리다'는 疲れが取れにくい라고 합니다.

| | | | | |
|---|---|---|---|---|
| 명사 | 18 | 下痢 | げ·り | 설사 |
| | 19 | 肩こり | かた·こり | 어깨 결림 |
| | 20 | 薬 | くすり | 약 |
| | 21 | 栄養剤 | えい·よう·ざい | 영양제 |
| | 22 | 健康診断 | けん·こう·しん·だん | 건강 검진 |
| 카타카나 | 23 | 人間ドック | にん·げん·ドック | 종합 건강 검진 |
| 동사 | 24 | 吸う | す·う | 들이마시다, 빨아먹다 |
| | 25 | 腫れる | は·れる | 붓다 |

Tip

**19** 肩がこる(어깨가 걸리다)라고 표현할 수도 있어요.

**20** 우리는 '약을 먹다'라고 하지만, 일본에서는 약을 기본적으로 물과 함께 마시기 때문에 '약을 마시다'라고 합니다. 따라서 '약을 먹다'는 薬を飲む로 외워 주세요.

**22** 근로자의 건강 상태를 파악하기 위해 매년 정기적으로 받는 건강 검진을 말합니다. 기본적으로 나라에서 장려하는 검사지만, 기업에 속할 경우에만 검진이 의무이며 비용이 저렴해요.

**23** 개인의 희망에 따라 병의 예방과 조기 발견을 위해 전신을 검사하는 건강 검진을 말해요. 검사 항목이 다양해서 건강 검진에서 발견하기 어려운 병을 발견할 수 있다는 장점이 있지만 큰 비용이 듭니다.

최근 받았던 건강 검진 결과에 대해 이야기나누며

A この間、健康診断受けに行ったら運動不足って言われ
ました。

B 僕は、たばこの吸いすぎだと注意されました。

A これから運動して腹筋でも作ろうかと思います。

B 僕はしばらく禁煙します。

: 해석 :

A : 요전에 건강 검진 받으러 갔더니 운동 부족이라고 했어요.

B : 저는 담배를 너무 많이 피운다고 주의받았어요.

A : 이제부터 운동해서 복근이라도 만들까 싶어요.

B : 저는 당분간 금연하려고요.

 단어

この間 일전, 요전 | 受ける 받다 | 運動不足 운동 부족 | 言う 말하다 | たばこ 담배 | 注意 주의 |

これから 이제부터 | 作る 만들다 | しばらく 잠깐, 당분간

265

## 마무리 연습문제

**1.** 일본어와 뜻을 알맞게 연결해 보세요.

① 栄養剤 （えいようざい）  •     • ① 두통

② 捻挫 （ねんざ）  •     • ② 건강 검진

③ 禁煙 （きんえん）  •     • ③ 금연

④ 健康診断 （けんこうしんだん）  •     • ④ 염좌

⑤ 頭痛 （ずつう）  •     • ⑤ 영양제

**2.** 보기에서 알맞은 단어를 골라 우리말에 맞게 문장을 완성하고 소리 내어 읽어 보세요. 🎧 41-3.mp3

> [보기]
> 筋肉痛（きんにくつう） | 咳（せき） | 肩こり（かた） | 薬（くすり） | 腫れる（は）

① 子供（こども）の＿＿＿＿＿＿が止（と）まらないです。

아이의 기침이 멈추지 않아요.

② 毎食後（まいしょくご）に＿＿＿＿＿＿を飲（の）みます。

매일 식사 후에 약을 먹어요.

③ 最近（さいきん）＿＿＿＿＿＿が酷（ひど）いです。

요즘 어깨 결림이 심해요.

④ 昨日（きのう）、運動（うんどう）をしたので全身（ぜんしん）が＿＿＿＿＿＿です。

어제 운동을 해서 전신이 근육통이에요.

# 기념일

이런 단어, 알고 있나요?

기념일

생일

축하

미소

수제

커플링

축하하다

기뻐하다

 **잠깐! 먼저 QR코드를 찍으세요!**

**책을 펼치고 동영상 강의를 보면서 학습을 시작합니다!**

 동영상 강의 보기 ✕  mp3 파일 듣기 ✕  본책

| | | | |
|---|---|---|---|
| 01 | 記念日 | き・ねん・び | 기념일 |
| 02 | 結婚記念日 | けっ・こん・き・ねん・び | 결혼기념일 |
| 03 | 誕生日 | たん・じょう・び | 생일 |
| 04 | 指輪 | ゆび・わ | 반지 |
| 05 | お揃い | お・そろ・い | 커플로 맞춤 |
| 06 | お祝い | お・いわ・い | 축하 |
| 07 | 笑顔 | え・がお | 미소 |
| 08 | 真剣 | しん・けん | 진지 |

명사

### Tip

**01** 기념일을 말할 때 보통은 〜年記念日(ねん き ねん び)라고 해요.
　예 一年記念日に欲しいプレゼントは何ですか。1주년 기념일에 갖고 싶은 선물은 뭐예요?

**03** '생일 축하합니다'는 お誕生日おめでとうございます라고 합니다. 친구에게 말할 때는 お誕生日おめでとう(생일 축하해)라고 하면 돼요.

**05** '맞춤 코디'는 お揃いコーデ, '커플 룩'은 ペアルック라고 해요.
　예 ４人でお揃いの服とか着てディズニー行かない？ 넷이서 옷 맞춰 입고 디즈니랜드 안 갈래?

268

| 명사 | 09 | 手作り | て・づく・り | 손수 만듦, 수제 |
|---|---|---|---|---|
| | 10 | うれし泣き | うれし・な・き | 너무 기뻐서 욺 |
| 카타카나 | 11 | プレゼント | | 선물 |
| | 12 | カップル | | 커플 |
| | 13 | ペアリング | | 커플링 |
| | 14 | サプライズ | | 서프라이즈 |
| | 15 | クリスマス | | 크리스마스 |
| | 16 | バレンタインデー | | 밸런타인데이 |

**Tip**

**10** 너무 기뻐서 행복하게 우는 것을 뜻해요. 합격, 프러포즈, 임신과 출산, 승진 등 인생에 찾아오는 행복한 사건을 맞이할 때 쓰곤 합니다.

예 生きてるうちに一度くらいはうれし泣きをしてみたい。
살아 있는 동안에 한 번쯤은 너무 기뻐서 울어 보고 싶어.

**11** '생일 선물'은 誕生日プレゼント라고 하는데, 보통 줄여서 誕プレ라고 해요.

예 誕プレもらった? 생일 선물 받았어?

**16** 요새는 친구에게 주는 友チョコ나 자기 자신에게 주는 自分チョコ, 상사나 아는 이성에게 형식상 의리로 전하는 義理チョコ 등을 주고받곤 합니다. 여성이 남성에게 초콜릿을 주는 バレンタインデー(밸런타인데이)와 달리, 남성이 여성에게 사탕을 주는 '화이트데이'는 ホワイトデー라고 해요.

| | | | | |
|---|---|---|---|---|
| い형용사 | 17 | 嬉しい | うれ·しい | 기쁘다 |
| 부사 | 18 | これからも | | 앞으로도 |
| 동사 | 19 | 選ぶ | えら·ぶ | 고르다,<br>선택하다 |
| | 20 | 祝う | いわ·う | 축하하다 |
| | 21 | 喜ぶ | よろこ·ぶ | 기뻐하다 |
| | 22 | 迎える | むか·える | 맞이하다 |
| | 23 | 心をこめる | こころ·をこめる | 마음을 담다 |
| | 24 | 覚える | おぼ·える | 외우다,<br>기억하다 |
| | 25 | 感動する | かん·どう·する | 감동하다 |

**Tip**

**17** 嬉しい는 기본적으로 '기쁘다'는 뜻이지만, 상황에 따라 '감사하다'라는 뜻을 내포하여 쓰이기도 해요.
예 仲良くしてくれると嬉しいです。 친하게 지내 주시면 감사해요.

**18** 커플 기념일에는 커플끼리 으레껏 「いつもありがとう。 これからもよろしくね。」(항상 고마워. 앞으로
도 잘 부탁해.)라는 말을 주고받곤 해요.

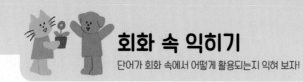
곧 다가올 기념일에 대해 친구와 이야기하며

A

今週の土曜日、彼氏と付き合って１年記念日なんだ。

B

え、もう１年？ 早いね！ お祝いとかするの？

A

うん。一応、私はサプライズで彼氏がずっと欲しがっていた財布をプレゼントするつもり。

B

わあ、いいね。絶対喜ぶよ。楽しみだね。

：해석：

A : 이번 주 토요일, 남자 친구랑 사귄 지 1주년 기념일이야.

B : 어, 벌써 1주년? 빠르다! 축하 선물 같은 건 할 거야?

A : 응. 일단 나는 서프라이즈로 남자 친구가 계속 갖고 싶어 했던 지갑을 선물하려고.

B : 와, 좋네. 분명 기뻐할 거야. 기대되겠다.

 단어

今週 이번 주 │ 土曜日 토요일 │ 彼氏 남자 친구 │ 付き合う 사귀다, 동행하다 │ 一応 일단 │ ずっと 계속, 쭉 │
欲しがる 갖고 싶어 하다 │ 財布 지갑 │ 楽しみ 기대됨

# 마무리 연습문제

**1.** 일본어와 뜻을 알맞게 연결해 보세요.

**❶** うれし泣き ・            ・ ① 축하하다

**❷** 記念日 ・                ・ ② 수제

**❸** 祝う ・                  ・ ③ 너무 기뻐서 욺

**❹** バレンタインデー ・      ・ ④ 기념일

**❺** 手作り ・                ・ ⑤ 밸런타인데이

**2.** 보기에서 알맞은 단어를 골라 우리말에 맞게 문장을 완성하고 소리 내어 읽어 보세요. 🎧 42-3.mp3

[보기]

喜ぶ | 覚える | 真剣 | 嬉しい | 選ぶ

**❶** 誕生日を祝ってくれてすごく_____です。

생일을 축하해 줘서 엄청 기뻐요.

**❷** 名前、_____くれてありがとう。

이름 기억해 줘서 고마워.

**❸** 彼女のプレゼントを_____。

여자 친구 선물을 고르다.

**❹** _____くれたら嬉しいです。

기뻐해 주면 감사하겠습니다.

272

# Unit 43

# 강연회

이런 단어, 알고 있나요?

중도 참가

인맥

연줄

몽땅

새하얗다

입담이 좋다

길을 잃다

앞뒤가 맞다

 잠깐! 먼저 QR코드를 찍으세요!

책을 펼치고
동영상 강의를 보면서
학습을 시작합니다!

 동영상 강의 보기 ×  mp3 파일 듣기 ×  본책

# 단어 읽는 법과 뜻 알기

품사별로 읽는 법과 뜻을 빠르게 익혀 보자!

🎧 43-1.mp3

| | | | | |
|---|---|---|---|---|
| 명사 | 01 | **出席** | しゅっ・せき | 출석, 참석 |
| | 02 | **欠席** | けっ・せき | 결석 |
| | 03 | **参加** | さん・か | 참가 |
| | 04 | **途中参加** | と・ちゅう・さん・か | 중도 참가 |
| | 05 | **演説** | えん・ぜつ | 연설 |
| | 06 | **司会** | し・かい | 사회 |
| | 07 | **紹介** | しょう・かい | 소개 |
| | 08 | **人脈** | じん・みゃく | 인맥 |
| | 09 | **講演会** | こう・えん・かい | 강연회 |

**Tip**

**06** 사회를 맡았을 때는 사역수동형 させる를 활용한 ～させていただきます([제가] ～하겠습니다)라는 표현
과 세트로 사용하곤 합니다.

예 本日司会を務めさせていただきます、○○と申します。
　 오늘 사회를 맡은 ○○라고 합니다.

| | | | | |
|---|---|---|---|---|
| 명사 | 10 | 展示会 | てん·じ·かい | 전시회 |
| 카타카나 | 11 | コネ | | 연줄, 백 |
| な형용사 | 12 | 真っ白だ | ま·っ·しろ·だ | 새하얗다 |
| | 13 | すごい | | 대단하다,<br>굉장하다 |
| い형용사 | 14 | 楽しい | たの·しい | 즐겁다 |
| | 15 | 話がうまい | はなし·がうまい | 말을 잘하다,<br>입담이 좋다 |
| 부사 | 16 | すっかり | | 몽땅, 죄다,<br>홀딱 |
| 동사 | 17 | 始まる | はじ·まる | 시작되다 |

**Tip**

**11** 원래는 コネクション이지만, 보통 줄임말로 표현해요. 또한 '연줄을 이용하다'는 コネを使う라고 하며, '낙하산'은 コネ入社라고 합니다.

　예　どうにかコネを使ってでも入社したい。 어떻게든 연줄을 이용해서라도 입사하고 싶다.

**12** 발표를 앞두고 머릿속이 백지상태가 되었을 때는 頭の中が真っ白になる(머릿속이 새하얘지다)라고 표현해요.

**13** 대단하다며 상대를 칭찬할 때 자주 쓰는 표현입니다. すごい를 더욱 강조할 때는 ものすごい(어마무시하다, 어마어마하다)라고 해요.

　예　1年がものすごく速い気がする。 1년이 어마무시하게 빠른 느낌이 든다.

**16** '까맣게 잊고 있었다'라고 할 때는 すっかり忘れていた라고 하니 세트로 외워 두세요.

| | | | |
|---|---|---|---|
| 동사 | 18 終わる | お·わる | 끝나다 |
| | 19 行う | おこな·う | 하다, 행하다, 거행하다 |
| | 20 逸れる | そ·れる | 빗나가다, 벗어나다 |
| | 21 滑る | すべ·る | 미끄러지다 |
| | 22 道に迷う | みち·に·まよ·う | 길을 잃다 |
| | 23 延期する | えん·き·する | 연기하다 |
| | 24 緊張する | きん·ちょう·する | 긴장하다 |
| | 25 筋が通る | すじ·が·とお·る | 앞뒤가 맞다, 이치에 맞다 |

**20** 대화 도중 이야기가 옆길로 샜을 때 話が逸れる(얘기가 빗나가다)라고 표현해요.

　예　ごめん、また話逸れちゃった！ 미안해, 또 얘기가 옆길로 새 버렸네.

**21** 해서는 안 될 말을 무심코 해서 아차 싶을 때 口が滑る(입을 잘못 놀리다)라고 합니다. 나도 모르게 입이 미끄러졌다는 뜻이에요.

　예　つい口が滑って本音を言ってしまった。
　　　그만 입을 잘못 놀려서 본심을 말해 버렸다.

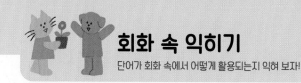

# 회화 속 익히기

단어가 회화 속에서 어떻게 활용되는지 익혀 보자!

🎧 43-2.mp3

강연회 사회를 맡아 줄 사람을 찾으며

A
加藤さん、明後日の講演会は出席されますか。

B
出席はしますが、用事があって途中参加になりそうなんです。

A
そうなんですね。もともと司会を務めていた方が体調を崩してしまったみたいで、今代わりの方を探しているんです。

B
それなら、鈴木さんも今回の講演会に参加すると言っていたので、鈴木さんに聞いてみましょうか。

A
本当ですか。助かります。

： 해석 ：

A : 가토 씨, 모레 강연회는 참석하시나요?

B : 참석은 하는데요, 볼일이 있어서 중도 참가가 될 것 같아요.

A : 그렇군요. 원래 사회를 맡으셨던 분이 몸 상태가 안 좋아진 것 같아서 지금 대신할 분을 찾고 있거든요.

B : 그럼 스즈키 씨도 이번 강연회에 참가할 거라고 했으니까 스즈키 씨한테 물어볼까요?

A : 정말요? (덕분에) 살았어요.

### 단어

明後日 모레 ┃ 用事 볼일, 용무 ┃ ～そうだ (동사의 ます형에 붙어) ～할 것 같다 ┃ もともと 원래 ┃
務める (역할을) 맡다 ┃ 方 분 ┃ 体調を崩す 몸 상태가 나빠지다 ┃ 代わり 대리, 대신 ┃
それなら 그렇다면, 그러면 ┃ 助かる 살아나다, 구제되다

# 마무리 연습문제

**1.** 일본어와 뜻을 알맞게 연결해 보세요.

① 途中参加 ·
と ちゅうさん か

② 真っ白だ ·
ま しろ

③ 話がうまい ·
はなし

④ すっかり ·

⑤ 演説 ·
えんぜつ

· ① 몽땅

· ② 중도 참가

· ③ 연설

· ④ 새하얗다

· ⑤ 입담이 좋다

**2.** 보기에서 알맞은 단어를 골라 우리말에 맞게 문장을 완성하고 소리 내어 읽어 보세요. 🎧 43-3.mp3

> [보기]
>
> 講演会 | すごい | 延期する | コネ | 道に迷う
> こうえんかい          えん き            みち まよ

① ＿＿＿＿＿＿＿＿に出席する人数を教えてください。
しゅっせき         にんずう    おし

　강연회에 참석할 인원수를 가르쳐 주세요.

② 会場まで行くのに＿＿＿＿＿＿ました。
かいじょう    い

　회장까지 가는 데 길을 잃었어요.

③ 悪天候のため＿＿＿＿＿＿ます。
あくてんこう

　궂은 날씨로 인해 연기합니다.

④ 親の＿＿＿＿＿＿で入社する。
おや            にゅうしゃ

　부모님 연줄로 입사하다.

278

# PART 7

# SNS·미디어·
# IT 관련

# PART 7

# 인터넷

이런 단어, 알고 있나요?

저장

와이파이

컴퓨터

복사

구글링하다

로그인

바꾸다

복붙하다

 잠깐! 먼저 QR코드를 찍으세요!

책을 펼치고
동영상 강의를 보면서
학습을 시작합니다!

 동영상 강의 보기　×　 mp3 파일 듣기　×　 본책

# 단어 읽는 법과 뜻 알기

품사별로 읽는 법과 뜻을 빠르게 익혀 보자!

🎧 44-1.mp3

| | | | | |
|---|---|---|---|---|
| 명사 | 01 | 携帯 | けい·たい | 휴대폰 |
| | 02 | 検索 | けん·さく | 검색 |
| | 03 | 電源 | でん·げん | 전원 |
| | 04 | 接続 | せつ·ぞく | 접속 |
| | 05 | 保存 | ほ·ぞん | 보존, 저장 |
| | 06 | 通信速度 | つう·しん·そく·ど | 통신 속도 |
| 카타카나 | 07 | Wi-Fi | ワイ·ファイ | 와이파이 |
| | 08 | エラー | | 에러 |
| | 09 | パソコン | | 컴퓨터 |

**Tip**

01 원래는 携帯電話(けいたいでんわ)라고 하지만, 줄여서 携帯(けいたい)라고도 해요.

05 保存(ほぞん)은 우리말의 '저장'을 뜻해요. 그래서 휴대폰의 저장 버튼에는 일본어로 保存(ほぞん)이라고 적혀 있답니다.

07 일본의 카페는 대부분 와이파이가 없어요. 급히 와이파이존을 찾는다면 스타벅스에 가는 걸 추천해요.

예 ここってWi-Fi(ワイ ファイ)ありますか。여기 와이파이 있나요?

09 '노트북'은 ノートパソコン이라고 해요.

| | | | | |
|---|---|---|---|---|
| | 10 | インターネット | | 인터넷 |
| | 11 | コピー | | 복사 |
| | 12 | クリック | | 클릭 |
| 카타카나 | 13 | ググる | | 구글링하다,<br>구글에서 검색<br>하다 |
| | 14 | ダウンロード | | 다운로드 |
| | 15 | ログイン | | 로그인 |
| | 16 | ログアウト | | 로그아웃 |
| い형용사 | 17 | 速い | はや·い | (속도가) 빠르다 |

**Tip**

10 줄여서 ネット라고도 해요.

13 '구글(Google)'은 グーグル라고 하는데요. ググる의 경우, 「グーグル(구글)+する(하다)」의 합성어로 '구글에서 검색하다'라는 뜻이에요. 일상 회화에서도 많이 씁니다.

예 分からなかったらググってみてね! 모르겠으면 구글링해 봐!

17 '빠르다'는 はやい라고 해요. 이때 '빠를 조(早)' 자를 써서 早い라고 하면 '(어떠한 기준이나 예정보다 시간이) 이르다'는 뜻이고, '빠를 속(速)' 자를 써서 速い라고 하면 '(동작의 속도가) 빠르다'는 뜻이 됩니다. 한자에 따른 뉘앙스 차이를 꼭 알아 두세요.

예 早く起きる。일찍 일어나다. 〈시간〉 | 頭の回転が速い。머리 회전이 빠르다. 〈속도〉

| | | | | |
|---|---|---|---|---|
| い형용사 | 18 | **遅い** | おそ·い | (속도가) 느리다 |
| 동사 | 19 | **つながる** | | 연결되다,<br>이어지다 |
| | 20 | **開く** | ひら·く | 열다 |
| | 21 | **替える** | か·える | 바꾸다, 갈다 |
| | 22 | **閉じる** | と·じる | 닫다 |
| | 23 | **貼り付ける** | は·り·つ·ける | 갖다 붙이다 |
| | 24 | **修理する** | しゅう·り·する | 수리하다 |
| | 25 | **コピペする** | | 복붙하다<br>(Ctrl C+Ctrl V) |

**Tip**

**19** '와이파이가 연결되지 않을 때'는 Wi-Fiがつながりません(와이파이가 안 돼요)이라고 말하면 돼요.

**21** '바꾸다'는 かえる라고 합니다. 이때 '변할 변(変)' 자를 써서 変える라고 하면 '(지금까지와는 색다르게) 바 꾸다'는 뜻이 되고, '바꿀 체(替)' 자를 써서 替える라고 하면 '(지금까지 쓰던 것을 같은 종류의 새것으로) 바꾸다'는 뜻이 돼요. 한자에 따른 뉘앙스 차이를 꼭 알아 두세요.

예 環境を変えると、自然に考えも変わると思う。 환경을 바꾸면 자연스레 생각도 바뀐다고 생각해.
新しい携帯に替えました。 새 휴대폰으로 바꿨어요.

인터넷 접속이 잘 안 될 때

**A** あれ、インターネットの接続が悪いですね。

**B** そうなんですよ。昨日からずっとエラーが出ていて。
なので重要な資料はUSBとかに保存しておいた方が
いいですよ。

**A** そうですね。そうします。修理してもらうように人を
呼びましょうか。

**B** 呼びましょう。これを機会に通信速度も５Ｇに替えま
しょうか。

: 해석 :

A : 엇, 인터넷 접속이 나쁘네요.

B : 맞아요. 어제부터 계속 에러가 나서. 그래서 중요한 자료는 USB 같은 데에 저장해 두는 게 좋아요.

A : 그러네요. 그럴게요. 수리받게 사람을 부를까요?

B : 부릅시다. 이걸 기회로 통신 속도도 5G로 바꿀까요?

悪い 나쁘다 | ずっと 계속, 쭉 | 出る 나가다, 나오다 | 重要だ 중요하다 | 呼ぶ 부르다 | これ 이것 |
機会 기회

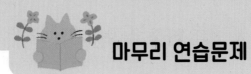

# 마무리 연습문제

1. 일본어와 뜻을 알맞게 연결해 보세요.

1 ググる •

2 つながる •

3 保存 •
　ほ ぞん

4 コピー •

5 ログアウト •

• ① 복사

• ② 저장

• ③ 연결되다

• ④ 로그아웃

• ⑤ 구글링하다

2. 보기에서 알맞은 단어를 골라 우리말에 맞게 문장을 완성하고 소리 내어 읽어 보세요. 🎧 44-3.mp3

[보기]

接続 ｜ 遅い ｜ クリック ｜ 貼り付ける ｜ 電源
せつぞく　おそ　　　　　　　　　　　　は　つ　　　　でんげん

1 パソコンの＿＿＿＿＿を入れてください。
　　　　　　　　　　　　　　　　い

컴퓨터 전원을 켜 주세요.

2 通信が＿＿＿＿＿。
　つうしん

통신이 느리다.

3 コピペして＿＿＿＿＿＿だけなので楽です。
　　　　　　　　　　　　　　　　　　　らく

복붙해서 갖다 붙이기만 하면 돼서 편해요.

4 ＿＿＿＿＿に問題があるようです。
　　　　　　　もんだい

접속에 문제가 있는 것 같아요.

286

# 스마트폰

이런 단어, 알고 있나요?

기기 변경

최저가

충전

스마트폰

폴더폰

심카드

아이패드

새로 사서
바꾸다

 잠깐! 먼저 QR코드를 찍으세요!

책을 펼치고
동영상 강의를 보면서
학습을 시작합니다!

 ×  ×

동영상 강의 보기   mp3 파일 듣기   본책

# 단어 읽는 법과 뜻 알기

품사별로 읽는 법과 뜻을 빠르게 익혀 보자!

🎧 45-1.mp3

| | | | |
|---|---|---|---|
| 명사 | 01 | 機能 | き·のう | 기능 |
| | 02 | 機種 | き·しゅ | 기종 |
| | 03 | 機種変 | き·しゅ·へん | 기변 (기기 변경의 줄임말) |
| | 04 | 最新 | さい·しん | 최신 |
| | 05 | 解約 | かい·やく | 해약 |
| | 06 | 最安値 | さい·やす·ね | 최저가 |
| | 07 | 格安 | かく·やす | 저가 |
| | 08 | 電池 | でん·ち | 전지 |

**Tip**

03 '기기 변경'은 機種変更(きしゅへんこう)라고 하는데, 줄여서 機種変(きしゅへん)이라고 해요.

06 길거리를 지나다니다 보면 業界最安値(ぎょうかいさいやすね)(업계 최저가)를 내세운 광고 푯말을 종종 볼 수 있습니다.

07 평균값이나 품질에 비해 저렴한 경우에 씁니다. 예를 들어 '저가 휴대폰'의 경우 格安(かくやす)スマホ라고 하고, '저가 항공사'의 경우 格安航空会社(かくやすこうくうがいしゃ)라고 해요.

08 電池(でんち)는 건전지 및 충전지, 나아가 우리말의 '배터리'를 의미해요. 휴대폰이나 노트북 등에 '배터리가 없다'고 할 때는 電池(でんち)가 없다고 해요.

| | | | | |
|---|---|---|---|---|
| 명사 | 09 | **充電** | じゅう・でん | 충전 |
| | 10 | **スマートフォン** | | 스마트폰 |
| | 11 | **ガラケー** | | 피처폰, 폴더폰 |
| | 12 | **simカード** | シム・カード | 심카드 |
| 카타카나 | 13 | **アイパッド** | | 아이패드 |
| | 14 | **アイフォン** | | 아이폰 |
| | 15 | **アップル** | | 애플 |
| | 16 | **ギャラクシー** | | 갤럭시 |
| | 17 | **ソフトバンク** | | 소프트뱅크 |

**Tip**

**09** '충전기'는 充電器라고 해요. 일상생활에서 필수 물품이니 알아 두면 좋겠죠?

예  やば! 充電してない! もうすぐ電池きれそう。 헐! 충전 안 했다! 이제 곧 배터리 나갈 것 같아.

**10** 보통 줄여서 スマホ라고 해요.

**11** 스마트폰 이전의 '폴더폰'을 ガラパゴス携帯라고 하는데, 이를 줄여서 간단히 ガラケー라고 해요.

**17** 일본의 3대 통신사는 ドコモ(도코모), ソフトバンク(소프트뱅크), au(에이유)입니다.

| | | | | |
|---|---|---|---|---|
| い형용사 | 18 | **古い** | ふる・い | 낡다, 오래되다 |
| | 19 | **羨ましい** | うらや・ましい | 부럽다 |
| | 20 | **優れる** | すぐ・れる | 우수하다, 훌륭하다 |
| | 21 | **買い替える** | か・い・か・える | 새로 사서 바꾸다 |
| 동사 | 22 | **故障する** | こ・しょう・する | 고장 나다 |
| | 23 | **壊れる** | こわ・れる | 부서지다, 파괴되다 |
| | 24 | **割れる** | わ・れる | 깨지다 |
| | 25 | **修理に出す** | しゅう・り・に・だ・す | 수리를 맡기다 |

**Tip**

**21** 買う(사다)와 替える(갈다, 바꾸다)가 합쳐진 말로, 휴대폰이나 컴퓨터 등을 새로 사서 바꿀 때 자주 쓰는 표현이에요.

예 そろそろアイフォンを買い替えようと思っています.
슬슬 아이폰을 새로 사서 바꿀까 생각하고 있어요.

**24** '액정이 깨지다'는 画面が割れる라고 해요.

**25** 제품이 고장 나면 'AS를 맡긴다'고 표현하죠. 이에 해당하는 일본어가 修理に出す예요.

할인받아 기변했을 때

A
俺、アイフォン１３予約したよ。

B
え、本当に？ いいな。羨ましい。

A
今のアイフォンは、もう３年くらい使ったからさ。
ソフトバンクに行ったら今、機種変したら割引されるっ
て言われて予約しちゃった。

B
私も今のアイフォン２年くらい経つんだよね。しかも
新しいアイフォンってカメラの機能がすごくいいんだ
よね。私も機種変しようかな。

∶해석∶

A : 나, 아이폰13 예약했어.

B : 어, 진짜? 좋겠다. 부러워.

A : 지금 아이폰은 벌써 3년 정도 썼거든. 소프트뱅크에 갔더니 지금 기변하면 할인된다고 하길래 예약해
버렸어.

B : 나도 지금 아이폰 2년 정도 지났지 뭐야. 게다가 새로운 아이폰은 카메라 기능이 엄청 좋다잖아.
나도 기변할까?

 단어

俺 (남성이 본인을 지칭할 때) 나 ｜ いい 좋다 ｜ 今 지금 ｜ もう 이제, 이미, 벌써 ｜ くらい 정도 ｜ 使う 사용하다 ｜
割引 할인 ｜ 経つ 지나다, 경과하다 ｜ しかも 게다가 ｜ 新しい 새롭다 ｜ すごく 굉장히, 엄청

291

# 마무리 연습문제

**1.** 일본어와 뜻을 알맞게 연결해 보세요.

① <ruby>最安値<rt>さいやす ね</rt></ruby>　　　•

② <ruby>修理に出す<rt>しゅう り　　だ</rt></ruby>　•

③ <ruby>機種変<rt>き しゅへん</rt></ruby>　　　•

④ <ruby>羨ましい<rt>うらや</rt></ruby>　　　•

⑤ アイフォン　•

•　① 수리를 맡기다

•　② 아이폰

•　③ 부럽다

•　④ 최저가

•　⑤ 기변

**2.** 보기에서 알맞은 단어를 골라 우리말에 맞게 문장을 완성하고 소리 내어 읽어 보세요. 🎧 45-3.mp3

[보기]

アイパッド ｜ ガラケー ｜ <ruby>壊れる<rt>こわ</rt></ruby> ｜ <ruby>割れる<rt>わ</rt></ruby> ｜ アイフォン

① <ruby>昨日<rt>きのう</rt></ruby>、<ruby>新<rt>あたら</rt></ruby>しい_____<ruby>予約<rt>よ やく</rt></ruby>してきたよ。

어제 새 아이패드 예약하고 왔어.

② ついこの<ruby>前<rt>まえ</rt></ruby>_____<ruby>13<rt>じゅうさん</rt></ruby>が<ruby>発売<rt>はつばい</rt></ruby>されました。

바로 얼마 전에 아이폰13이 발매되었습니다.

③ <ruby>携帯<rt>けいたい</rt></ruby>を<ruby>落<rt>お</rt></ruby>として<ruby>画面<rt>が めん</rt></ruby>が_____ました。

휴대폰을 떨어뜨려서 액정이 깨졌어요.

④ スマホの<ruby>前<rt>まえ</rt></ruby>は_____でした。

스마트폰 전에는 폴더폰이었어요.

# 인스타그램

이런 단어, 알고 있나요?

악플 쇄도

포샵 처리

업로드

태그 걸기

계정

맞팔

인스타 감성

차단

잠깐! 먼저 QR코드를 찍으세요!

책을 펼치고
동영상 강의를 보면서
학습을 시작합니다!

동영상 강의 보기

×

mp3 파일 듣기

×

본책

# 단어 읽는 법과 뜻 알기

품사별로 읽는 법과 뜻을 빠르게 익혀 보자!

🎧 46-1.mp3

| 명사 | | | | |
|---|---|---|---|---|
| | 01 | 写真 | しゃ・しん | 사진 |
| | 02 | 加工 | か・こう | 포(토)샵 처리 |
| | 03 | 別人 | べつ・じん | 딴사람 |
| | 04 | 削除 | さく・じょ | 삭제 |
| | 05 | 投稿 | とう・こう | 투고, 업로드 |
| | 06 | 非公開 | ひ・こう・かい | 비공개 |
| | 07 | 通知 | つう・ち | 통지 |
| | 08 | 炎上 | えん・じょう | 악플 쇄도 |

**Tip**

**01** '사진을 찍다'는 写真を撮る라고 해요. 그리고 다른 사람에게 사진을 찍어 달라고 부탁할 때는「すみません、写真を撮ってもらえますか。」(저기요, 사진 좀 찍어 주실 수 있으세요?)라고 하면 됩니다.

**02** 加工는 우리말로 '포(토)샵 처리'에 해당해요.

**03** '딴사람이 되다'는 別人になる라고 해요.
　예 アプリで撮ったら別人になりました。 앱으로 찍었더니 딴사람이 됐어요.

**05** '재업로드'는 再投稿라고 해요.

**08** 인터넷상에서 비난의 대상이 되어 악플이 빗발치는 것을 의미해요.
　예 インスタライブで言いたかったけど、炎上が怖くて言えなかった。
　　　인스타 라이브에서 말하고 싶었지만, 악플 쇄도가 무서워서 말하지 못했다.

| | | | | |
|---|---|---|---|---|
| 명사 | 09 | **本垢** | ほん・あか | 본계정, 메인 계정 |
| | 10 | **鍵垢** | かぎ・あか | 비계정, 비공개 계정 |
| | 11 | **趣味垢** | しゅ・み・あか | 취미 계정 |
| 카타카나 | 12 | **インスタグラム** | | 인스타그램 |
| | 13 | **インスタ映え** | インスタ・ば・え | 인스타 감성 |
| | 14 | **アカウント** | | 어카운트, 계정 |
| | 15 | **ストーリー** | | 스토리 |
| | 16 | **タグ付け** | タグ・づ・け | 태그 걸기 |
| | 17 | **コメント** | | 코멘트, 댓글 |

**Tip**

**10** 모두가 볼 수 없게 비공개로 전환한 계정을 말해요. 비공개로 할 때에는 鍵をつける(열쇠를 달다)라는 표현도 씁니다. 또한 비밀로 활동하고 싶을 때 만드는 '부계정'은 裏垢라고 해요.

**13** 인스타 특유의 아름다운 감성이 묻어나오는 것을 의미해요.
예 インスタ映えしそうなかわいいカフェがある。 인스타 감성일 것 같은 예쁜 카페가 있다.

**14** 줄여서 アカ라고 하는데, 발음이 같은 한자 '때 구(垢)' 자로 표현하기도 해요.

**17** 줄여서 コメ라고 해요.

| | 18 | **DM** | ディー・エム | 디엠<br>(다이렉트 메시지<br>의 줄임말) |
|---|---|---|---|---|
| 카<br>타<br>카<br>나 | 19 | **ハッシュタグ** | | 해시태그(#) |
| | 20 | **相互フォロー** | そう・ご・フォロー | 맞팔 |
| | 21 | **ブロック** | | 블록, 차단 |
| | 22 | **消す** | け・す | 지우다 |
| 동<br>사 | 23 | **上げる** | あ・げる | 올리다 |
| | 24 | **ばれる** | | 들키다,<br>들통나다 |
| | 25 | **話題になる** | わ・だい・になる | 화제가 되다 |

**Tip**

**18** 인스타그램 등 SNS의 ダイレクトメッセージ(다이렉트 메시지)를 줄여서 DM(ディーエム)라고 해요.
　　예 お気軽にDM(ディーエム)ください。편하게 DM 주세요.

**23** '사진을 올리다'는 写真を上げる라고 합니다.

**24** 숨겨 오던 것을 들켰을 때 쓰는 표현으로, 일상 회화에서도 많이 쓰는 말이에요.
　　예 バイト先の先輩に裏垢ばれちゃった。알바처 선배한테 부계정 들켜 버렸어.

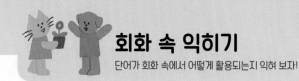

# 회화 속 익히기

단어가 회화 속에서 어떻게 활용되는지 익혀 보자!

🎧 46-2.mp3

인스타에서 벌어진 사건에 대해 얘기하며

A

昨日のさなちゃんのインスタみた？

B

え、どうしたの？ 炎上したの？

A

そうそう。彼氏と喧嘩して不満を投稿して、
しかもその投稿に彼氏をタグ付けしてたの。

B

それはやばいね。しかもさなちゃん、鍵垢じゃないよね？

A

うん。鍵垢じゃないし、本垢だから友達、皆に公開さ
れたよね。

：解석：

A：어제 사나 인스타 봤어?

B：어, 무슨 일이야? 악플 쇄도했어?

A：맞아 맞아. 남자 친구랑 싸우고 불만을 업로드해서, 게다가 그 업로드에 남자 친구를 태그 걸었었어.

B：그건 좀 너무했다. 게다가 사나, 비계정 아니지 않아?

A：응. 비계정이 아니고 본계정이니까 친구, 모두한테 공개됐지.

**단어**

昨日 어제 ｜ どうしたの？ 무슨 일이야? ｜ 彼氏 남자 친구 ｜ 喧嘩 다툼, 싸움 ｜ 不満 불만 ｜ しかも 게다가 ｜
やばい 위험하다, 너무하다, 대박이다 ｜ 皆 모두 ｜ 公開 공개

297

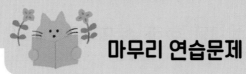

# 마무리 연습문제

**1.** 일본어와 뜻을 알맞게 연결해 보세요.

① 相互フォロー（そうご） •　　　　　　　　　• ① 화제가 되다

② 投稿（とうこう） •　　　　　　　　　　• ② 맞팔

③ ハッシュタグ •　　　　　　　　　　• ③ 지우다

④ 消す（け） •　　　　　　　　　　　• ④ 업로드

⑤ 話題になる（わだい） •　　　　　　　• ⑤ 해시태그

**2.** 보기에서 알맞은 단어를 골라 우리말에 맞게 문장을 완성하고 소리 내어 읽어 보세요. 🎧 46-3.mp3

> [보기]
>
> 趣味垢（しゅみあか） | 炎上（えんじょう） | 非公開（ひこうかい） | ストーリー | タグ付け（づ）

① 昨日の投稿が問題になって＿＿＿＿＿＿した。（きのう・とうこう・もんだい）

어제 글 올린 게 문제가 되어서 악플이 쇄도했다.

② インスタを＿＿＿＿＿＿にしました。

인스타를 비공개로 했어요.

③ アイドルを応援する＿＿＿＿＿＿があります。（おうえん）

아이돌을 응원하는 취미 계정이 있어요.

④ 写真に＿＿＿＿＿＿してもいいですか。（しゃしん）

사진에 태그 걸어도 괜찮아요?

# Unit 47

# 유튜브

## 이런 단어, 알고 있나요?

동영상

구독

배속

재생

인기

광고

뷰티 유튜버

일상

 잠깐! 먼저 QR코드를 찍으세요!

책을 펼치고
동영상 강의를 보면서
학습을 시작합니다!

 동영상 강의 보기 ✕  mp3 파일 듣기 ✕  본책

# 단어 읽는 법과 뜻 알기

품사별로 읽는 법과 뜻을 빠르게 익혀 보자!

🎧 47-1.mp3

| | | | | |
|---|---|---|---|---|
| 명사 | 01 | 動画 | どう・が | 동영상 |
| | 02 | 編集 | へん・しゅう | 편집 |
| | 03 | 再生 | さい・せい | 재생 |
| | 04 | 再生回数 | さい・せい・かい・すう | 재생 횟수 |
| | 05 | 登録 | とう・ろく | 등록, 구독 |
| | 06 | 人気 | にん・き | 인기 |
| | 07 | 宣伝 | せん・でん | 선전 |
| | 08 | 広告 | こう・こく | 광고 |
| | 09 | 倍速 | ばい・そく | 배속 |

**Tip**

**05** 유튜브에서의 '채널 구독'은 チャンネル登録(とうろく)라고 해요.

예 いいねとチャンネル登録(とうろく)お願(ねが)いします。 좋아요랑 채널 구독 부탁드려요.

**09** 유튜브나 넷플릭스 등 영상 매체를 볼 때 자주 쓰는 표현이에요.

예 つまらないところは倍速(ばいそく)で飛(と)ばしながら見(み)た。 재미없는 부분은 배속으로 넘기면서 봤다.

| | | | |
|---|---|---|---|
| 명사 | 10 | 美容系 | び·よう·けい | 뷰티 유튜버 |
| | 11 | 辛口 | から·くち | (평가나 발언 등이) 신랄한 것 |
| | 12 | 日常 | にち·じょう | 일상 |
| | 13 | 撮影 | さつ·えい | 촬영 |
| | 14 | 隠しカメラ | かく·し·カメラ | 몰래카메라 |
| 카타카나 | 15 | ドッキリ | | 몰카 방송 |
| | 16 | 質問コーナー | しつ·もん·コーナー | 질문 코너 |
| | 17 | サムネ | | 섬네일 |

---

**Tip**

**10** 메이크업을 잘하는 유튜버를 일본에서는 美容系ユーチューバー(뷰티 유튜버)라고 합니다. 참고로 '먹방 유튜버'는 大食いユーチューバー라고 해요.

**11** 辛口는 주어에 따라 다양한 의미를 갖는데요. 음식 맛을 나타낼 때는 '매운맛'을 뜻하고, 맛을 표현할 때는 '드라이한 느낌의 쌉싸름한 맛'을 뜻해요. 또한 댓글을 신랄하게 달 때에는 辛口コメント(신랄한 댓글)라고 해요.

**14/15** 다른 사람 모르게 설치한 카메라 혹은 그 카메라로 촬영하는 것을 말해요.
　　예 ドッキリかと思って隠しカメラ探してたの。 몰카 방송이라고 생각해서 몰래카메라 찾고 있었어.

**17** '섬네일'은 サムネイル라고 해요. 보통 줄여서 サムネ라고 합니다.

| | | | | | |
|---|---|---|---|---|---|
| 카타카나 | 18 | ユーチューブ | | | 유튜브 |
| | 19 | レビュー | | | 리뷰 |
| | 20 | ファン | | | 팬 |
| | 21 | アンチコメント | | | 악플 |
| | 22 | 飯テロ | めし・テロ | | 밥 테러 |
| い형용사 | 23 | つまらない | | | 재미없다 |
| 동사 | 24 | 飛ばす | と・ばす | | 날리다 |
| | 25 | 書き込む | か・き・こ・む | | 써넣다, 기입하다 |

---

**Tip**

**18** '유튜버'는 ユーチューバー라고 합니다. 요즘에는 人気ユーチューバー(인기 유튜버)도 많죠?

**21** アンチ(안티)와 コメント(코멘트)의 합성어입니다. 줄여서 アンチコメ라고 해요.

**22** 飯(밥)와 テロ(테러)의 합성어로, 테러에 가까울 정도로 다른 사람의 식욕을 자극하는 것을 말합니다. 특히 밤늦게 맛있는 음식 사진을 올려서 유혹하거나, 다이어트 중인 사람에게 음식 사진을 보내서 먹고 싶게 만드는 상황에서 쓸 수 있어요. 우리말로 '위꼴사(위가 꼴리는 사진)'에 비유되기도 해요.

　예　飯テロに引っかかってガッツリご飯を食べてしまった。
　　　밥 테러에 걸려들어서 잔뜩 밥을 먹어 버렸다.

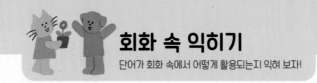

재미있는 유튜브 채널을 물어보며

A おすすめのユーチューブチャンネルはありますか。

B どんなジャンルが好<sub>す</sub>きですか。美容系<sub>びようけい</sub>？ モッパン？

A 私<sub>わたし</sub>は、美容系<sub>びようけい</sub>も好<sub>す</sub>きなんですけど、最近<sub>さいきん</sub>はドッキリを見<sub>み</sub>るのにはまっています。

B このチャンネルなんてどうですか。サムネからして面白<sub>おもしろ</sub>そうじゃないですか。

---

：解석：

A : 추천하는 유튜브 채널은 있어요?

B : 어떤 장르를 좋아해요? 뷰티? 먹방?

A : 저는 뷰티도 좋아하는데요, 요즘은 몰카 방송을 보는 것에 푹 빠져 있어요.

B : 이 채널 같은 거 어때요? 섬네일부터가 재밌을 것 같지 않아요?

**단어**

**おすすめ** 추천 │ **どんな** 어떤 │ **ジャンル** 장르 │ **モッパン** 먹방(한국 콘텐츠의 유행으로 일본에서 그대로 쓰이는 말)
**はまる** 빠지다, 열중하다 │ **〜なんて** 〜같은 거, 〜따위 │ **〜からして** 〜부터가, 〜로 보아 │ **面白<sub>おもしろ</sub>い** 재미있다

# 마무리 연습문제

**1.** 일본어와 뜻을 알맞게 연결해 보세요.

① 倍速 <sup>ばいそく</sup> •

② 撮影 <sup>さつえい</sup> •

③ 再生回数 <sup>さいせいかいすう</sup> •

④ 広告 <sup>こうこく</sup> •

⑤ 日常 <sup>にちじょう</sup> •

• ① 재생 횟수

• ② 일상

• ③ 배속

• ④ 촬영

• ⑤ 광고

**2.** 보기에서 알맞은 단어를 골라 우리말에 맞게 문장을 완성하고 소리 내어 읽어 보세요. 🎧 47-3.mp3

[보기]

ドッキリ | アンチコメント | 編集 <sup>へんしゅう</sup> | 撮影 <sup>さつえい</sup> | サムネ

① _____は無視 <sup>む し</sup>してください。

악플은 무시해 주세요.

② 今日 <sup>きょう</sup>はVlog <sup>ブイログ</sup>を_____します。

오늘은 브이로그를 촬영할게요.

③ _____は思 <sup>おも</sup>ったより時間 <sup>じ かん</sup>がかかる。

편집은 생각보다 시간이 걸린다.

④ ユーチューブは_____が重要 <sup>じゅうよう</sup>だ。

유튜브는 섬네일이 중요하다.

# 넷플릭스

이런 단어, 알고 있나요?

월정액

밤샘

다크서클

앱

대히트

심쿵

예능 방송

몰아서 보다

잠깐! 먼저 QR코드를 찍으세요!

책을 펼치고
동영상 강의를 보면서
학습을 시작합니다!

 　✕　  　✕　

동영상 강의 보기　　mp3 파일 듣기　　　본책

| | | | |
|---|---|---|---|
| 명사 | 01 映画 | えい・が | 영화 |
| | 02 作品 | さく・ひん | 작품 |
| | 03 視聴率 | し・ちょう・りつ | 시청률 |
| | 04 月額 | げつ・がく | 월정액 |
| | 05 共有 | きょう・ゆう | 공유 |
| | 06 音声 | おん・せい | 음성 |
| | 07 字幕 | じ・まく | 자막 |
| | 08 夜更かし | よ・ふ・かし | 밤샘 |
| | 09 くま | | 다크서클 |

### Tip

**05** 共有(공유)는 シェア로 바꿔 쓸 수 있어요. シェアする라고 하면 '공유하다'라는 뜻이 돼요.

**08** '밤새다'는 夜更かしする라고 해요.

예 ドラマにはまって夜更かししてしまった。 드라마에 빠져서 밤새 버렸다.

**09** '다크서클'은 目の下のくま라고 하는데, 보통 줄여서 くま라고 해요.

예 寝不足で目の下にくまができた。 수면 부족으로 눈 밑에 다크서클이 생겼다.

| 명사 | 10 | 配信 | はい・しん | (데이터 등의) 전송, 방송 |
|---|---|---|---|---|
| 카타카나 | 11 | ネットフリックス | | 넷플릭스 |
| | 12 | アプリ | | 앱 |
| | 13 | オリジナル | | 오리지널 |
| | 14 | ランキング | | 랭킹 |
| | 15 | 大ヒット | だい・ヒット | 대히트 |
| | 16 | サバイバル | | 서바이벌 |
| | 17 | ホラー | | 호러, 공포 |

Tip

**10** 配信은 인터넷을 통해서 작품을 내보낸다는 뜻으로, 인터넷 방송에서 자주 쓰는 표현이에요. 참고로 이때 '인터넷 생방송'은 生配信이라고 하는데요. 우리말 '방송'을 그대로 직역한 일본어 放送의 경우, TV나 라디오와 같은 전기통신기술의 전파를 이용해서 정보를 보낼 때 쓰는 표현으로, 이때의 '생방송'은 生放送라고 해요.

예 ライブで配信します。 라이브로 방송할게요.
　 ネットフリックスで第6話まで配信中です。 넷플릭스에서 제6화까지 방송 중입니다.

**11** 줄여서 ネトフリ라고도 해요.

**17** '공포 영화'는 ホラー映画라고 해요.

| | | | | |
|---|---|---|---|---|
| 카타카나 | 18 | 胸キュン | むね・キュン | 심쿵 |
| | 19 | バラエティー番組 | バラエティー・ばん・ぐみ | 예능 방송 |
| 이 형용사 | 20 | 怖い | こわ・い | 무섭다 |
| | 21 | 幅広い | はば・ひろ・い | 폭넓다 |
| 동사 | 22 | ずれる | | 어긋나다 |
| | 23 | 注目を集める | ちゅう・もく・を・あつ・める | 주목을 끌다 |
| | 24 | 秒で終わる | びょう・で・お・わる | 순식간에 끝나다 |
| | 25 | 一気に見る | いっ・き・に・み・る | 몰아서 보다, 정주행하다 |

**Tip**

**24** 秒는 시간 단위인 '초'를 나타내지만 초 단위로 표현할 만큼 빠른 시간을 가리켜서 '순식간, 금방, 곧장'을 의미하기도 해요.
예 秒で行きます。곧장 갈게요.
ネットフリックス見てたら土日が秒で終わった。넷플릭스 보고 있었더니 주말이 순식간에 끝났다.

**25** 같은 뜻이지만 형태를 바꿔서 一気見する라고도 해요.
예 面白すぎて一気見しちゃった。너무 재밌어서 몰아서 봐 버렸다.

친구에게 넷플릭스를 추천하며

A ねね、イカゲーム見た？

B あ、ネットフリックスの？ 僕ネットフリックス入ってないんだよね。

A えええ、なんで？！ 月額1,000円で見放題だよ！？

B 僕、他の動画サイトを利用してるんだよね。

A でも絶対、ネットフリックスがいいと思うよ！
オリジナルドラマとか結構面白いし！

: 해석 :

A : 있잖아, 오징어 게임 봤어?

B : 아, 넷플릭스 거? 나 넷플릭스 가입 안 했어.

A : 어, 왜?! 월정액 1000엔으로 무제한 보기인데!?

B : 나, 다른 동영상 사이트를 이용하고 있거든.

A : 그래도 절대로 넷플릭스가 좋다고 생각해! 오리지널 드라마라든지 꽤 재미있고!

## 단어

**イカゲーム** 오징어 게임(넷플릭스의 한국 드라마) | **なんで** 어째서, 왜 | **見放題** 무제한 보기 | **他の** 다른 |
**動画サイト** 동영상 사이트 | **利用** 이용 | **絶対(に)** 절대로 | **面白い** 재미있다

309

## 마무리 연습문제

**1.** 일본어와 뜻을 알맞게 연결해 보세요.

❶ 夜更かし　•

❷ 大ヒット　•

❸ くま　•

❹ 視聴率　•

❺ 怖い　•

　• ① 시청률

　• ② 무섭다

　• ③ 밤샘

　• ④ 대히트

　• ⑤ 다크서클

**2.** 보기에서 알맞은 단어를 골라 우리말에 맞게 문장을 완성하고 소리 내어 읽어 보세요. 🎧 48-3.mp3

[보기]

**オリジナル ｜ アプリ ｜ ランキング ｜ 胸キュン ｜ 月額**

❶ ネットフリックス_____のドラマが面白いです。

넷플릭스 오리지널 드라마가 재미있어요.

❷ _____500円です。

월정액 500엔이에요.

❸ イカゲームは今週の_____1位です。

오징어 게임은 이번 주 랭킹 1위예요.

❹ _____するドラマはありますか。

심쿵하는 드라마는 있어요?

# 인터넷 쇼핑

싹쓸이 쇼핑

찜하기

품절

배송비

문의

에누리

포인트

분위기에 휩쓸려서

잠깐! 먼저 QR코드를 찍으세요!

책을 펼치고
동영상 강의를 보면서
학습을 시작합니다!

동영상 강의 보기   ✕   mp3 파일 듣기   ✕   본책

# 단어 읽는 법과 뜻 알기

품사별로 읽는 법과 뜻을 빠르게 익혀 보자!

| | | | | |
|---|---|---|---|---|
| 명사 | 01 | 爆買い | ばく・が・い | 싹쓸이 쇼핑 |
| | 02 | お気に入り | お・き・に・い・り | 찜하기, 관심 상품 |
| | 03 | 楽しみ | たの・しみ | 기대됨 |
| | 04 | 品切れ | しな・ぎ・れ | 품절 |
| | 05 | 送料 | そう・りょう | 배송비 |
| | 06 | 代引き | だい・び・き | 현장 현금 결제 |
| | 07 | 歯止め | は・ど・め | 제동, 브레이크 |
| | 08 | 色違い | いろ・ちが・い | 색상만 다름 |

**Tip**

**02** 인터넷 쇼핑에서는 '찜하기, 관심 상품'의 뜻으로 쓰이지만, 기본적인 뜻은 '마음에 듦'이에요.
　예 いちご味も美味しいけど、チョコ味が一番のお気に入りです。
　　　딸기 맛도 맛있지만, 초코 맛이 제일 마음에 들어요.

**04** 비슷한 표현으로 売り切れ가 있습니다. 둘 다 '품절'이라는 뜻이지만, 売り切れ는 현재 '매장에서 다 팔려서 품절'된 경우이고, 品切れ는 공급이 생산에 못 미쳐서 '공장에 재고조차 없는 상태'를 말해요. 보통 인기 상품의 경우 売り切れ가 된 후에 品切れ가 되죠.

**06** 代金引換의 줄임말로, 물건이 도착했을 때 그 자리에서 물건값을 지불하는 결제 방법을 말해요. 이때 우리말 '착불'에 해당하는 着払い와 혼동할 수 있어요. 着払い의 경우, 상품을 배송받은 후 택배비만 지불하는 반면, 代引き는 물건을 구매하는 데 든 배송비 포함 모든 비용을 물건을 수령할 때 직접 지불하는 방식을 말해요.

**07** 주로 歯止めが利かない(제어가 되지 않다)의 형태로 쓰여요.
　예 食欲に歯止めが利かなくて見事に太った。 식욕이 제어가 되지 않아서 보기 좋게 살쪘다.

| | | | | |
|---|---|---|---|---|
| 명사 | 09 | お問い合わせ | お·と·い·あ·わせ | 문의 |
| | 10 | 値引き | ね·び·き | 에누리,<br>가격을 깎음 |
| | 11 | 入荷 | にゅう·か | 입하, 상품 따위<br>가 들어옴 |
| 카타카나 | 12 | ポイント | | 포인트 |
| | 13 | コンビニ受け取り | コンビニ·う·け·と·り | 편의점 수령 |
| | 14 | カート | | 카트, 장바구니 |
| | 15 | メルカリ | | 메루카리<br>*사이트명 |
| 부사 | 16 | とりあえず | | 일단, 우선 |
| | 17 | 微妙に | び·みょう·に | 미묘하게 |

**Tip**

15 한국의 당근마켓과 같은 일본의 유명한 온라인 중고 거래 사이트입니다. 일본에서는 보통 쇼핑할 때 楽天<sup>らくてん</sup>(라쿠텐)이나 アマゾン(아마존), Q10(큐텐)을 많이 이용해요.

17 少<sup>すこ</sup>しだけ違<sup>ちが</sup>う(약간만 다르다)라고도 할 수 있지만, 좀 더 세련된 문장인 微妙<sup>びみょう</sup>に違<sup>ちが</sup>う(미묘하게 다르다)로 표현력을 높여 보세요.

| | | | | |
|---|---|---|---|---|
| 부사 | 18 | 何気なく | なに·げ·なく | 아무렇지 않게 |
| | 19 | ノリで | | 분위기에 휩쓸려서 |
| 동사 | 20 | 購入する | こう·にゅう·する | 구입하다 |
| | 21 | 届く | とど·く | 닿다, 도착하다 |
| | 22 | 気づく | き·づく | 깨닫다, 눈치채다, 알아차리다 |
| | 23 | 見つける | み·つける | 찾아내다, 발견하다 |
| | 24 | 気に入る | き·に·い·る | 마음에 들다 |
| | 25 | 悩む | なや·む | 고민하다 |

**Tip**

**19** '분위기에 휩쓸려서 ～하다'의 형태로 회화에서 많이 쓰여요.
예 ノリで買ったけど、使い道がない。 분위기에 휩쓸려서 샀지만, 쓸 데가 없다.

**21** 届くは 물건이나 택배 등이 목적지에 '도착하는' 것을 말해요. 따라서 '택배가 도착하다'의 의미로 해석할 수 있어요.
예 メルカリで買ったものが届いた。 메루카리에서 산 물건이 도착했다.

잦은 인터넷 쇼핑으로 엄마에게 잔소리를 들을 때

 **A** またネットショッピングしてるの？ お金(かね)あるの？

 **B** だって可愛(かわい)いのが多(おお)いんだもん。お母(かあ)さん、ほら！
5,000円以上(えんいじょう)買(か)ったら送料(そうりょう)無料(むりょう)だよ。

 **A** ネットショッピングしてもいいけど、代引(だいび)きにしないで
よ。この間(あいだ)、あなたが家(いえ)にいなかったから代(か)わりに払(はら)っ
たんだよ。

 **B** うんうん。分(わ)かってる〜。今度(こんど)はコンビニ受(う)け取(と)りにす
るから心配(しんぱい)しないで！

---

：해석：

A： 또 인터넷 쇼핑하고 있니? 돈 있어?

B： 하지만 귀여운 게 많단 말이야. 엄마, 봐 봐! 5,000엔 이상 사면 배송비도 무료라니까.

A： 인터넷 쇼핑해도 되지만 현장 현금 결제로 하지 마. 요전에 네가 집에 없어서 대신 냈단 말야.

B： 응응. 알고 있어~. 이다음엔 편의점 수령으로 할 테니까 걱정하지 마!

 **단어**

また 또 | お金(かね) 돈 | だって 하지만, 그럴 것이 | 可愛(かわい)い 귀엽다 | 以上(いじょう) 이상 | 無料(むりょう) 무료 | この間(あいだ) 일전(에)
あなた 너, 당신 | 代(か)わりに 대신(에) | 今度(こんど) 이다음 | 〜にする 〜(으)로 하다 | 心配(しんぱい)する 걱정하다

315

# 마무리 연습문제

1. 일본어와 뜻을 알맞게 연결해 보세요.

① 歯止め    •
（は ど）

② お問い合わせ    •
（と あ）

③ とりあえず    •

④ 送料    •
（そうりょう）

⑤ カート    •

• ① 문의

• ② 장바구니

• ③ 배송비

• ④ 제동

• ⑤ 일단

2. 보기에서 알맞은 단어를 골라 우리말에 맞게 문장을 완성하고 소리 내어 읽어 보세요. 🎧 49-3.mp3

> [보기]
>
> 代引き ｜ メルカリ ｜ コンビニ受け取り ｜ 色違い ｜ 入荷
> （だい び）　　　　　　　　　　　　　（う　と）　　　　（いろちが）　　（にゅう か）

① 支払い方法は＿＿＿＿＿＿＿でお願いします。
（し はら　ほうほう）　　　　　　　　（ねが）

지불 방법은 현장 현금 결제로 부탁해요.

② ＿＿＿＿＿＿＿も可愛いです。
（か わい）

색만 다른 것도 귀여워요.

③ 7月1日に＿＿＿＿＿＿＿します。
（しちがつついたち）

7월 1일에 입하합니다.

④ ＿＿＿＿＿＿＿で探したらどうですか。
（さが）

메루카리에서 찾는 건 어때요?

316

# 모바일 뱅킹

이런 단어, 알고 있나요?

통장

계좌 번호

잔액

계좌 이체

수수료

캐시백

락이 걸리다

인출하다

**잠깐! 먼저 QR코드를 찍으세요!**

책을 펼치고
동영상 강의를 보면서
학습을 시작합니다!

 동영상 강의 보기

×

 mp3 파일 듣기

×

 본책

# 단어 읽는 법과 뜻 알기

품사별로 읽는 법과 뜻을 빠르게 익혀 보자!

🎧 50-1.mp3

| | | | |
|---|---|---|---|
| 01 | 通帳 | つう・ちょう | 통장 |
| 02 | 口座番号 | こう・ざ・ばん・ごう | 계좌 번호 |
| 03 | 残高 | ざん・だか | 잔고, 잔액 |
| 04 | 振り替え | ふ・り・か・え | 자동 이체 |
| 05 | 振り込み | ふ・り・こ・み | 송금, 계좌 이체 |
| 06 | 海外送金 | かい・がい・そう・きん | 해외 송금 |
| 07 | 預金 | よ・きん | 예금 |
| 08 | 会員登録 | かい・いん・とう・ろく | 회원 가입 |
| 09 | 変更 | へん・こう | 변경 |

명사

---

**Tip**

01 일본에서 通帳(つうちょう)(통장)는 통상 일본 체류 기간이 6개월 이상이어야 개설할 수 있습니다. 체류 기간에 상관없이 유학생이나 워킹홀리데이 등의 외국인 신분으로 만들 수 있는 통장은 우체국 통장(ゆうちょ)이 유일해요.

05 '타인의 계좌에 입금'하는 것을 말해요. '자신의 통장에 보관하기 위해 입금'하는 것은 預け入れ(あずけいれ)(예입)라고 합니다.

| | | | | |
|---|---|---|---|---|
| 명사 | 10 | 手数料 | て·すう·りょう | 수수료 |
| | 11 | 個人情報 | こ·じん·じょう·ほう | 개인 정보 |
| | 12 | 暗証番号 | あん·しょう·ばん·ごう | 비밀번호 |
| | 13 | 指紋認証 | し·もん·にん·しょう | 지문 인식 |
| 카타카나 | 14 | キャッシュ・バック | | 캐시백,<br>현금 환원 |
| | 15 | セキュリティー | | 시큐리티, 보안 |
| | 16 | フェイスID | フェイス·アイ·ディー | 페이스 ID |
| | 17 | モバイルバンキング | | 모바일 뱅킹 |

**Tip**

**12** パスワード(패스워드)라고도 해요.
예 暗証番号をご記入ください。 비밀번호를 기입해 주세요.
あんしょうばんごう　　き にゅう

| 동사 | | | |
|---|---|---|---|
| 18 | 忘れる | わす・れる | 잊다 |
| 19 | 押す | お・す | 밀다, 누르다 |
| 20 | 利用する | り・よう・する | 이용하다 |
| 21 | 起動する | き・どう・する | 기동하다, 켜다 |
| 22 | ロックが掛かる | ロックが・か・かる | 락이 걸리다 |
| 23 | 申し込む | もう・し・こ・む | 신청하다 |
| 24 | 振り込む | ふ・り・こ・む | 계좌 이체하다 |
| 25 | 引き出す | ひ・き・だ・す | 인출하다 |

**Tip**

**21** '앱을 켜다'는 アプリを起動する 혹은 アプリを開く라고 해요. 직역하면 각각 '앱을 기동하다', '앱을 열다'지만, 둘 다 '앱을 켜다'라는 뜻으로 써요.

**22** 비밀번호 등을 틀려서 잠길 경우, ロックが掛かる(락이 걸리다)라고 해요.
예 再起動したらロックが掛かって使えない。재부팅했더니 락이 걸려서 사용할 수 없다.

**25** 더욱 캐주얼한 표현으로 お金をおろす(돈을 꺼내다)가 있어요. 또한 '인출'은 引き出し라고 합니다.
예 ＡＴＭでお金を引き出す。ATM에서 돈을 인출하다.

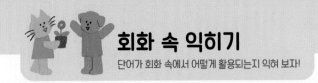
모바일 뱅킹의 장점을 말하며

A

山村さん、モバイルバンキング使ったことがありますか。

B

はい。ありますよ。すごく便利ですよ。銀行振り込みも携帯からできますし。

A

やっぱり便利ですか。でも、会員登録がめんどくさくないですか。

B

そんなことないですよ。最近はパスワードもフェイスID ですし、何より夜中にも利用できるのがいいですよ。

: 해석 :

A : 야마무라 씨, 모바일 뱅킹 써 본 적이 있어요?

B : 네. 있어요. 엄청 편리해요. 은행 계좌 이체도 휴대폰에서 할 수 있고요.

A : 역시 편리한가요? 근데, 회원 가입이 귀찮지 않아요?

B : 그렇지 않아요. 요즘에는 패스워드도 페이스 ID고, 무엇보다 밤중에도 이용할 수 있는 게 좋아요.

使う 쓰다, 사용하다 | ~たことがある ~한 적이 있다 | 便利だ 편리하다 | めんど(う)くさい 귀찮다, 성가시다 | そんなことない 그렇지 않다 | 何より 무엇보다(도) | 夜中 밤중 | 利用 이용

321

# 마무리 연습문제

1. 일본어와 뜻을 알맞게 연결해 보세요.

❶ 指紋認証 ・                                           ・① 잔액

❷ 振り替え ・                                           ・② 잊다

❸ 残高 ・                                           ・③ 보안

❹ セキュリティー ・                                           ・④ 자동 이체

❺ 忘れる ・                                           ・⑤ 지문 인식

2. 보기에서 알맞은 단어를 골라 우리말에 맞게 문장을 완성하고 소리 내어 읽어 보세요. 🎧 50-3.mp3

> [보기]
>
> ロックが掛かる｜手数料｜キャッシュ・バック｜
> 暗証番号｜会員登録

❶ _____4桁を入力してください。

비밀번호 네 자리를 입력해 주세요.

❷ いつ_____されるかは分からない。

언제 캐시백될지는 모르겠어.

❸ 先にアプリの_____をしてください。

먼저 앱 회원 가입을 해 주세요.

❹ パスワードを間違えて_____しまいました。

패스워드를 틀려서 락이 걸려 버렸어요.

# 특별부록

# ① 마무리 연습문제 정답

## Unit 01

**1.** ❶ - ④   ❷ - ③   ❸ - ②
　　❹ - ⑤   ❺ - ①

**2.** ❶ 反抗期(はんこうき)

　　❷ アラサー

　　❸ 出(で)た

　　❹ 若返(わかがえ)った

## Unit 02

**1.** ❶ - ③   ❷ - ②   ❸ - ⑤
　　❹ - ①   ❺ - ④

**2.** ❶ 安(やす)いです

　　❷ 入社(にゅうしゃ)

　　❸ 芸能人(げいのうじん)

　　❹ 学生(がくせい)

## Unit 03

**1.** ❶ - ⑤   ❷ - ②   ❸ - ③
　　❹ - ①   ❺ - ④

**2.** ❶ 盛(も)れた

　　❷ 教室(きょうしつ)

　　❸ ジム

　　❹ 多趣味(たしゅみ)

## Unit 04

**1.** ❶ - ②   ❷ - ④   ❸ - ⑤
　　❹ - ③   ❺ - ①

**2.** ❶ 音痴(おんち)

　　❷ 得意(とくい)

　　❸ 不器用(ぶきよう)

　　❹ 大食(おおぐ)い

## Unit 05

**1.** ❶ - ②   ❷ - ④   ❸ - ①
　　❹ - ⑤   ❺ - ③

**2.** ❶ 頭(あたま)がいい

　　❷ 細(こま)かい

　　❸ 尊敬(そんけい)します

　　❹ 賢(かしこ)い

## Unit 06

**1.** ❶ - ①   ❷ - ②   ❸ - ⑤
　　❹ - ④   ❺ - ③

**2.** ❶ 派(は)

　　❷ 好(この)み

　　❸ 似(に)ている

　　❹ 肉食系(にくしょくけい)

**Unit 07**

1. ①-⑤ ②-① ③-④
   ④-② ⑤-③

2. ① <ruby>妹<rt>いもうと</rt></ruby>
   ② <ruby>親戚<rt>しんせき</rt></ruby>
   ③ <ruby>甥<rt>おい</rt></ruby>っ<ruby>子<rt>こ</rt></ruby>
   ④ <ruby>義理<rt>ぎり</rt></ruby>

**Unit 08**

1. ①-③ ②-④ ③-②
   ④-⑤ ⑤-①

2. ① <ruby>喧嘩<rt>けんか</rt></ruby>
   ② <ruby>男友達<rt>おとこともだち</rt></ruby>
   ③ <ruby>幼馴染<rt>おさななじみ</rt></ruby>
   ④ <ruby>性格<rt>せいかく</rt></ruby>が<ruby>合<rt>あ</rt></ruby>わなかった

**Unit 09**

1. ①-⑤ ②-④ ③-③
   ④-① ⑤-②

2. ① <ruby>告白<rt>こくはく</rt></ruby>
   ② よりを<ruby>戻<rt>もど</rt></ruby>した
   ③ <ruby>付<rt>つ</rt></ruby>き<ruby>合<rt>あ</rt></ruby>う
   ④ <ruby>片想<rt>かたおも</rt></ruby>い

**Unit 10**

1. ①-⑤ ②-② ③-④
   ④-① ⑤-③

2. ① <ruby>結婚式<rt>けっこんしき</rt></ruby>
   ② ウェディングドレス
   ③ プロポーズ
   ④ <ruby>結婚指輪<rt>けっこんゆびわ</rt></ruby>

**Unit 11**

1. ①-④ ②-① ③-②
   ④-⑤ ⑤-③

2. ① <ruby>一戸建<rt>いっこだ</rt></ruby>て
   ② キッチン
   ③ <ruby>別荘<rt>べっそう</rt></ruby>
   ④ <ruby>暮<rt>く</rt></ruby>らし

**Unit 12**

1. ①-① ②-⑤ ③-④
   ④-② ⑤-③

2. ① <ruby>乾<rt>かわ</rt></ruby>かす
   ② <ruby>掃除<rt>そうじ</rt></ruby>
   ③ こたつ
   ④ <ruby>分別<rt>ふんべつ</rt></ruby>

**Unit 13**

1. ❶-③ ❷-④ ❸-①
   ❹-② ❺-⑤

2. ❶ ブラインド採用
   ❷ 就職活動
   ❸ 学歴
   ❹ 中途採用

**Unit 14**

1. ❶-③ ❷-② ❸-①
   ❹-⑤ ❺-④

2. ❶ 満員電車
   ❷ テレワーク
   ❸ 直帰
   ❹ 出社

**Unit 15**

1. ❶-⑤ ❷-④ ❸-②
   ❹-① ❺-③

2. ❶ 残業代
   ❷ 確定申告
   ❸ 給料日
   ❹ 手取り

**Unit 16**

1. ❶-④ ❷-② ❸-①
   ❹-⑤ ❺-③

2. ❶ 契約
   ❷ 達成した
   ❸ 締め切り
   ❹ 課長

**Unit 17**

1. ❶-② ❷-③ ❸-①
   ❹-⑤ ❺-④

2. ❶ 折り返し
   ❷ 掲示板
   ❸ 電話をかける
   ❹ 終わり次第

**Unit 18**

1. ❶-① ❷-⑤ ❸-④
   ❹-② ❺-③

2. ❶ 天職
   ❷ 求人
   ❸ 新しい
   ❹ 資格

**Unit 19**

1. ❶ - ④  ❷ - ②  ❸ - ③
   ❹ - ⑤  ❺ - ①

2. ❶ 留年
   <sub>りゅうねん</sub>
   ❷ 試験
   <sub>しけん</sub>
   ❸ 奨学金
   <sub>しょうがくきん</sub>
   ❹ モテキ

**Unit 20**

1. ❶ - ④  ❷ - ⑤  ❸ - ③
   ❹ - ②  ❺ - ①

2. ❶ スライド
   ❷ 発表
   <sub>はっぴょう</sub>
   ❸ 挙手
   <sub>きょしゅ</sub>
   ❹ 仮説
   <sub>かせつ</sub>

**Unit 21**

1. ❶ - ②  ❷ - ⑤  ❸ - ④
   ❹ - ③  ❺ - ①

2. ❶ かき氷
   <sub>ごおり</sub>
   ❷ 焼きたて
   <sub>や</sub>
   ❸ 和菓子
   <sub>わがし</sub>
   ❹ ケーキ

**Unit 22**

1. ❶ - ①  ❷ - ③  ❸ - ④
   ❹ - ⑤  ❺ - ②

2. ❶ 1杯
   <sub>いっぱい</sub>
   ❷ お水
   <sub>みず</sub>
   ❸ お持ち帰り
   <sub>も　かえ</sub>
   ❹ 店内
   <sub>てんない</sub>

**Unit 23**

1. ❶ - ①  ❷ - ④  ❸ - ③
   ❹ - ⑤  ❺ - ②

2. ❶ 飲み過ぎ
   <sub>の　す</sub>
   ❷ 2次会
   <sub>にじかい</sub>
   ❸ 梅酒
   <sub>うめしゅ</sub>
   ❹ おつまみ

**Unit 24**

1. ❶ - ②  ❷ - ③  ❸ - ①
   ❹ - ⑤  ❺ - ④

2. ❶ 切る
   <sub>き</sub>
   ❷ 炒める
   <sub>いた</sub>
   ❸ 沸かす
   <sub>わ</sub>
   ❹ 焼き魚
   <sub>や　ざかな</sub>

## Unit 25

**1.** ❶-④  ❷-②  ❸-⑤
　　❹-①  ❺-③

**2.** ❶ 剥<ruby>剥<rt>む</rt></ruby>いて

❷ へた

❸ <ruby>酸<rt>す</rt></ruby>っぱい

❹ <ruby>練乳<rt>れんにゅう</rt></ruby>

## Unit 26

**1.** ❶-④  ❷-③  ❸-⑤
　　❹-②  ❺-①

**2.** ❶ <ruby>割引<rt>わりびき</rt></ruby>

❷ <ruby>試着<rt>しちゃく</rt></ruby>

❸ <ruby>送料無料<rt>そうりょうむりょう</rt></ruby>

❹ レシート

## Unit 27

**1.** ❶-②  ❷-⑤  ❸-③
　　❹-①  ❺-④

**2.** ❶ <ruby>荒<rt>あ</rt></ruby>れて

❷ スキンケア

❸ <ruby>鎮静効果<rt>ちんせいこうか</rt></ruby>

❹ モチモチし

## Unit 28

**1.** ❶-②  ❷-③  ❸-①
　　❹-④  ❺-⑤

**2.** ❶ <ruby>衣替<rt>ころもが</rt></ruby>え

❷ きつい

❸ ワンピース

❹ しみ

## Unit 29

**1.** ❶-②  ❷-③  ❸-④
　　❹-①  ❺-⑤

**2.** ❶ <ruby>限定<rt>げんてい</rt></ruby>

❷ <ruby>お弁当<rt>べんとう</rt></ruby>

❸ たばこ

❹ <ruby>寄<rt>よ</rt></ruby>ろう

## Unit 30

**1.** ❶-③  ❷-⑤  ❸-②
　　❹-①  ❺-④

**2.** ❶ <ruby>在庫<rt>ざいこ</rt></ruby>

❷ <ruby>手<rt>て</rt></ruby>に<ruby>入<rt>い</rt></ruby>れた

❸ <ruby>数量限定<rt>すうりょうげんてい</rt></ruby>

❹ <ruby>混<rt>こ</rt></ruby>んで

**Unit 31**

1. ❶-② ❷-④ ❸-⑤
   ❹-③ ❺-①

2. ❶ 1時間
   ❷ お手洗い
   ❸ 退室
   ❹ 見放題

**Unit 32**

1. ❶-⑤ ❷-③ ❸-②
   ❹-① ❺-④

2. ❶ 拭いて
   ❷ こぢんまり
   ❸ 店員
   ❹ 雰囲気

**Unit 33**

1. ❶-④ ❷-① ❸-⑤
   ❹-③ ❺-②

2. ❶ 三密
   ❷ 手洗いうがい
   ❸ 隔離
   ❹ マスク

**Unit 34**

1. ❶-⑤ ❷-④ ❸-②
   ❹-③ ❺-①

2. ❶ 計画
   ❷ 飛行機
   ❸ 離陸
   ❹ ぼったくられ

**Unit 35**

1. ❶-④ ❷-① ❸-⑤
   ❹-③ ❺-②

2. ❶ おみくじ
   ❷ 観光地
   ❸ コスパ
   ❹ 手こずっ

**Unit 36**

1. ❶-① ❷-④ ❸-⑤
   ❹-③ ❺-②

2. ❶ 改札口
   ❷ 乗り換え
   ❸ バス
   ❹ 電車賃

**1.** ❶ - ② ❷ - ④ ❸ - ⑤
　　❹ - ① ❺ - ③

**2.** ❶ リバウンド
　　❷ 器具
　　❸ 減量
　　❹ 我慢する

**1.** ❶ - ④ ❷ - ⑤ ❸ - ③
　　❹ - ② ❺ - ①

**2.** ❶ 自己肯定感
　　❷ 気にしない
　　❸ 成長
　　❹ 挑戦する

**1.** ❶ - ② ❷ - ③ ❸ - ⑤
　　❹ - ① ❺ - ④

**2.** ❶ 模様替え
　　❷ カーテン
　　❸ 南向き
　　❹ ニトリ

**1.** ❶ - ③ ❷ - ⑤ ❸ - ④
　　❹ - ① ❺ - ②

**2.** ❶ 福利厚生
　　❷ 銀行
　　❸ 利子
　　❹ 共働き

**1.** ❶ - ⑤ ❷ - ④ ❸ - ③
　　❹ - ② ❺ - ①

**2.** ❶ 咳
　　❷ 薬
　　❸ 肩こり
　　❹ 筋肉痛

**1.** ❶ - ③ ❷ - ④ ❸ - ①
　　❹ - ⑤ ❺ - ②

**2.** ❶ 嬉しい
　　❷ 覚えて
　　❸ 選ぶ
　　❹ 喜んで

## Unit 43

**1.** ❶-② ❷-④ ❸-⑤
❹-① ❺-③

**2.** ❶ 講演会
<small>こうえんかい</small>
❷ 道に迷い
<small>みち まよ</small>
❸ 延期し
<small>えん き</small>
❹ コネ

## Unit 44

**1.** ❶-⑤ ❷-③ ❸-②
❹-① ❺-④

**2.** ❶ 電源
<small>でんげん</small>
❷ 遅い
<small>おそ</small>
❸ 貼り付ける
<small>は つ</small>
❹ 接続
<small>せつぞく</small>

## Unit 45

**1.** ❶-④ ❷-① ❸-⑤
❹-③ ❺-②

**2.** ❶ アイパッド
❷ アイフォン
❸ 割れ
<small>わ</small>
❹ ガラケー

## Unit 46

**1.** ❶-② ❷-④ ❸-⑤
❹-③ ❺-①

**2.** ❶ 炎上
<small>えんじょう</small>
❷ 非公開
<small>ひ こうかい</small>
❸ 趣味垢
<small>しゅ み あか</small>
❹ タグ付け
<small>づ</small>

## Unit 47

**1.** ❶-③ ❷-④ ❸-①
❹-⑤ ❺-②

**2.** ❶ アンチコメント
❷ 撮影
<small>さつえい</small>
❸ 編集
<small>へんしゅう</small>
❹ サムネ

## Unit 48

**1.** ❶-③ ❷-④ ❸-⑤
❹-① ❺-②

**2.** ❶ オリジナル
❷ 月額
<small>げつがく</small>
❸ ランキング
❹ 胸キュン
<small>むね</small>

**Unit 49**

1. ❶-④  ❷-①  ❸-⑤
   ❹-③  ❺-②

2. ❶ 代引き
   ❷ 色違い
   ❸ 入荷
   ❹ メルカリ

**Unit 50**

1. ❶-⑤  ❷-④  ❸-①
   ❹-③  ❺-②

2. ❶ 暗証番号
   ❷ キャッシュ・バック
   ❸ 会員登録
   ❹ ロックが掛かって

## ❷ 찾아보기(오십음도 순) *숫자는 페이지 번호입니다.

## か

## き

내 일상에 딱! 내가 매일 쓰는 말부터 빠르게 배우는 일본어 단어장!

유하다요의

# 10시간
# 일본어

단어

## 쓰기노트

전유해(유하다요) 지음

Unit 01에서 Unit 50까지 전체 표제 단어를 써볼 수 있게 구성되어 있습니다.
가볍게 쓰면서 배운 내용을 정리해보세요.

내 일상에 딱! 내가 매일 쓰는 말부터 빠르게 배우는 일본어 단어장!

유하다요의
# 10시간
# 일본어
단어

쓰기노트

전유하 지음

# Unit 01 나이·출신

| はたち<br>二十歳<br>20세, 스무 살 | はたち<br>二十歳 | | |
|---|---|---|---|
| ねん れい<br>年齢<br>연령 | ねんれい<br>年齢 | | |
| とし ごろ<br>年頃<br>한창 ~할 나이, 얼핏<br>~살로 보이는 나이 | としごろ<br>年頃 | | |
| いい年<br>지긋한 나이,<br>먹을 만큼 먹은 나이 | とし<br>いい年 | | |
| ~歳<br>~살, ~세 | さい<br>歳 | | |
| かん れき<br>還暦<br>환갑, 만 60세 | かんれき<br>還暦 | | |
| とし よ<br>お年寄り<br>어르신 | とし よ<br>お年寄り | | |

| | | |
|---|---|---|
| **目上の人**<br>め うえ ひと<br>윗사람 | め うえ　　ひと<br>目上の人 | |
| **思春期**<br>し しゅん き<br>사춘기 | し しゅん き<br>思春期 | |
| **更年期**<br>こう ねん き<br>갱년기 | こう ねん　き<br>更年期 | |
| **反抗期**<br>はん こう き<br>반항기 | はん こう　き<br>反抗期 | |
| **出身**<br>しゅっ しん<br>출신 | しゅっ しん<br>出身 | |
| **故郷**<br>こきょう/ふるさと<br>고향 | こきょう/ふるさと<br>故郷 | |
| **生まれ**<br>う<br>출생, 태어남 | う<br>生まれ | |
| **出身地**<br>しゅっ しん ち<br>출신지 | しゅっ しん ち<br>出身地 | |
| **出身校**<br>しゅっ しん こう<br>출신 학교 | しゅっ しん こう<br>出身校 | |

| 帰国子女<br>きこくしじょ<br>귀국 자녀 | きこくしじょ<br>帰国子女 | | |
| 国籍<br>こくせき<br>국적 | こくせき<br>国籍 | | |
| アラサー<br>30세 전후의 연령 | アラサー | | |
| アラフォー<br>40세 전후의 연령 | アラフォー | | |
| 出る<br>で<br>나가다, 나오다 | で<br>出る | | |
| 老ける<br>ふ<br>늙다 | ふ<br>老ける | | |
| 若返る<br>わかがえ<br>젊어지다 | わかがえ<br>若返る | | |
| 年をとる<br>とし<br>나이를 먹다 | とし<br>年をとる | | |
| 生まれ育つ<br>う そだ<br>태어나 자라다 | う そだ<br>生まれ育つ | | |

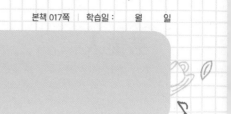

# Unit 02

# 직업

| がくせい<br>学生<br>학생 | がくせい<br>学生 | |
|---|---|---|
| かいしゃいん<br>会社員<br>회사원 | かいしゃいん<br>会社員 | |
| だいがくいんせい<br>大学院生<br>대학원생 | だいがくいんせい<br>大学院生 | |
| きょうし<br>教師<br>교사 | きょうし<br>教師 | |
| こじんじぎょうぬし<br>個人事業主<br>자영업자 | こじんじぎょうぬし<br>個人事業主 | |
| しゅふ<br>主婦<br>주부 | しゅふ<br>主婦 | |
| こうむいん<br>公務員<br>공무원 | こうむいん<br>公務員 | |

| 芸能人 げいのうじん 연예인 | げいのうじん 芸能人 | | |
|---|---|---|---|
| 職業 しょくぎょう 직업 | しょくぎょう 職業 | | |
| 職業柄 しょくぎょうがら 직업 특성상, 직업상 | しょくぎょうがら 職業柄 | | |
| 企業 きぎょう 기업 | きぎょう 企業 | | |
| 店長 てんちょう 점장 | てんちょう 店長 | | |
| 接客 せっきゃく 서빙 | せっきゃく 接客 | | |
| 時給 じきゅう 시급 | じきゅう 時給 | | |
| 給料 きゅうりょう 월급 | きゅうりょう 給料 | | |
| 入社 にゅうしゃ 입사 | にゅうしゃ 入社 | | |

| | | | |
|---|---|---|---|
| **残業**〔ざんぎょう〕<br>야근 | ざんぎょう<br>残業 | | |
| **有給休暇**〔ゆうきゅうきゅうか〕<br>유급 휴가 | ゆうきゅうきゅうか<br>有給休暇 | | |
| **フリーランス**<br>프리랜서 | | | |
| **CA**〔シーエー〕<br>승무원 | シーエー<br>CA | | |
| **ブラック企業**〔きぎょう〕<br>블랙 기업 | | | |
| **安い**〔やす〕<br>싸다 | やす<br>安い | | |
| **忙しい**〔いそが〕<br>바쁘다 | いそが<br>忙しい | | |
| **勤める**〔つと〕<br>근무하다 | つと<br>勤める | | |
| **クビになる**<br>해고되다 | クビになる | | |

**Unit 03**

# 취미

| | |
|---|---|
| しゅ み<br>**趣味**<br>취미 | しゅ み<br>趣味 |
| やま のぼ<br>**山登り**<br>등산 | やまのぼ<br>山登り |
| えい が かんしょう<br>**映画鑑賞**<br>영화 감상 | えい が かんしょう<br>映画鑑賞 |
| ひとり たび<br>**一人旅**<br>나 홀로 여행 | ひとり たび<br>一人旅 |
| か し づく<br>**お菓子作り**<br>과자 만들기 | か し づく<br>お菓子作り |
| おん がく<br>**音楽**<br>음악 | おんがく<br>音楽 |
| ご がく べん きょう<br>**語学勉強**<br>어학 공부 | ご がくべんきょう<br>語学勉強 |

| さん ぽ<br>**散歩**<br>산책 | さん ぽ<br>散歩 | | |
| :---: | :--- | :--- | :--- |
| どく しょ<br>**読書**<br>독서 | どくしょ<br>読書 | | |
| きょうしつ<br>**教室**<br>교실 | きょうしつ<br>教室 | | |
| た しゅ み<br>**多趣味**<br>취미가 많음 | たしゅみ<br>多趣味 | | |
| じ ど<br>**自撮り**<br>셀카 | じ ど<br>自撮り | | |
| **グルメ**<br>맛집 탐방 | グルメ | | |
| めぐ<br>**カフェ巡り**<br>카페 탐방 | めぐ<br>カフェ巡り | | |
| **カラオケ**<br>노래방 | カラオケ | | |
| **ドラマ**<br>드라마 | ドラマ | | |

| ジム 헬스장 | ジム | | |
|---|---|---|---|
| ヨガ 요가 | ヨガ | | |
| ピラティス 필라테스 | ピラティス | | |
| ドライブ 드라이브 | ドライブ | | |
| しゅっぴ いた 出費が痛い 아플 만큼 지출이 크다 | しゅっぴ いた 出費が痛い | | |
| と 撮る (사진을) 찍다 | と 撮る | | |
| も 盛れる (사진이) 잘 나오다, 잘 찍히다 | も 盛れる | | |
| はまる 빠지다, 열중하다 | はまる | | |
| なら はじ 習い始める 배우기 시작하다 | なら はじ 習い始める | | |

# Unit 04

# 특기

| とくぎ<br>**特技**<br>특기 | とくぎ<br>特技 | |
| --- | --- | --- |
| うた<br>**歌**<br>노래 | うた<br>歌 | |
| さいほう<br>**裁縫**<br>재봉, 바느질 | さいほう<br>裁縫 | |
| おおぐ<br>**大食い**<br>많이 먹음, 대식(가) | おおぐ<br>大食い | |
| ぶかつ<br>**部活**<br>부 활동, 동아리 활동 | ぶかつ<br>部活 | |
| え<br>**絵**<br>그림 | え<br>絵 | |
| すいえい<br>**水泳**<br>수영 | すいえい<br>水泳 | |

11

| | うんてん | | |
|---|---|---|---|
| うん てん<br>**運転**<br>운전 | 運転 | | |
| せい さく<br>**製作**<br>제작 | せいさく<br>製作 | | |
| おん ち<br>**音痴**<br>음치 | おん ち<br>音痴 | | |
| **ゴルフ**<br>골프 | ゴルフ | | |
| **スキー**<br>스키 | スキー | | |
| **ゲーム**<br>게임 | ゲーム | | |
| **メイク**<br>메이크업, 화장 | メイク | | |
| **ピアノ**<br>피아노 | ピアノ | | |
| **バスケ**<br>농구 | バスケ | | |

| サークル<br>서클, 동아리 | サークル | | |
| --- | --- | --- | --- |
| じょう ず<br>上手だ<br>잘하다 | じょうず<br>上手だ | | |
| へ た<br>下手だ<br>못하다 | へ た<br>下手だ | | |
| とく い<br>得意だ<br>잘하다, 자신만만하다 | とく い<br>得意だ | | |
| にが て<br>苦手だ<br>잘 못하다, 서투르다 | にが て<br>苦手だ | | |
| き よう<br>器用だ<br>재주·요령이 좋다 | き よう<br>器用だ | | |
| ぶ き よう<br>不器用だ<br>재주·요령이 나쁘다 | ぶ き よう<br>不器用だ | | |
| う ま<br>上手い<br>잘하다 | う ま<br>上手い | | |
| おし<br>教える<br>가르치다 | おし<br>教える | | |

13

## Unit 05

# 성격

| き くば | | |
|---|---|---|
| **気配り**<br>배려,<br>여러모로 마음을 두루 씀 | き くば<br>気配り | |
| **内気**<br>내성적 | うち き<br>内気 | |
| **大ざっぱ**<br>조잡함, 대충함 | おお<br>大ざっぱ | |
| **せっかち**<br>성급함 | せっかち | |
| **無関心**<br>무관심 | む かんしん<br>無関心 | |
| **小心者**<br>소심한 사람 | しょうしんもの<br>小心者 | |
| **自己中**<br>이기적임, 이기적인 사람 | じ こ ちゅう<br>自己中 | |

| ナルシスト<br>나르시스트 | ナルシスト | | |
|---|---|---|---|
| き ちょうめん<br>几帳面だ<br>꼼꼼하다 | き ちょうめん<br>几帳面だ | | |
| しゃ こう てき<br>社交的だ<br>사교적이다 | しゃこうてき<br>社交的だ | | |
| おう せい<br>旺盛だ<br>왕성하다 | おうせい<br>旺盛だ | | |
| てき とう<br>適当だ<br>적당하다, 대충대충이다,<br>설렁설렁이다 | てきとう<br>適当だ | | |
| ねっ しん<br>熱心だ<br>열심이다 | ねっしん<br>熱心だ | | |
| だい たん<br>大胆だ<br>대담하다 | だいたん<br>大胆だ | | |
| かっ ぱつ<br>活発だ<br>활발하다 | かっぱつ<br>活発だ | | |
| こま<br>細かい<br>세세하다, 까다롭다,<br>정통하다 | こま<br>細かい | | |

| | | | |
|---|---|---|---|
| あたた<br>**温かい**<br>따뜻하다 | あたた<br>温かい | | |
| おとな<br>**大人しい**<br>얌전하다, 온순하다 | おとな<br>大人しい | | |
| おとな<br>**大人っぽい**<br>어른스럽다 | おとな<br>大人っぽい | | |
| やさ<br>**優しい**<br>친절하다, 상냥하다 | やさ<br>優しい | | |
| かしこ<br>**賢い**<br>현명하다, 영리하다 | かしこ<br>賢い | | |
| あたま<br>**頭がいい**<br>머리가 좋다 | あたま<br>頭がいい | | |
| き　つよ<br>**気が強い**<br>기가 세다 | き　つよ<br>気が強い | | |
| こころ　ひら<br>**心を開く**<br>마음을 열다 | こころ　ひら<br>心を開く | | |
| そん けい<br>**尊敬する**<br>존경하다 | そんけい<br>尊敬する | | |

# Unit 06

# 취향

| にくしょくけい<br>**肉食系**<br>육식계 | にくしょくけい<br>肉食系 | |
| 草食系<br>そうしょくけい<br>초식계 | そうしょくけい<br>草食系 | |
| だいこうぶつ<br>**大好物**<br>가장 좋아하는 것<br>(주로 음식) | だいこうぶつ<br>大好物 | |
| この<br>**好み**<br>취향, 기호 | この<br>好み | |
| **こだわり**<br>고수, 고집, 집착 | こだわり | |
| りゅうこう<br>**流行**<br>유행 | りゅうこう<br>流行 | |
| ～派<br>は<br>～파 | は<br>派 | |

17

| | | | |
|---|---|---|---|
| はな がら<br>**花柄**<br>꽃무늬 | はながら<br>花柄 | | |
| みず たま<br>**水玉**<br>물방울 | みずたま<br>水玉 | | |
| む じ<br>**無地**<br>민무늬 | む じ<br>無地 | | |
| **ストライプ**<br>스트라이프, 줄무늬 | ストライプ | | |
| **ボーダー**<br>가로줄 무늬 | ボーダー | | |
| **スタイル**<br>스타일 | スタイル | | |
| **タイプ**<br>타입, 이상형 | タイプ | | |
| ド エス<br>**ドS**<br>지극한 사디스트 | ド エス<br>ドS | | |
| ド エム<br>**ドM**<br>지극한 마조히스트 | ド エム<br>ドM | | |

| フェチ<br>페티시 | フェチ | | |
| --- | --- | --- | --- |
| シンプル<br>심플 | シンプル | | |
| <sup>め</sup>目がない<br>사족을 못 쓰다 | <sup>め</sup>目がない | | |
| <sup>うと</sup>疎い<br>잘 모르다, (사정에) 어둡다 | <sup>うと</sup>疎い | | |
| <sup>はや</sup>流行っている<br>유행하고 있다 | | | |
| <sup>に</sup>似ている<br>비슷하다, 닮았다 | <sup>に</sup>似ている | | |
| <sup>つ</sup>尽くす<br>다하다, 헌신하다 | <sup>つ</sup>尽くす | | |
| <sup>つ</sup>尽くされる<br>헌신받다, 사랑받다 | <sup>つ</sup>尽くされる | | |
| <sup>ひと</sup>人による<br>사람에 따라 다르다 | <sup>ひと</sup>人による | | |

## Unit 07 가족

| りょうしん<br>**両親**<br>부모님 | りょうしん<br>両親 | | |
| :---: | :--- | :--- | :--- |
| か ぞく<br>**家族**<br>가족 | か ぞく<br>家族 | | |
| しん せき<br>**親戚**<br>친척 | しんせき<br>親戚 | | |
| とう<br>**お父さん**<br>아버지 | とう<br>お父さん | | |
| ちち<br>**父**<br>아버지<br>(남에게 소개할 때) | ちち<br>父 | | |
| **おやじ**<br>아버지, 아재 | おやじ | | |
| かあ<br>**お母さん**<br>어머니 | かあ<br>お母さん | | |

| はは<br>**母**<br>어머니<br>(남에게 소개할 때) | はは<br>母 | |
|---|---|---|
| **おふくろ**<br>어머니 | おふくろ | |
| ねえ<br>**お姉さん**<br>누나, 언니 | ねえ<br>お姉さん | |
| あね<br>**姉**<br>누나, 언니<br>(남에게 소개할 때) | あね<br>姉 | |
| にい<br>**お兄さん**<br>형, 오빠 | にい<br>お兄さん | |
| あに<br>**兄**<br>형, 오빠<br>(남에게 소개할 때) | あに<br>兄 | |
| おとうと<br>**弟**<br>남동생 | おとうと<br>弟 | |
| いもうと<br>**妹**<br>여동생 | いもうと<br>妹 | |
| きょうだい<br>**兄弟**<br>형제 | きょうだい<br>兄弟 | |

| | | |
|---|---|---|
| **姉妹**<br>しまい<br>자매 | しまい<br>姉妹 | |
| **おじいさん**<br>할아버지 | おじいさん | |
| **おばあさん**<br>할머니 | おばあさん | |
| **おじさん**<br>삼촌, 백부,<br>숙부, 아저씨 | おじさん | |
| **おばさん**<br>이모, 고모, 백모, 숙모,<br>아줌마 | おばさん | |
| **従兄弟・従妹**<br>いとこ いとこ<br>사촌 | | |
| **甥っ子**<br>おい こ<br>남자 조카 | おい こ<br>甥っ子 | |
| **姪っ子**<br>めい こ<br>여자 조카 | めい こ<br>姪っ子 | |
| **義理～**<br>ぎ り<br>의붓~, 시~, 장(인, 모) | ぎ り<br>義理 | |

# Unit 08 친구

| とも だち<br>**友達**<br>친구 | ともだち<br>友達 | | |
|---|---|---|---|
| しん ゆう<br>**親友**<br>친한 친구, 절친 | しんゆう<br>親友 | | |
| おさな な じみ<br>**幼馴染**<br>소꿉친구 | おさな な じみ<br>幼馴染 | | |
| おな   どし<br>**同い年**<br>같은 나이, 동갑 | おな   どし<br>同い年 | | |
| おとこ とも だち<br>**男友達**<br>남사친 | おとこ とも だち<br>男友達 | | |
| おんな とも だち<br>**女友達**<br>여사친 | おんな とも だち<br>女友達 | | |
| とも<br>**よっ友**<br>인사 정도만 하는 친구 | とも<br>よっ友 | | |

| なか ま<br>**仲間**<br>동무, 한패 | なか ま<br>仲間 | |
| --- | --- | --- |
| どう きゅう せい<br>**同級生**<br>동급생 | どうきゅうせい<br>同級生 | |
| せん ぱい<br>**先輩**<br>선배 | せんぱい<br>先輩 | |
| こう はい<br>**後輩**<br>후배 | こうはい<br>後輩 | |
| けん えん なか<br>**犬猿の仲**<br>견원지간 | けんえん なか<br>犬猿の仲 | |
| どう そう かい<br>**同窓会**<br>동창회 | どうそうかい<br>同窓会 | |
| こ<br>**あの子**<br>쟤, 저 아이 | こ<br>あの子 | |
| げん き<br>**元気**<br>건강한 모양, 잘 지냄 | げん き<br>元気 | |
| ぜっ こう<br>**絶交**<br>절교 | ぜっこう<br>絶交 | |

| | | | |
|---|---|---|---|
| **喧嘩**<br>けん か<br>다툼, 싸움 | けん か<br>喧嘩 | | |
| **仲直り**<br>なか なお<br>화해 | なかなお<br>仲直り | | |
| **仲良し**<br>なか よ<br>사이가 좋음,<br>혹은 그런 친구 | なか よ<br>仲良し | | |
| **タメ**<br>동갑 | タメ | | |
| **仲が良い**<br>なか い<br>사이가 좋다 | なか い<br>仲が良い | | |
| **仲が悪い**<br>なか わる<br>사이가 나쁘다 | なか わる<br>仲が悪い | | |
| **性格が合わない**<br>せい かく あ<br>성격이 안 맞다 | | | |
| **面白い**<br>おも しろ<br>재미있다 | おもしろ<br>面白い | | |
| **うるさい**<br>시끄럽다 | うるさい | | |

## Unit 09

# 연애

| れん あい<br>**恋愛**<br>연애 | れんあい<br>恋愛 | |
| かれ し<br>**彼氏**<br>남자 친구 | かれ し<br>彼氏 | |
| かの じょ<br>**彼女**<br>그녀, 여자 친구 | かのじょ<br>彼女 | |
| こい びと<br>**恋人**<br>애인 | こいびと<br>恋人 | |
| とも だち い じょうこい びと み まん<br>**友達以上恋人未満**<br>친구 이상 애인 미만, 썸 타는 관계 | | |
| こい<br>**恋**<br>사랑 | こい<br>恋 | |
| き も<br>**気持ち**<br>기분 | き も<br>気持ち | |

26

| こく はく **告白** 고백 | こくはく<br>告白 | | |
| いい感じ<br>かん<br>좋은 느낌 | かん<br>いい感じ | | |
| えん きょ り れん あい **遠距離恋愛** 장거리 연애 | えんきょりれんあい<br>遠距離恋愛 | | |
| みゃく **脈あり** 호감 있음, 썸 | みゃく<br>脈あり | | |
| みゃく **脈なし** 호감 없음, 썸이 아님 | みゃく<br>脈なし | | |
| ふく えん **復縁** 재결합 | ふくえん<br>復縁 | | |
| かた おも **片想い** 짝사랑 | かたおも<br>片想い | | |
| に あ **お似合い** 어울림 | に あ<br>お似合い | | |
| どく しん **独身** 독신 | どくしん<br>独身 | | |

| やきもち<br>질투 | やきもち | | |
| 元カレ<br>もと<br>전 남친 | 元カレ<br>もと | | |
| 元カノ<br>もと<br>전 여친 | 元カノ<br>もと | | |
| 好きだ<br>す<br>좋아하다 | 好きだ<br>す | | |
| 嫌いだ<br>きら<br>싫어하다 | 嫌いだ<br>きら | | |
| ドキドキ<br>두근두근 | ドキドキ | | |
| 付き合う<br>つ あ<br>사귀다, 동행하다 | 付き合う<br>つ あ | | |
| 振る<br>ふ<br>차다 | 振る<br>ふ | | |
| よりを戻す<br>もど<br>다시 합치다,<br>관계를 회복하다 | よりを戻す<br>もど | | |

## Unit 10

# 결혼

| けっこん<br>結婚<br>결혼 | けっこん<br>結婚 | | |
| --- | --- | --- | --- |
| にゅうせき<br>入籍<br>입적, 혼인 신고 | にゅうせき<br>入籍 | | |
| どうせい<br>同棲<br>동거 | どうせい<br>同棲 | | |
| けっこんてきれいき<br>結婚適齢期<br>결혼 적령기 | けっこんてきれいき<br>結婚適齢期 | | |
| みあ<br>お見合い<br>맞선 | みあ<br>お見合い | | |
| りょうけかおあ<br>両家顔合わせ<br>양가 상견례 | | | |
| ゆいのう<br>結納<br>예물 | ゆいのう<br>結納 | | |

29

| | けっこんしき | | |
|---|---|---|---|
| けっ こん しき<br>**結婚式**<br>결혼식 | 結婚式 | | |

| | しゅう ぎ | | |
|---|---|---|---|
| しゅう ぎ<br>**ご祝儀**<br>축의금 | ご祝儀 | | |

| | けっこんゆび わ | | |
|---|---|---|---|
| けっ こん ゆび わ<br>**結婚指輪**<br>결혼반지 | 結婚指輪 | | |

| | しんきょ | | |
|---|---|---|---|
| しん きょ<br>**新居**<br>새집, 새로 이사한 집 | 新居 | | |

| | しんこん | | |
|---|---|---|---|
| しん こん<br>**新婚〜**<br>신혼~ | 新婚 | | |

| | しんろう | | |
|---|---|---|---|
| しん ろう<br>**新郎**<br>신랑 | 新郎 | | |

| | しん ぷ | | |
|---|---|---|---|
| しん ぷ<br>**新婦**<br>신부 | 新婦 | | |

| | こんいんとど | | |
|---|---|---|---|
| こん いん とど<br>**婚姻届け**<br>혼인 신고서 | 婚姻届け | | |

| | むこようし | | |
|---|---|---|---|
| むこ よう し<br>**婿養子**<br>데릴사위 | 婿養子 | | |

| むこ お婿さん 사위 | むこ お婿さん | |
| --- | --- | --- |
| よめ お嫁さん 며느리 | よめ お嫁さん | |
| しあわ 幸せ 행복 | しあわ 幸せ | |
| り こん 離婚 이혼 | り こん 離婚 | |
| ウェディングドレス 웨딩드레스 | | |
| タキシード 턱시도 | タキシード | |
| プロポーズ 프러포즈 | プロポーズ | |
| すえ なが しあわ 末永くお幸せに 오래도록 행복하게 | | |
| よめ い お嫁に行く 시집을 가다 | よめ い お嫁に行く | |

# Unit 11

# 집

| いえ<br>**家**<br>집 | いえ<br>**家** | |
|---|---|---|
| じっか<br>**実家**<br>본가, 가족이 살고 있는 집 | じっか<br>**実家** | |
| いっこだ<br>**一戸建て**<br>단독주택 | いっこだ<br>**一戸建て** | |
| べっそう<br>**別荘**<br>별장 | べっそう<br>**別荘** | |
| かぐ<br>**家具**<br>가구 | かぐ<br>**家具** | |
| やちん<br>**家賃**<br>월세 | やちん<br>**家賃** | |
| しききん<br>**敷金**<br>보증금 | しききん<br>**敷金** | |

| れい きん | れいきん | | |
|---|---|---|---|
| 礼金 | 礼金 | | |
| 사례금 | | | |

| ろう か | ろうか | | |
|---|---|---|---|
| 廊下 | 廊下 | | |
| 복도 | | | |

| げん かん | げんかん | | |
|---|---|---|---|
| 玄関 | 玄関 | | |
| 현관 | | | |

| ちゅう しゃ じょう | ちゅうしゃじょう | | |
|---|---|---|---|
| 駐車場 | 駐車場 | | |
| 주차장 | | | |

| へ や | へ や | | |
|---|---|---|---|
| 部屋 | 部屋 | | |
| 방 | | | |

| ふ ろ ば | ふ ろ ば | | |
|---|---|---|---|
| お風呂場 | お風呂場 | | |
| 욕실 | | | |

| せん めん じょ | せんめんじょ | | |
|---|---|---|---|
| 洗面所 | 洗面所 | | |
| (세면대가 있는) 화장실 | | | |

| れい ぞう こ | れいぞうこ | | |
|---|---|---|---|
| 冷蔵庫 | 冷蔵庫 | | |
| 냉장고 | | | |

| かい だん | かいだん | | |
|---|---|---|---|
| 階段 | 階段 | | |
| 계단 | | | |

| じゅうたく<br>**住宅ローン**<br>주택론,<br>주택담보대출 | じゅうたく<br>住宅ローン | | |
| --- | --- | --- | --- |
| **アパート**<br>저층의 공동주택 | アパート | | |
| **マンション**<br>맨션, 아파트 | マンション | | |
| **キッチン**<br>주방 | キッチン | | |
| **トイレ**<br>화장실 | トイレ | | |
| **リビング**<br>거실 | リビング | | |
| す<br>**過ごす**<br>지내다, 보내다 | す<br>過ごす | | |
| す<br>**住む**<br>살다, 거주하다 | す<br>住む | | |
| く<br>**暮らす**<br>살다, 생활하다 | く<br>暮らす | | |

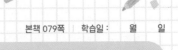

## Unit 12

# 자취

| ひとり ぐ<br>**一人暮らし**<br>자취 | ひとり ぐ<br>一人暮らし | | |
| --- | --- | --- | --- |
| へ や さが<br>**お部屋探し**<br>방 찾기, 방 구하기 | へ や さが<br>お部屋探し | | |
| たたみ べ や<br>**畳部屋**<br>다다미방 | たたみ べ や<br>畳部屋 | | |
| **こたつ**<br>코타츠 | こたつ | | |
| じ すい<br>**自炊**<br>손수 밥을 지어 먹음 | じ すい<br>自炊 | | |
| おとこめし<br>**男飯**<br>남자들이 즐겨 먹을 법한<br>간단한 요리 | おとこめし<br>男飯 | | |
| そう じ<br>**掃除**<br>청소 | そう じ<br>掃除 | | |

| そう じ き<br>**掃除機**<br>청소기 | そう じ き<br>掃除機 | | |
| --- | --- | --- | --- |
| しょっ き あら<br>**食器洗い**<br>설거지 | しょっ き あら<br>食器洗い | | |
| すい はん き<br>**炊飯器**<br>밥솥 | すいはん き<br>炊飯器 | | |
| てい でん<br>**停電**<br>정전 | ていでん<br>停電 | | |
| せん たく<br>**洗濯**<br>세탁, 빨래 | せんたく<br>洗濯 | | |
| せん たく もの<br>**洗濯物**<br>세탁물, 빨랫감 | せんたくもの<br>洗濯物 | | |
| でん き だい<br>**電気代**<br>전기 요금 | でん き だい<br>電気代 | | |
| すい どう だい<br>**水道代**<br>수도 요금 | すいどうだい<br>水道代 | | |
| だい<br>**ガス代**<br>가스 요금 | だい<br>ガス代 | | |

| アイロン<br>다리미 | アイロン | | |
|---|---|---|---|
| ゴミ袋<br>쓰레기 봉투 | <sup>ぶくろ</sup><br>ゴミ袋 | | |
| 燃えるゴミ<br>타는 쓰레기 | <sup>も</sup><br>燃えるゴミ | | |
| 生ゴミ<br>음식물 쓰레기 | <sup>なま</sup><br>生ゴミ | | |
| プラゴミ<br>플라스틱 쓰레기 | プラゴミ | | |
| ゴミの分別<br>분리수거 | <sup>ぶんべつ</sup><br>ゴミの分別 | | |
| 洗う<br>씻다 | <sup>あら</sup><br>洗う | | |
| 乾かす<br>말리다 | <sup>かわ</sup><br>乾かす | | |
| 干す<br>말리다 | <sup>ほ</sup><br>干す | | |

# Unit 13 취업

| | | |
|---|---|---|
| めん せつ<br>**面接**<br>면접 | めんせつ<br>面接 | |
| しゅうしょく<br>**就職**<br>취직 | しゅうしょく<br>就職 | |
| しゅうしょく かつ どう<br>**就職活動**<br>취업 준비 | しゅうしょくかつどう<br>就職活動 | |
| ない てい<br>**内定**<br>내정 | ないてい<br>内定 | |
| は けん<br>**派遣**<br>파견 | は けん<br>派遣 | |
| せい しゃ いん<br>**正社員**<br>정사원 | せいしゃいん<br>正社員 | |
| かい しゃ<br>**会社**<br>회사 | かいしゃ<br>会社 | |

| おおて きぎょう 大手企業 대기업, 탑기업 | おおて きぎょう<br>大手企業 | |
| だい き ぎょう 大企業 대기업 | だい き ぎょう<br>大企業 | |
| ちゅうしょう き ぎょう 中小企業 중소기업 | ちゅうしょう き ぎょう<br>中小企業 | |
| しゅっちょう 出張 출장 | しゅっちょう<br>出張 | |
| てん きん 転勤 전근 | てんきん<br>転勤 | |
| しん にゅう しゃ いん 新入社員 신입 사원 | しんにゅうしゃいん<br>新入社員 | |
| ちゅう と さいよう 中途採用 경력직 채용 | ちゅうと さいよう<br>中途採用 | |
| り れき しょ 履歴書 이력서 | り れきしょ<br>履歴書 | |
| がく れき 学歴 학력 | がくれき<br>学歴 | |

39

| 応募<br>おう ぼ<br>응모 | おう ぼ<br>応募 | | |
| インターン<br>인턴 | インターン | | |
| スーツ<br>수트, 정장 | スーツ | | |
| ニート<br>청년 백수 | ニート | | |
| ブラインド採用<br>さい よう<br>블라인드 채용 | | | |
| 応援する<br>おう えん<br>응원하다 | おうえん<br>応援する | | |
| 採用する<br>さい よう<br>채용하다 | さいよう<br>採用する | | |
| 役立つ<br>やく だ<br>도움이 되다 | やく だ<br>役立つ | | |
| 視野に入れる<br>し ゃ い<br>시야에 넣다 | | | |

# Unit 14

## 출퇴근

| | | |
|---|---|---|
| しゅっしゃ<br>**出社**<br>출근 | しゅっしゃ<br>出社 | |
| しゅっきん<br>**出勤**<br>출근 | しゅっきん<br>出勤 | |
| たい しゃ<br>**退社**<br>퇴사, 퇴근 | たいしゃ<br>退社 | |
| たい きん<br>**退勤**<br>퇴근 | たいきん<br>退勤 | |
| じょう し<br>**上司**<br>상사 | じょう し<br>上司 | |
| ぶ か<br>**部下**<br>부하 | ぶ か<br>部下 | |
| どう りょう<br>**同僚**<br>동료 | どうりょう<br>同僚 | |

41

| とり ひき さき 取引先 거래처 | とりひきさき<br>取引先 | | |
| --- | --- | --- | --- |
| し りょう 資料 자료 | しりょう<br>資料 | | |
| かい ぎ 会議 회의 | かいぎ<br>会議 | | |
| う あ 打ち合わせ 사전 미팅, 사전 협의 | う あ<br>打ち合わせ | | |
| ほう こく 報告 보고 | ほうこく<br>報告 | | |
| そう だん 相談 상담 | そうだん<br>相談 | | |
| てい じ たいしゃ 定時退社 칼퇴, 정시 퇴근 | ていじ たいしゃ<br>定時退社 | | |
| ちょっ き 直帰 현지 퇴근 | ちょっき<br>直帰 | | |
| でん しゃ 電車 전철 | でんしゃ<br>電車 | | |

| | |
|---|---|
| まんいんでんしゃ<br>**満員電車**<br>만원 전철 | まんいんでんしゃ<br>満員電車 |
| ざいたくきんむ<br>**在宅勤務**<br>재택근무 | ざいたくきんむ<br>在宅勤務 |
| しゅっきん<br>**出勤ラッシュ**<br>출근 러시 | |
| たいきん<br>**退勤ラッシュ**<br>퇴근 러시 | |
| **テレワーク**<br>텔레워크, 재택근무 | テレワーク |
| **リモートワーク**<br>원격 근무 | |
| かいぎ<br>**リモート会議**<br>원격회의 | |
| **メール**<br>메일 | メール |
| **スケジュール**<br>스케줄 | |

# Unit 15

## 급여

| | | |
|---|---|---|
| きゅう よ<br>**給与**<br>급여 | きゅう よ<br>給与 | |
| て ど<br>**手取り**<br>실수령액 | て ど<br>手取り | |
| ぜい きん<br>**税金**<br>세금 | ぜいきん<br>税金 | |
| ざん ぎょう だい<br>**残業代**<br>야근 수당 | ざんぎょうだい<br>残業代 | |
| き ほん きゅう<br>**基本給**<br>기본급 | き ほんきゅう<br>基本給 | |
| げん せん ちょう しゅう<br>**源泉徴収**<br>원천 징수 | げんせんちょうしゅう<br>源泉徴収 | |
| しょ とく ぜい<br>**所得税**<br>소득세 | しょとくぜい<br>所得税 | |

| かくていしんこく<br>**確定申告**<br>확정 신고 | かくていしんこく<br>確定申告 | | |
| :---: | :--- | :--- | :--- |
| ねんまつちょうせい<br>**年末調整**<br>연말 정산 | ねんまつちょうせい<br>年末調整 | | |
| じゅうぎょういん<br>**従業員**<br>종업원, 근로자 | じゅうぎょういん<br>従業員 | | |
| ふようかぞく<br>**扶養家族**<br>부양가족 | ふようかぞく<br>扶養家族 | | |
| たいしょくきん<br>**退職金**<br>퇴직금 | たいしょくきん<br>退職金 | | |
| ほうしゅう<br>**報酬**<br>보수 | ほうしゅう<br>報酬 | | |
| しゅうにゅう<br>**収入**<br>수입 | しゅうにゅう<br>収入 | | |
| のうぜい<br>**納税**<br>납세 | のうぜい<br>納税 | | |
| はんこ<br>**判子**<br>도장 | はんこ<br>判子 | | |

| | | | |
|---|---|---|---|
| ぎ む<br>**義務**<br>의무 | ぎ む<br>義務 | | |
| て つづ<br>**手続き**<br>수속, 절차 | て つづ<br>手続き | | |
| きゅうりょう び<br>**給料日**<br>월급날 | きゅうりょう び<br>給料日 | | |
| **ボーナス**<br>보너스 | ボーナス | | |
| **サイン**<br>사인 | サイン | | |
| **いろいろ**<br>여러 가지, 여러모로 | いろいろ | | |
| かせ<br>**稼ぐ**<br>(돈 · 시간 등을) 벌다 | かせ<br>稼ぐ | | |
| しん こく<br>**申告する**<br>신고하다 | しんこく<br>申告する | | |
| さ ひ<br>**差し引く**<br>빼다, 공제하다 | さ ひ<br>差し引く | | |

## Unit 16

# 사무 작업

| | | |
|---|---|---|
| **仕事** <br> し ごと <br> 일 | しごと <br> 仕事 | |
| **担当** <br> たん とう <br> 담당 | たんとう <br> 担当 | |
| **確認** <br> かく にん <br> 확인 | かくにん <br> 確認 | |
| **契約** <br> けい やく <br> 계약 | けいやく <br> 契約 | |
| **締め切り** <br> し き <br> 마감 | し き <br> 締め切り | |
| **提出** <br> てい しゅつ <br> 제출 | ていしゅつ <br> 提出 | |
| **期間** <br> き かん <br> 기간 | き かん <br> 期間 | |

| | えいぎょう | | |
|---|---|---|---|
| **営業**<br>えいぎょう<br>영업 | 営業 | | |
| **外回り**<br>そとまわ<br>외근, 외부 순환 | そとまわ<br>外回り | | |
| **作成**<br>さくせい<br>작성 | さくせい<br>作成 | | |
| **予算**<br>よ さん<br>예산 | よ さん<br>予算 | | |
| **事務作業**<br>じ む さぎょう<br>사무 작업 | じ む さぎょう<br>事務作業 | | |
| **経理**<br>けい り<br>경리 | けい り<br>経理 | | |
| **社長**<br>しゃ ちょう<br>사장 | しゃちょう<br>社長 | | |
| **部長**<br>ぶ ちょう<br>부장 | ぶ ちょう<br>部長 | | |
| **課長**<br>か ちょう<br>과장 | か ちょう<br>課長 | | |

| 報告書<br>ほう こく しょ<br>보고서 | ほうこくしょ<br>報告書 | | |
|---|---|---|---|
| ノルマ<br>(작업) 할당량 | ノルマ | | |
| ワード<br>워드 | ワード | | |
| エクセル<br>엑셀 | エクセル | | |
| パワーポイント<br>파워포인트 | | | |
| プリント<br>프린트 | プリント | | |
| 作成する<br>さく せい<br>작성하다 | さくせい<br>作成する | | |
| 交わす<br>か<br>주고받다, 교환하다 | か<br>交わす | | |
| 達成する<br>たっ せい<br>달성하다 | たっせい<br>達成する | | |

# Unit 17

## 연락

| れん らく<br>**連絡**<br>연락 | れんらく<br>連絡 | | |
| --- | --- | --- | --- |
| れん らく さき<br>**連絡先**<br>연락처 | れんらくさき<br>連絡先 | | |
| お かえ<br>**折り返し**<br>되돌림, 반대로 꺾음 | お　かえ<br>折り返し | | |
| へん じ<br>**返事**<br>답장 | へんじ<br>返事 | | |
| でん わ<br>**電話**<br>전화 | でん わ<br>電話 | | |
| つう わ ちゅう<br>**通話中**<br>통화 중 | つう わ ちゅう<br>通話中 | | |
| る す ばん でん わ<br>**留守番電話**<br>부재중 전화 | る す ばんでん わ<br>留守番電話 | | |

| | | | |
|---|---|---|---|
| めい し<br>**名刺**<br>명함 | めい し<br>名刺 | | |
| けい じ ばん<br>**掲示板**<br>게시판 | けい じ ばん<br>掲示板 | | |
| き どく<br>**既読**<br>이미 읽음 | き どく<br>既読 | | |
| き どく む し<br>**既読無視**<br>읽씹, 읽고 무시함 | き どく む し<br>既読無視 | | |
| み どく<br>**未読**<br>아직 안 읽음 | み どく<br>未読 | | |
| み どく む し<br>**未読無視**<br>안 읽씹, 읽지 않고 무시함 | み どく む し<br>未読無視 | | |
| つ ごう<br>**都合**<br>형편, 사정 | つ ごう<br>都合 | | |
| **ライン**<br>라인(LINE) | ライン | | |
| **マナーモード**<br>매너모드, 무음 | | | |

| ファックス<br>팩스 | ファックス | | |
| ホームページ<br>홈페이지 | | | |
| こまめに<br>자주, 여러 번 | こまめに | | |
| お　　　し　だい<br>終わり次第<br>끝나는 대로 | お　　　し　だい<br>終わり次第 | | |
| もしもし<br>여보세요 | もしもし | | |
| でん　わ<br>電話をかける<br>전화를 걸다 | | | |
| し<br>お知らせする<br>알리다, 공지하다 | | | |
| ほう　こく<br>報告する<br>보고하다 | ほう　こく<br>報告する | | |
| お　　　れん　らく<br>追って連絡する<br>추후에 연락하다 | | | |

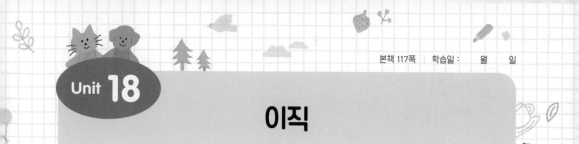

## Unit 18

# 이직

| てんしょく<br>**転職**<br>이직 | てんしょく<br>転職 | | |
| --- | --- | --- | --- |
| たいしょく<br>**退職**<br>퇴직 | たいしょく<br>退職 | | |
| きゅうしょく<br>**求職**<br>구직 | きゅうしょく<br>求職 | | |
| きゅうしょく<br>**休職**<br>휴직 | きゅうしょく<br>休職 | | |
| きゅうじん<br>**求人**<br>구인 | きゅうじん<br>求人 | | |
| しょくば<br>**職場**<br>직장 | しょくば<br>職場 | | |
| たいしょくとどけ<br>**退職届**<br>사표 | たいしょくとどけ<br>退職届 | | |

| | | | |
|---|---|---|---|
| はつしゅっきん<br>**初出勤**<br>첫 출근 | はつしゅっきん<br>初出勤 | | |
| し ごと さが<br>**仕事探し**<br>일 찾기 | し ごとさが<br>仕事探し | | |
| じょうけん<br>**条件**<br>조건 | じょうけん<br>条件 | | |
| しん せい かつ<br>**新生活**<br>신생활 | しんせいかつ<br>新生活 | | |
| てん しょく<br>**天職**<br>천직 | てんしょく<br>天職 | | |
| し かく<br>**資格**<br>자격(증) | し かく<br>資格 | | |
| きょう そう<br>**競争**<br>경쟁 | きょうそう<br>競争 | | |
| こう そつ<br>**高卒**<br>고졸 | こうそつ<br>高卒 | | |
| だい そつ<br>**大卒**<br>대졸 | だいそつ<br>大卒 | | |

| ～再開 | さいかい | |
|---|---|---|
| ～재개, ～다시 시작함 | 再開 | |

| パワハラ | パワハラ | |
|---|---|---|
| 갑질 | | |

| 新しい | あたら | |
|---|---|---|
| 새롭다 | 新しい | |

| 辛い | つら | |
|---|---|---|
| 괴롭다 | 辛い | |

| しんどい | しんどい | |
|---|---|---|
| 벅차다, 힘들다 | | |

| 疲れる | つか | |
|---|---|---|
| 피곤하다, 지치다 | 疲れる | |

| 辞める | や | |
|---|---|---|
| (일을) 그만두다, 사직하다 | 辞める | |

| 心配する | しんぱい | |
|---|---|---|
| 걱정하다 | 心配する | |

| 最善を尽くす | | |
|---|---|---|
| 최선을 다하다 | | |

## Unit 19

# 캠퍼스 라이프

| がっこう 学校 학교 | がっこう 学校 | |
|---|---|---|
| しょうがっこう 小学校 초등학교 | しょうがっこう 小学校 | |
| ちゅうがっこう 中学校 중학교 | ちゅうがっこう 中学校 | |
| こうこう 高校 고등학교 | こうこう 高校 | |
| だいがく 大学 대학 | だいがく 大学 | |
| だいがくいん 大学院 대학원 | だいがくいん 大学院 | |
| いちねんせい 1年生 1학년 | いちねんせい 1年生 | |

| | | |
|---|---|---|
| **いち じょ**<br>**1女**<br>1학년 여학생 | いちじょ<br><br>1女 | |
| **しん にゅう せい**<br>**新入生**<br>신입생 | しんにゅうせい<br><br>新入生 | |
| **ろう にん**<br>**浪人**<br>재수(생) | ろうにん<br><br>浪人 | |
| **りゅう ねん**<br>**留年**<br>유급 | りゅうねん<br><br>留年 | |
| **じ かん わり**<br>**時間割**<br>시간표 | じ かんわり<br><br>時間割 | |
| **し けん**<br>**試験**<br>시험 | しけん<br><br>試験 | |
| **たん い**<br>**単位**<br>학점 | たん い<br><br>単位 | |
| **がく ひ**<br>**学費**<br>학비 | がくひ<br><br>学費 | |
| **しょう がく きん**<br>**奨学金**<br>장학금, 학자금 | しょうがくきん<br><br>奨学金 | |

| | | | |
|---|---|---|---|

**学期**
がっき
学기

がっき
学期

**空きコマ**
あ
공강

あ
空きコマ

**レポート**
리포트

レポート

**モテキ**
이성에게 인기가 많은 시기

モテキ

**もう一度**
いちど
다시 한 번, 한 번 더

いちど
もう一度

**入る**
はい
들어가다, 들어오다

はい
入る

**受かる**
う
합격되다, 붙다

う
受かる

**落ちる**
お
떨어지다

お
落ちる

**勉強する**
べんきょう
공부하다

べんきょう
勉強する

## Unit 20

# 교내 발표

| | | |
|---|---|---|
| はっ ぴょう<br>**発表**<br>발표 | はっぴょう<br>発表 | |
| あい さつ<br>**挨拶**<br>인사 | あいさつ<br>挨拶 | |
| だい ほん<br>**台本**<br>대본 | だいほん<br>台本 | |
| ず<br>**図**<br>도표 | ず<br>図 | |
| ひょう<br>**表**<br>표 | ひょう<br>表 | |
| み ぶ て ぶ<br>**身振り手振り**<br>몸짓 손짓 | | |
| が めん<br>**画面**<br>화면 | が めん<br>画面 | |

| ひと め<br>一目<br>한눈 | ひと め<br>一目 | | |
| 目次<br>목차 | もく じ<br>目次 | | |
| か せつ<br>仮説<br>가설 | か せつ<br>仮説 | | |
| しつ もん<br>質問<br>질문 | しつ もん<br>質問 | | |
| ぎ もん<br>疑問<br>의문 | ぎ もん<br>疑問 | | |
| よ そう<br>予想<br>예상 | よ そう<br>予想 | | |
| けっ か<br>結果<br>결과 | けっ か<br>結果 | | |
| きょ しゅ<br>挙手<br>거수, 손을 듦 | きょ しゅ<br>挙手 | | |
| せい ちょう<br>清聴<br>경청 | せい ちょう<br>清聴 | | |

| グループ<br>그룹 | グループ | | |
| :-- | :-- | :-- | :-- |
| グラフ<br>그래프 | グラフ | | |
| プレゼンテーション<br>프레젠테이션 | | | |
| スライド<br>슬라이드 | スライド | | |
| <sup>エーヨン</sup><br>A4<br>A4 용지 | エーヨン<br>A4 | | |
| <sup>わ</sup><br>分かる<br>이해하다, 알다 | わ<br>分かる | | |
| <sup>し</sup><br>知る<br>알다 | し<br>知る | | |
| <sup>くば</sup><br>配る<br>분배하다, 배포하다 | くば<br>配る | | |
| <sup>もち</sup><br>用いる<br>쓰다, 이용하다 | もち<br>用いる | | |

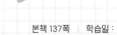

# Unit 21

# 디저트

| | | | |
|---|---|---|---|
| **お菓子**<br>과자 | <sup>か</sup> <sup>し</sup><br>お菓子 | | |
| **和菓子**<br>화과자,<br>일본의 전통 과자 | わ が し<br>和菓子 | | |
| **どら焼き**<br>도라야키 | や<br>どら焼き | | |
| **ようかん**<br>양갱 | ようかん | | |
| **かき氷**<br>빙수 | ごおり<br>かき氷 | | |
| **焼きたて**<br>갓 구움 | や<br>焼きたて | | |
| **デザート**<br>디저트 | デザート | | |

| プリン<br>푸딩 | プリン | | |
| アイスクリーム<br>아이스크림 | | | |
| ケーキ<br>케이크 | ケーキ | | |
| マカロン<br>마카롱 | マカロン | | |
| マフィン<br>머핀 | マフィン | | |
| パフェ<br>파르페 | パフェ | | |
| シュークリーム<br>슈크림 | | | |
| グミ<br>젤리 | グミ | | |
| ゼリー<br>젤리 | ゼリー | | |

| | | | |
|---|---|---|---|
| ガム<br>껌 | ガム | | |
| タルト<br>타르트 | タルト | | |
| チョコレート<br>초콜릿 | | | |
| あま<br>甘い<br>달다 | あま<br>甘い | | |
| あま<br>甘すぎない<br>너무 달지 않다 | あま<br>甘すぎない | | |
| いい<br>좋다 | いい | | |
| サクサク<br>바삭바삭 | サクサク | | |
| ザクザク<br>바삭바삭 | ザクザク | | |
| ふわふわ<br>푹신푹신, 폭신폭신 | ふわふわ | | |

64

## Unit 22

# 커피

| | | | |
|---|---|---|---|
| の もの<br>飲み物<br>마실 것, 음료 | の　　もの<br>飲み物 | | |
| みず<br>お水<br>물 | みず<br>お水 | | |
| こおり<br>氷<br>얼음 | こおり<br>氷 | | |
| いっ ぱい<br>１杯<br>한 잔 | いっぱい<br>１杯 | | |
| おお<br>多め<br>많음 | おお<br>多め | | |
| すく<br>少なめ<br>적음 | すく<br>少なめ | | |
| も かえ<br>お持ち帰り<br>포장, 테이크아웃 | も　　かえ<br>お持ち帰り | | |

| | | | |
|---|---|---|---|
| ついか<br>**追加**<br>추가 | ついか<br>追加 | | |
| ふた<br>**蓋**<br>뚜껑 | ふた<br>蓋 | | |
| てんない<br>**店内**<br>점내, 가게 안 | てんない<br>店内 | | |
| **スモールサイズ**<br>스몰 사이즈 | | | |
| **レギュラー**<br>레귤러 | レギュラー | | |
| **ラージ**<br>라지 | ラージ | | |
| **ホット**<br>핫(hot) | ホット | | |
| **アイス**<br>아이스(ice) | アイス | | |
| **コーヒー**<br>커피 | コーヒー | | |

| スタバ<br>스벅<br>(스타벅스의 줄임말) | スタバ | |
| コーラ<br>콜라 | コーラ | |
| カフェラテ<br>카페라떼 | カフェラテ | |
| フラペチーノ<br>프라푸치노 | | |
| ホイップクリーム<br>휘핑크림 | | |
| おい<br>美味しい<br>맛있다 | おい<br>美味しい | |
| つめ<br>冷たい<br>차갑다 | つめ<br>冷たい | |
| あつ<br>熱い<br>뜨겁다 | あつ<br>熱い | |
| ぬるい<br>미지근하다 | ぬるい | |

## Unit 23

# 술

| | | | |
|---|---|---|---|
| **お酒**<br>（さけ）<br>술 | さけ<br>お酒 | | |
| **おつまみ**<br>안주 | おつまみ | | |
| **居酒屋**<br>（い ざか や）<br>선술집 | い ざか や<br>居酒屋 | | |
| **梅酒**<br>（うめ しゅ）<br>매실주 | うめしゅ<br>梅酒 | | |
| **日本酒**<br>（に ほん しゅ）<br>일본술, 정종, 사케 | に ほんしゅ<br>日本酒 | | |
| **お通し**<br>（と お）<br>식전 음식 | と お<br>お通し | | |
| **乾杯**<br>（かん ぱい）<br>건배 | かんぱい<br>乾杯 | | |

| お会計 かいけい 계산 | かいけい お会計 | | |
| 一気飲み いっきの 원샷 | いっきの 一気飲み | | |
| 2次会 にじかい 2차 (모임) | にじかい 2次会 | | |
| 酔っ払い よぱら 술 취한 사람 | よ ぱら 酔っ払い | | |
| 二日酔い ふつかよ 숙취 | ふつか よ 二日酔い | | |
| ビール 맥주 | ビール | | |
| 生ビール なま 생맥주 | なま 生ビール | | |
| アルコール 알코올 | アルコール | | |
| チューハイ 츄하이 | チューハイ | | |

## ウーロンハイ
우롱하이

## レモンサワー
레몬사와

## 強い
つよ
강하다, 세다

つよ
強い

## 弱い
よわ
약하다

よわ
弱い

## 頭が痛い
あたま　いた
머리가 아프다

あたま　　いた
頭が痛い

## 気持ち悪い
き　も　わる
기분 나쁘다

き　も　　わる
気持ち悪い

## 頼む
たの
부탁하다, 주문하다

たの
頼む

## 飲み過ぎる
の　　す
과음하다

の　　す
飲み過ぎる

## 酔っ払う
よ　　ぱら
만취하다

よ　　ぱら
酔っ払う

# Unit 24

# 요리

| | | |
|---|---|---|
| りょう り<br>**料理**<br>요리 | りょうり<br>料理 | |
| す し<br>**寿司**<br>초밥 | す し<br>寿司 | |
| あぶら<br>**油**<br>기름 | あぶら<br>油 | |
| ぎょう ざ<br>**餃子**<br>만두 | ぎょう ざ<br>餃子 | |
| や とり<br>**焼き鳥**<br>닭꼬치 | や とり<br>焼き鳥 | |
| や ざかな<br>**焼き魚**<br>생선구이 | や ざかな<br>焼き魚 | |
| ちょう み りょう<br>**調味料**<br>조미료 | ちょう み りょう<br>調味料 | |

| 일본어 | 쓰기 | |
|---|---|---|
| **ラーメン**<br>라멘 | ラーメン | |
| **一口サイズ**<br>ひとくち<br>한 입 사이즈, 한 입 크기 | ひとくち<br>一口サイズ | |
| **チャーハン**<br>중국식 볶음밥 | チャーハン | |
| **新鮮だ**<br>しんせん<br>신선하다 | しんせん<br>新鮮だ | |
| **綺麗だ**<br>きれい<br>예쁘다, 깨끗하다 | きれい<br>綺麗だ | |
| **食べる**<br>た<br>먹다 | た<br>食べる | |
| **出前を取る**<br>でまえ と<br>(음식을) 배달시켜 먹다 | でまえ と<br>出前を取る | |
| **注文する**<br>ちゅうもん<br>주문하다 | ちゅうもん<br>注文する | |
| **揚げる**<br>あ<br>튀기다 | あ<br>揚げる | |

| お湯を沸かす<br>물을 끓이다 | | |
| --- | --- | --- |
| 沸騰する<br>끓다, 끓어오르다 | ふっとう<br>沸騰する | |
| 切る<br>자르다, 베다, 깎다 | き<br>切る | |
| 茹でる<br>(살짝) 삶다, 데치다 | ゆ<br>茹でる | |
| 炒める<br>볶다 | いた<br>炒める | |
| 蒸す<br>찌다 | む<br>蒸す | |
| 煮る<br>(푹) 삶다,<br>끓이다, 조리다 | に<br>煮る | |
| 焼く<br>굽다 | や<br>焼く | |
| 気を付ける<br>조심하다 | き つ<br>気を付ける | |

## Unit 25 과일

| くだもの 果物 과일 | くだもの<br>果物 | |
| --- | --- | --- |
| かわ 皮 껍질 | かわ<br>皮 | |
| へた 꼭지 | へた | |
| りんご 사과 | りんご | |
| みかん 귤 | みかん | |
| なし 梨 배 | なし<br>梨 | |
| いちご 딸기 | いちご | |

| もも<br>복숭아 | もも | |
| ぶどう<br>포도 | ぶどう | |
| すいか<br>수박 | すいか | |
| さ とう<br>砂糖<br>설탕 | さ とう<br>砂糖 | |
| れん にゅう<br>練乳<br>연유 | れんにゅう<br>練乳 | |
| す で<br>素手<br>맨손 | す で<br>素手 | |
| バナナ<br>바나나 | バナナ | |
| パイナップル<br>파인애플 | | |
| メロン<br>메론 | メロン | |

| | | | |
|---|---|---|---|
| **キウイ**<br>키위 | キウイ | | |
| **グレープフルーツ**<br>그레이프프루트, 자몽 | | | |
| **ザクロ**<br>석류 | ザクロ | | |
| **スプーン**<br>스푼, 숟가락 | スプーン | | |
| **フォーク**<br>포크 | フォーク | | |
| <sup>す</sup>**酸っぱい**<br>시다, 시큼하다 | <sup>す</sup>酸っぱい | | |
| <sup>あま</sup><sup>ず</sup>**甘酸っぱい**<br>새콤달콤하다 | <sup>あま ず</sup>甘酸っぱい | | |
| <sup>わ</sup>**分ける**<br>나누다 | <sup>わ</sup>分ける | | |
| <sup>む</sup>**剥く**<br>벗기다, 까다 | <sup>む</sup>剥く | | |

## Unit 26

# 쇼핑

| | |
|---|---|
| か もの<br>**買い物**<br>쇼핑 | か もの<br>買い物 |
| ひま<br>**暇つぶし**<br>시간 때우기 | ひま<br>暇つぶし |
| かね<br>**お金**<br>돈 | かね<br>お金 |
| ね だん<br>**値段**<br>가격 | ね だん<br>値段 |
| **おつり**<br>거스름돈 | おつり |
| わり びき<br>**割引**<br>할인 | わりびき<br>割引 |
| しょう どう が<br>**衝動買い**<br>충동구매 | しょうどう が<br>衝動買い |

| | | |
|---|---|---|
| そうりょう む りょう<br>**送料無料**<br>무료 배송 | そうりょう む りょう<br>送料無料 | |
| と よ<br>**お取り寄せ**<br>(주문해서) 가져오게 함 | と よ<br>お取り寄せ | |
| し ちゃく<br>**試着**<br>한 번 입어 봄 | し ちゃく<br>試着 | |
| う き<br>**売り切れ**<br>품절 | う き<br>売り切れ | |
| いっ かつ ばら<br>**一括払い**<br>일시불 | いっかつばら<br>一括払い | |
| ぶくろ<br>**ビニール袋**<br>비닐봉지 | ぶくろ<br>ビニール袋 | |
| **セール**<br>세일 | セール | |
| **クーポン**<br>쿠폰 | クーポン | |
| **レシート**<br>영수증 | レシート | |

| クレジットカード<br>신용 카드 | | |
|---|---|---|
| ネットショッピング<br>인터넷 쇼핑 | | |
| ウィンドウショッピング<br>윈도쇼핑, 아이쇼핑 | | |
| レジ<br>계산대 | レジ | |
| <ruby>高<rt>たか</rt></ruby>い<br>비싸다, 높다 | <ruby>高<rt>たか</rt></ruby>い | |
| <ruby>欲<rt>ほ</rt></ruby>しい<br>원하다, 갖고 싶다 | <ruby>欲<rt>ほ</rt></ruby>しい | |
| <ruby>買<rt>か</rt></ruby>う<br>사다 | <ruby>買<rt>か</rt></ruby>う | |
| <ruby>売<rt>う</rt></ruby>る<br>팔다 | <ruby>売<rt>う</rt></ruby>る | |
| <ruby>返品<rt>へんぴん</rt></ruby>する<br>반품하다 | <ruby>返品<rt>へんぴん</rt></ruby>する | |

# Unit 27

# 화장품

| | | | |
|---|---|---|---|
| け しょう ひん<br>**化粧品**<br>화장품 | け しょうひん<br>化粧品 | | |
| け しょう<br>**化粧**<br>화장 | け しょう<br>化粧 | | |
| け しょうすい<br>**化粧水**<br>스킨 | け しょうすい<br>化粧水 | | |
| にゅう えき<br>**乳液**<br>로션 | にゅうえき<br>乳液 | | |
| びん かん はだ<br>**敏感肌**<br>민감 피부 | びんかんはだ<br>敏感肌 | | |
| かん そう はだ<br>**乾燥肌**<br>건성 피부 | かんそうはだ<br>乾燥肌 | | |
| ちん せい こう か<br>**鎮静効果**<br>진정 효과 | ちんせいこう か<br>鎮静効果 | | |

| くち べに<br>口紅<br>립스틱 | くちべに<br>口紅 | | |
| --- | --- | --- | --- |
| ひ や　ど<br>日焼け止め<br>선크림 | ひ や　ど<br>日焼け止め | | |
| はだ<br>オイリー肌<br>지성 피부 | はだ<br>オイリー肌 | | |
| スキンケア<br>스킨케어 | スキンケア | | |
| パーソナルカラー<br>퍼스널 컬러 | | | |
| イエベ<br>웜톤 | イエベ | | |
| ブルベ<br>쿨톤 | ブルベ | | |
| アイシャドウ<br>아이섀도 | | | |
| クレンジング<br>클렌징 | | | |

| メイク落とし<br>クレン저 | | |
| --- | --- | --- |
| パック<br>팩 | パック | |
| ニキビ<br>여드름 | ニキビ | |
| しっとり<br>촉촉한 모양 | しっとり | |
| モチモチする<br>탱탱하다 | | |
| 塗る<br>바르다, 칠하다 | 塗る | |
| 落とす<br>떨어뜨리다,<br>(화장을) 지우다 | 落とす | |
| 荒れる<br>거칠어지다,<br>(피부) 트러블이 나다 | 荒れる | |
| 潤う<br>촉촉해지다, 축축해지다 | 潤う | |

**Unit 28**

# 옷

| | | |
|---|---|---|
| ふく<br>**服**<br>옷 | ふく<br>服 | |
| よう ふく<br>**洋服**<br>(서양식) 옷 | ようふく<br>洋服 | |
| ふく そう<br>**服装**<br>복장 | ふくそう<br>服装 | |
| くつ<br>**靴**<br>신발, 구두 | くつ<br>靴 | |
| くつ した<br>**靴下**<br>양말 | くつした<br>靴下 | |
| おお<br>**大きさ**<br>크기 | おお<br>大きさ | |
| ころも が<br>**衣替え**<br>옷 정리 | ころも が<br>衣替え | |

| | | | |
|---|---|---|---|
| 半袖<br>はんそで<br>반팔 | はんそで<br>半袖 | | |
| 長袖<br>ながそで<br>긴팔 | ながそで<br>長袖 | | |
| 帽子<br>ぼうし<br>모자 | ぼうし<br>帽子 | | |
| しみ<br>얼룩, 기미 | しみ | | |
| ズボン<br>바지 | ズボン | | |
| スカート<br>치마 | スカート | | |
| Ｔシャツ<br>ティー<br>티셔츠 | ティー<br>Ｔシャツ | | |
| スニーカー<br>스니커즈 | スニーカー | | |
| サンダル<br>샌들 | サンダル | | |

| ジャージ<br>추리닝 | ジャージ | | |
| トレーナー<br>맨투맨 티셔츠, 스웨트 셔츠 | トレーナー | | |
| ポケット<br>주머니 | ポケット | | |
| パーカー<br>후드티 | パーカー | | |
| ワンピース<br>원피스 | ワンピース | | |
| きつい<br>(정도가) 심하다,<br>(옷이) 꽉 끼다 | きつい | | |
| 緩い<br>느슨하다, 헐겁다 | ゆる<br>緩い | | |
| ダボっとしている<br>헐렁하다 | | | |
| ピッチリしている<br>딱 맞다 | | | |

## Unit 29

# 편의점

| | | | |
|---|---|---|---|
| **たばこ**<br>담배 | たばこ | | |
| **おにぎり**<br>삼각김밥, 주먹밥 | おにぎり | | |
| **おでん**<br>오뎅, 어묵탕 | おでん | | |
| ざっ し<br>**雑誌**<br>잡지 | ざっし<br>雑誌 | | |
| いん さつ<br>**印刷**<br>인쇄 | いんさつ<br>印刷 | | |
| しょう ひん<br>**商品**<br>상품 | しょうひん<br>商品 | | |
| げん てい<br>**限定**<br>한정 | げんてい<br>限定 | | |

| お弁当 | べんとう | | |
| 도시락 | お弁当 | | |
| 宅配便 | たくはいびん | | |
| 택배 | 宅配便 | | |
| ２４時間営業 | | | |
| 24시간 영업 | | | |
| パン | パン | | |
| 빵 | | | |
| サンドイッチ | | | |
| 샌드위치 | | | |
| コンビニ | コンビニ | | |
| 편의점 | | | |
| コンビニスイーツ | | | |
| 편의점 디저트 | | | |
| ローソン | ローソン | | |
| 로손 | | | |
| セブン | セブン | | |
| 세븐일레븐 | | | |

| ファミマ<br>패밀리마트 | ファミマ | |
|---|---|---|
| ファミチキ<br>패밀리마트 치킨 | ファミチキ | |
| エーティーエム<br>ATM<br>ATM, 현금 자동 입출금기 | エーティーエム<br>ATM | |
| べん り<br>便利だ<br>편리하다 | べん り<br>便利だ | |
| ゆう めい<br>有名だ<br>유명하다 | ゆうめい<br>有名だ | |
| おく<br>送る<br>보내다 | おく<br>送る | |
| う と<br>受け取る<br>받다, 수취하다 | う と<br>受け取る | |
| よ<br>寄る<br>들르다 | よ<br>寄る | |
| かね<br>お金をおろす<br>돈을 꺼내다, 돈을 찾다 | | |

## Unit 30 명품

| じょうれん **常連** 단골 손님 | じょうれん 常連 | |
| お**客**さん 손님 | きゃく お客さん | |
| ひゃっ か てん **百貨店** 백화점 | ひゃっ か てん 百貨店 | |
| と けい **時計** 시계 | と けい 時計 | |
| こう すい **香水** 향수 | こうすい 香水 | |
| さい ふ **財布** 지갑 | さい ふ 財布 | |
| こう きゅう **高級** 고급 | こうきゅう 高級 | |

89

| | ざい こ | | |
|---|---|---|---|
| 在庫<br>재고 | 在庫 | | |
| 数量限定<br>한정 수량 | すうりょうげんてい<br>数量限定 | | |
| お得<br>이득 | とく<br>お得 | | |
| 新品<br>새 상품 | しんぴん<br>新品 | | |
| 行列<br>행렬 | ぎょうれつ<br>行列 | | |
| 列<br>열, 줄 | れつ<br>列 | | |
| 憧れ<br>동경 | あこが<br>憧れ | | |
| コラボ<br>콜라보 | コラボ | | |
| ブランド<br>브랜드 | ブランド | | |

| カバン<br>가방 | カバン | | |
| --- | --- | --- | --- |
| たい せつ<br>大切だ<br>소중하다 | たいせつ<br>大切だ | | |
| す てき<br>素敵だ<br>멋지다, 근사하다 | すてき<br>素敵だ | | |
| じょう ひん<br>上品だ<br>고상하다, 고급지다 | じょうひん<br>上品だ | | |
| こ<br>混む<br>붐비다, 혼잡하다 | こ<br>混む | | |
| す<br>空いている<br>비어 있다 | す<br>空いている | | |
| く ろう<br>苦労する<br>고생하다 | く ろう<br>苦労する | | |
| て い<br>手に入れる<br>손에 넣다 | て い<br>手に入れる | | |
| なが も<br>長持ちする<br>오래가다 | なが も<br>長持ちする | | |

91

## Unit 31

# PC방

| | | |
|---|---|---|
| いち じ かん<br>**1 時間**<br>한 시간 | いち じ かん<br>1 時間 | |
| じ かん せい<br>**時間制**<br>시간제 | じ かんせい<br>時間制 | |
| こ しつ<br>**個室**<br>개인실 | こ しつ<br>個室 | |
| じ ゆう<br>**自由**<br>자유 | じ ゆう<br>自由 | |
| まん が<br>**漫画**<br>만화(책) | まん が<br>漫画 | |
| まん が きっ さ<br>**漫画喫茶**<br>만화 카페, 만화방 | まん が きっ さ<br>漫画喫茶 | |
| た よ<br>**立ち読み**<br>서서 읽기 | た よ<br>立ち読み | |

| うけ つけ<br>**受付**<br>접수(처) | うけつけ<br>受付 | |
| 引きこもり<br>히키코모리,<br>은둔형 외톨이 | ひ<br>引きこもり | |
| み ほう だい<br>**見放題**<br>무제한 보기 | み ほうだい<br>見放題 | |
| しん ぶん<br>**新聞**<br>신문 | しんぶん<br>新聞 | |
| か だ<br>**貸し出し**<br>대여 | か だ<br>貸し出し | |
| む りょう<br>**無料**<br>무료 | む りょう<br>無料 | |
| にゅう しつ<br>**入室**<br>입실 | にゅうしつ<br>入室 | |
| たい しつ<br>**退室**<br>퇴실 | たいしつ<br>退室 | |
| たい しゅつ<br>**退出**<br>퇴출 | たいしゅつ<br>退出 | |

| お手洗い<br>화장실 | お手洗い | | |
| 先払い<br>선불 | 先払い | | |
| 寝泊り<br>숙박 | 寝泊り | | |
| ルーム<br>룸 | ルーム | | |
| サービス<br>서비스 | サービス | | |
| ブランケット<br>담요 | | | |
| トイレットペーパー<br>(두루마리) 화장지 | | | |
| ネットカフェ<br>인터넷 카페, PC방 | | | |
| コインランドリー<br>빨래방 | | | |

**Unit 32**

# 카페

| ふんいき<br>**雰囲気**<br>분위기 | ふんいき<br>雰囲気 | |
| :---: | :---: | :---: |
| いや<br>**癒し**<br>힐링 | いや<br>癒し | |
| いりぐち<br>**入口**<br>입구 | いりぐち<br>入口 | |
| ちゃ<br>**お茶**<br>(마시는) 차 | ちゃ<br>お茶 | |
| いす<br>**椅子**<br>의자 | いす<br>椅子 | |
| あ せき<br>**空いている席**<br>비어 있는 자리, 빈자리 | | |
| かくほ<br>**確保**<br>확보 | かくほ<br>確保 | |

95

| | | | |
|---|---|---|---|
| いっ かい<br>**1階**<br>1층 | いっかい<br>1階 | | |
| **おしゃれ**<br>세련됨, 멋 | おしゃれ | | |
| **おごり**<br>한턱냄 | おごり | | |
| てん いん<br>**店員**<br>점원 | てんいん<br>店員 | | |
| **カフェ**<br>카페 | カフェ | | |
| だい<br>**カフェ代**<br>카페 이용료 | だい<br>カフェ代 | | |
| **テーブル**<br>테이블 | テーブル | | |
| **ソファー**<br>소파 | ソファー | | |
| **ムード**<br>무드, 분위기 | ムード | | |

| どくとく<br>独特だ<br>독특하다 | どくとく<br>独特だ | | |
| --- | --- | --- | --- |
| ひろ<br>広い<br>넓다 | ひろ<br>広い | | |
| い ごこ ち<br>居心地がいい<br>(있기에) 편하다 | | | |
| ゆっくり<br>천천히 | ゆっくり | | |
| まったり<br>느긋이 | まったり | | |
| こぢんまり<br>아담히 | こぢんまり | | |
| ふ<br>拭く<br>닦다 | ふ<br>拭く | | |
| やす<br>休む<br>쉬다 | やす<br>休む | | |
| せき と<br>席を取る<br>자리를 잡다 | せき と<br>席を取る | | |

**Unit 33**

# 코로나

| よ ぼう<br>**予防**<br>예방 | よ ぼう<br>予防 | |
|---|---|---|
| よ ぼう せっ しゅ<br>**予防接種**<br>예방 접종 | よぼうせっしゅ<br>予防接種 | |
| ちゅう しゃ<br>**注射**<br>주사 | ちゅうしゃ<br>注射 | |
| しょう どく<br>**消毒**<br>소독 | しょうどく<br>消毒 | |
| ねつ<br>**熱**<br>열 | ねつ<br>熱 | |
| **くしゃみ**<br>재채기 | くしゃみ | |
| たい おん<br>**体温**<br>체온 | たいおん<br>体温 | |

| かんせん<br>**感染**<br>감염 | かんせん<br>感染 | |
| --- | --- | --- |
| さんみつ<br>**三密**<br>삼밀(밀폐, 밀집, 밀접) | さんみつ<br>三密 | |
| びょういん<br>**病院**<br>병원 | びょういん<br>病院 | |
| かくり<br>**隔離**<br>격리 | かくり<br>隔離 | |
| けんさ<br>**検査**<br>검사 | けんさ<br>検査 | |
| ふくさよう<br>**副作用**<br>부작용 | ふくさよう<br>副作用 | |
| たいさく<br>**対策**<br>대책 | たいさく<br>対策 | |
| てあら<br>**手洗いうがい**<br>손씻기 양치질 | | |
| **コロナ**<br>코로나 | コロナ | |

| | | | |
|---|---|---|---|
| **コロナ太<sup>ぶと</sup>り**<br>코로나로 인해<br>급격히 살찐 것 | <sup>ぶと</sup><br>コロナ太り | | |
| **コロナ禍<sup>か</sup>**<br>코로나 재앙 | <sup>か</sup><br>コロナ禍 | | |
| **ワクチン**<br>백신 | ワクチン | | |
| **マスク**<br>마스크 | マスク | | |
| **ウイルス**<br>바이러스 | ウイルス | | |
| **ズーム**<br>줌(zoom) | ズーム | | |
| **打<sup>う</sup>つ**<br>치다, 때리다 | <sup>う</sup><br>打つ | | |
| **うつる**<br>옮다 | うつる | | |
| **測<sup>はか</sup>る**<br>재다 | <sup>はか</sup><br>測る | | |

# Unit 34

## 해외여행

| かい がい<br>海外<br>해외 | かいがい<br>海外 | |
|---|---|---|
| りょ こう<br>旅行<br>여행 | りょこう<br>旅行 | |
| ひ こう き<br>飛行機<br>비행기 | ひこうき<br>飛行機 | |
| せ かい<br>世界<br>세계 | せかい<br>世界 | |
| おう べい<br>欧米<br>유럽과 미국 | おうべい<br>欧米 | |
| とう なん<br>東南アジア<br>동남아시아 | とうなん<br>東南アジア | |
| かん こく<br>韓国<br>한국 | かんこく<br>韓国 | |

| | | |
|---|---|---|
| たい わん<br>**台湾**<br>대만 | たいわん<br>台湾 | |
| に ほん<br>**日本**<br>일본 | にほん<br>日本 | |
| よ やく<br>**予約**<br>예약 | よやく<br>予約 | |
| けい かく<br>**計画**<br>계획 | けいかく<br>計画 | |
| りょう がえ<br>**両替**<br>환전 | りょうがえ<br>両替 | |
| へん あつ き<br>**変圧器**<br>변압기 | へんあつき<br>変圧器 | |
| ほん やく き<br>**翻訳機**<br>번역기 | ほんやくき<br>翻訳機 | |
| えい ご<br>**英語**<br>영어 | えいご<br>英語 | |
| さ ぎ<br>**詐欺**<br>사기 | さぎ<br>詐欺 | |

| 航空券<br>こうくうけん<br>항공권 | こうくうけん<br>航空券 | |
| --- | --- | --- |
| 時間厳守<br>じかんげんしゅ<br>시간 엄수 | じかんげんしゅ<br>時間厳守 | |
| 離陸<br>りりく<br>이륙 | りりく<br>離陸 | |
| 着陸<br>ちゃくりく<br>착륙 | ちゃくりく<br>着陸 | |
| スーツケース<br>캐리어 | | |
| レストラン<br>레스토랑 | レストラン | |
| ホテル<br>호텔 | ホテル | |
| ハプニング<br>해프닝 | ハプニング | |
| ぼったくる<br>바가지 씌우다 | ぼったくる | |

## Unit 35 국내 여행

| | | | |
|---|---|---|---|
| こく ない りょ こう<br>**国内旅行**<br>국내 여행 | こくないりょこう<br>国内旅行 | | |
| みん ぱく<br>**民泊**<br>민박 | みんぱく<br>民泊 | | |
| ふね<br>**船**<br>배 | ふね<br>船 | | |
| うみ<br>**海**<br>바다 | うみ<br>海 | | |
| しゃ ちゅう はく<br>**車中泊**<br>차박 | しゃちゅうはく<br>車中泊 | | |
| に はく みっ か<br>**2泊3日**<br>2박 3일 | に はくみっか<br>2泊3日 | | |
| なつ やす<br>**夏休み**<br>여름 방학, 여름휴가 | なつやす<br>夏休み | | |

| 花火 はな び 불꽃놀이 | はな び 花火 | | |
|---|---|---|---|
| お土産 み やげ 기념 선물 | み やげ お土産 | | |
| 観光地 かん こう ち 관광지 | かんこう ち 観光地 | | |
| 旅行会社 りょ こう がい しゃ 여행사 | りょこうがいしゃ 旅行会社 | | |
| 見学 けん がく 견학 | けんがく 見学 | | |
| 体験 たい けん 체험 | たいけん 体験 | | |
| おみくじ 제비, 점괘 | おみくじ | | |
| 温泉 おん せん 온천 | おんせん 温泉 | | |
| リュックサック 배낭 | | | |

| コスパ 가성비 | コスパ | | |
|---|---|---|---|
| バーベキュー BBQ 바비큐 | バーベキュー BBQ | | |
| ゲストハウス 게스트 하우스 | | | |
| コテージ 펜션 | コテージ | | |
| パワースポット 파워 스팟 | | | |
| バックパッカー 백패커, 배낭 여행자 | | | |
| へとへとだ 녹초가 되다, 진이 빠지다 | へとへとだ | | |
| めぐ 巡る 돌아다니다, 여기저기 돌다 | めぐ 巡る | | |
| て 手こずる 애먹다, 어찌할 바를 모르다 | て 手こずる | | |

# Unit 36

## 교통

| | | |
|---|---|---|
| ちかてつ<br>**地下鉄**<br>지하철 | ちかてつ<br>地下鉄 | |
| おうだんほどう<br>**横断歩道**<br>횡단보도 | おうだんほどう<br>横断歩道 | |
| でんしゃちん<br>**電車賃**<br>전철비 | でんしゃちん<br>電車賃 | |
| こうつうしゅだん<br>**交通手段**<br>교통수단 | こうつうしゅだん<br>交通手段 | |
| こうつうひ<br>**交通費**<br>교통비 | こうつうひ<br>交通費 | |
| りょうきん<br>**料金**<br>요금 | りょうきん<br>料金 | |
| きっぷ<br>**切符**<br>표 | きっぷ<br>切符 | |

| かい さつ ぐち | かいさつぐち | | |
|---|---|---|---|
| 改札口 改찰구 | 改札口 | | |
| で ぐち | でぐち | | |
| 出口 출구 | 出口 | | |
| くるま | くるま | | |
| 車 자동차 | 車 | | |
| じ てん しゃ | じ てんしゃ | | |
| 自転車 자전거 | 自転車 | | |
| くう しゃ | くうしゃ | | |
| 空車 빈차 | 空車 | | |
| あい の | あい の | | |
| 相乗り 합승, 같이 탐 | 相乗り | | |
| じ どう はん ばい き | じ どうはんばい き | | |
| 自動販売機 자동판매기 | 自動販売機 | | |
| しん ごう き | しんごう き | | |
| 信号機 신호등 | 信号機 | | |
| えき | えき | | |
| 駅 역 | 駅 | | |

| つり革 かわ 손잡이 | かわ つり革 | | |
| --- | --- | --- | --- |
| ~行き ゆ (목적지를 향해) ~행 | ゆ 行き | | |
| パスモ 파스모 *교통카드 중 하나 | パスモ | | |
| スイカ 스이카 *교통카드 중 하나 | スイカ | | |
| バス 버스 | バス | | |
| タクシー 택시 | タクシー | | |
| 乗る の 타다 | の 乗る | | |
| 降りる お 내리다 | お 降りる | | |
| 乗り換える の か 갈아타다, 환승하다 | の か 乗り換える | | |

# Unit 37

## 다이어트

| たいじゅう<br>**体重**<br>체중 | たいじゅう<br>体重 | |
| --- | --- | --- |
| たい けい<br>**体型**<br>체형 | たいけい<br>体型 | |
| げん りょう<br>**減量**<br>감량 | げんりょう<br>減量 | |
| もく ひょう<br>**目標**<br>목표 | もくひょう<br>目標 | |
| しょく じ<br>**食事**<br>식사 | しょくじ<br>食事 | |
| うん どう<br>**運動**<br>운동 | うんどう<br>運動 | |
| き ぐ<br>**器具**<br>기구 | き ぐ<br>器具 | |

| たん すい か ぶつ<br>炭水化物<br>탄수화물 | たんすい か ぶつ<br>炭水化物 | | |
| ぼう いん ぼう しょく<br>暴飲暴食<br>폭음 폭식 | ぼういんぼうしょく<br>暴飲暴食 | | |
| みっ か ぼう ず<br>三日坊主<br>작심삼일 | みっ か ぼう ず<br>三日坊主 | | |
| ダイエット<br>다이어트 | ダイエット | | |
| ダイエット宣言<br>せん げん<br>다이어트 선언 | | | |
| メニュー<br>메뉴 | メニュー | | |
| きん<br>筋トレ<br>근력 운동 | きん<br>筋トレ | | |
| スクワット<br>스쿼트 | スクワット | | |
| リバウンド<br>요요, 리바운드 | リバウンド | | |

| タンパク質<br>しつ<br>단백질 | しつ<br>タンパク質 | |
| --- | --- | --- |
| ふくよかだ<br>뚱뚱하다 | ふくよかだ | |
| ガリガリ<br>삐쩍 마름 | ガリガリ | |
| せいげん<br>制限する<br>제한하다 | せいげん<br>制限する | |
| がんば<br>頑張る<br>힘내다 | がんば<br>頑張る | |
| や<br>痩せる<br>살이 빠지다 | や<br>痩せる | |
| ふと<br>太る<br>살찌다 | ふと<br>太る | |
| く かえ<br>繰り返す<br>되풀이하다, 반복하다 | く かえ<br>繰り返す | |
| が まん<br>我慢する<br>참다, 견디다 | が まん<br>我慢する | |

# Unit 38

# 자기 계발

| じ ぶん<br>**自分**<br>자기, 자신 | じ ぶん<br>自分 | | |
| --- | --- | --- | --- |
| せい ちょう<br>**成長**<br>성장 | せいちょう<br>成長 | | |
| ひと<br>**人それぞれ**<br>사람마다 다름 | ひと<br>人それぞれ | | |
| ゆう せんじゅん い<br>**優先順位**<br>우선순위 | ゆうせんじゅん い<br>優先順位 | | |
| た にん<br>**他人**<br>타인, 남 | た にん<br>他人 | | |
| じ ぶん みが<br>**自分磨き**<br>자기 관리 | じ ぶんみが<br>自分磨き | | |
| じ こ けい はつ<br>**自己啓発**<br>자기 계발 | じ こ けいはつ<br>自己啓発 | | |

| | | |
|---|---|---|
| **自己肯定感**<br>じ こ こう てい かん<br>자존감 | じ こ こうていかん<br>自己肯定感 | |
| **自己嫌悪**<br>じ こ けん お<br>자기혐오 | じ こ けんお<br>自己嫌悪 | |
| **自信**<br>じ しん<br>자신(감) | じ しん<br>自信 | |
| **生き方**<br>い かた<br>사는 방식 | い かた<br>生き方 | |
| **心理**<br>しん り<br>심리 | しん り<br>心理 | |
| **両立**<br>りょう りつ<br>양립 | りょうりつ<br>両立 | |
| **スキル**<br>스킬, 기능, 기술 | スキル | |
| **プライド**<br>프라이드, 자존심, 자긍심 | プライド | |
| **ポジティブ**<br>포지티브, 긍정적 | ポジティブ | |

| スペック<br>스펙 | スペック | |
|---|---|---|
| たの<br>頼もしい<br>믿음직하다 | たの<br>頼もしい | |
| き<br>気にしない<br>신경 안 쓰다 | き<br>気にしない | |
| じゅん び<br>準備する<br>준비하다 | じゅん び<br>準備する | |
| たか<br>高める<br>높이다 | たか<br>高める | |
| ちょうせん<br>挑戦する<br>도전하다 | ちょうせん<br>挑戦する | |
| こう どう うつ<br>行動に移す<br>행동으로 옮기다 | こうどう うつ<br>行動に移す | |
| きわ<br>極める<br>(극에 다다를 때까지)<br>노력하다 | きわ<br>極める | |
| ひ かく<br>比較する<br>비교하다 | ひ かく<br>比較する | |

## Unit 39

# 인테리어

| しゅうのう<br>**収納**<br>수납 | しゅうのう<br>収納 | | |
| こ もの<br>**小物**<br>소품 | こ もの<br>小物 | | |
| ふ とん<br>**布団**<br>이불 | ふ とん<br>布団 | | |
| かがみ<br>**鏡**<br>거울 | かがみ<br>鏡 | | |
| つくえ<br>**机**<br>책상 | つくえ<br>机 | | |
| みなみ む<br>**南向き**<br>남향 | みなみ む<br>南向き | | |
| ま ど<br>**間取り**<br>집 구조, 방 배치 | ま ど<br>間取り | | |

| 日本語 | 練習 | | |
|---|---|---|---|
| **模様替え**<br>もようが<br>사물의 짜임새,<br>생김새를 바꾸는 것 | もようが<br>模様替え | | |
| **無印**<br>む じるし<br>무인양품 | む じるし<br>無印 | | |
| **イケア**<br>이케아(IKEA) | イケア | | |
| **ニトリ**<br>니토리 | ニトリ | | |
| ワン エル ディー ケー<br>**1LDK**<br>방 1개, 거실과 식사<br>공간을 겸한 주방 | ワンエルディーケー<br>1LDK | | |
| **インテリア**<br>인테리어 | インテリア | | |
| **アンティーク**<br>앤티크, 골동품 | | | |
| **ワンルーム**<br>원룸 | ワンルーム | | |
| **カーペット**<br>카펫 | カーペット | | |

| カーテン<br>커튼 | カーテン | | |
|---|---|---|---|
| ベッド<br>침대 | ベッド | | |
| ベランダ<br>베란다 | ベランダ | | |
| モノクロ<br>흑백 | モノクロ | | |
| ライフスタイル<br>라이프 스타일 | | | |
| 派手だ<br>화려하다 | 派手だ | | |
| ちょうどいい<br>딱 좋다 | | | |
| 変わる<br>바뀌다, 변하다 | 変わる | | |
| 買いそろえる<br>사서 갖추다 | | | |

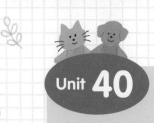

## Unit 40　재테크

| かぶ<br>**株**<br>주식 | かぶ<br>株 | |
|---|---|---|
| ふ どう さん<br>**不動産**<br>부동산 | ふ どうさん<br>不動産 | |
| ちん たい<br>**賃貸**<br>임대 | ちんたい<br>賃貸 | |
| ちょ きん<br>**貯金**<br>저금 | ちょきん<br>貯金 | |
| ちょ ちく<br>**貯蓄**<br>저축 | ちょちく<br>貯蓄 | |
| ふく ぎょう<br>**副業**<br>부업 | ふくぎょう<br>副業 | |
| ゆう たい<br>**優待**<br>우대 | ゆうたい<br>優待 | |

| | | | |
|---|---|---|---|
| ふく り こう せい<br>**福利厚生**<br>복리후생 | ふく り こうせい<br>福利厚生 | | |
| たい ぐう<br>**待遇**<br>대우 | たいぐう<br>待遇 | | |
| しゃっ きん<br>**借金**<br>빚, 빌린 돈 | しゃっきん<br>借金 | | |
| ぎん こう<br>**銀行**<br>은행 | ぎんこう<br>銀行 | | |
| じゅ よう<br>**需要**<br>수요 | じゅよう<br>需要 | | |
| きょうきゅう<br>**供給**<br>공급 | きょうきゅう<br>供給 | | |
| とう し<br>**投資**<br>투자 | とう し<br>投資 | | |
| か ち<br>**価値**<br>가치 | か ち<br>価値 | | |
| り し<br>**利子**<br>이자 | り し<br>利子 | | |

| もう 儲け 벌이 | もう 儲け | | |
|---|---|---|---|
| ともばたら 共働き 맞벌이 | ともばたら 共働き | | |
| ローン 론, 대출 | ローン | | |
| ビットコイン 비트코인 | | | |
| ざい 財テク 재테크 | ざい 財テク | | |
| こま 困る 곤란하다, 어려움을 겪다 | こま 困る | | |
| あ 上がる 오르다, 올라가다 | あ 上がる | | |
| さ 下がる 내리다, 내려가다 | さ 下がる | | |
| もう 儲かる 벌이가 되다, 이득을 보다 | もう 儲かる | | |

## Unit 41　건강

| あたま<br>頭<br>머리 | あたま<br>頭 | |
| --- | --- | --- |
| くび<br>首<br>목 | くび<br>首 | |
| なか<br>お腹<br>배 | なか<br>お腹 | |
| ふと<br>太もも<br>허벅지 | ふと<br>太もも | |
| ふくらはぎ<br>종아리 | ふくらはぎ | |
| あし<br>足<br>발, 다리 | あし<br>足 | |
| きんにく<br>筋肉<br>근육 | きんにく<br>筋肉 | |

| きん にく つう<br>**筋肉痛**<br>근육통 | きんにくつう<br>筋肉痛 | | |
| 腹筋 | ふっ きん<br>ふっきん<br>腹筋 | | |
| きん えん<br>**禁煙**<br>금연 | きんえん<br>禁煙 | | |
| い しゃ<br>**医者**<br>의사 | い しゃ<br>医者 | | |
| しん さつ<br>**診察**<br>진찰 | しんさつ<br>診察 | | |
| ず つう<br>**頭痛**<br>두통 | ず つう<br>頭痛 | | |
| ふく つう<br>**腹痛**<br>복통 | ふくつう<br>腹痛 | | |
| つか<br>**疲れ**<br>피로 | つか<br>疲れ | | |
| ねん ざ<br>**捻挫**<br>염좌 | ねん ざ<br>捻挫 | | |

| | | | |
|---|---|---|---|
| せき<br>**咳**<br>기침 | せき<br>咳 | | |
| げ り<br>**下痢**<br>설사 | げ り<br>下痢 | | |
| かた<br>**肩こり**<br>어깨 결림 | かた<br>肩こり | | |
| くすり<br>**薬**<br>약 | くすり<br>薬 | | |
| えい よう ざい<br>**栄養剤**<br>영양제 | えいようざい<br>栄養剤 | | |
| けん こう しん だん<br>**健康診断**<br>건강 검진 | けんこうしんだん<br>健康診断 | | |
| にん げん<br>**人間ドック**<br>종합 건강 검진 | にんげん<br>人間ドック | | |
| す<br>**吸う**<br>들이마시다, 빨아먹다 | す<br>吸う | | |
| は<br>**腫れる**<br>붓다 | は<br>腫れる | | |

## Unit 42　기념일

| | |
|---|---|
| きねんび<br>**記念日**<br>기념일 | きねんび<br>記念日 |
| けっこん き ねん び<br>**結婚記念日**<br>결혼기념일 | けっこん き ねん び<br>結婚記念日 |
| たんじょう び<br>**誕生日**<br>생일 | たんじょう び<br>誕生日 |
| ゆび わ<br>**指輪**<br>반지 | ゆび わ<br>指輪 |
| そろ<br>**お揃い**<br>커플로 맞춤 | そろ<br>お揃い |
| いわ<br>**お祝い**<br>축하 | いわ<br>お祝い |
| え がお<br>**笑顔**<br>미소 | え がお<br>笑顔 |

| | | |
|---|---|---|
| **真剣**<br>しん けん<br>진지 | しんけん<br>真剣 | |
| **手作り**<br>て づく<br>손수 만듦, 수제 | て づく<br>手作り | |
| **うれし泣き**<br>な<br>너무 기뻐서 욺 | な<br>うれし泣き | |
| **プレゼント**<br>선물 | プレゼント | |
| **カップル**<br>커플 | カップル | |
| **ペアリング**<br>커플링 | ペアリング | |
| **サプライズ**<br>서프라이즈 | サプライズ | |
| **クリスマス**<br>크리스마스 | クリスマス | |
| **バレンタインデー**<br>밸런타인데이 | | |

| | | |
|---|---|---|
| <sup>うれ</sup><br>**嬉しい**<br>기쁘다 | <sup>うれ</sup><br>嬉しい | |
| **これからも**<br>앞으로도 | これからも | |
| <sup>えら</sup><br>**選ぶ**<br>고르다, 선택하다 | <sup>えら</sup><br>選ぶ | |
| <sup>いわ</sup><br>**祝う**<br>축하하다 | <sup>いわ</sup><br>祝う | |
| <sup>よろこ</sup><br>**喜ぶ**<br>기뻐하다 | <sup>よろこ</sup><br>喜ぶ | |
| <sup>むか</sup><br>**迎える**<br>맞이하다 | <sup>むか</sup><br>迎える | |
| <sup>こころ</sup><br>**心をこめる**<br>마음을 담다 | <sup>こころ</sup><br>心をこめる | |
| <sup>おぼ</sup><br>**覚える**<br>외우다, 기억하다 | <sup>おぼ</sup><br>覚える | |
| <sup>かん どう</sup><br>**感動する**<br>감동하다 | かんどう<br>感動する | |

# Unit 43 강연회

| しゅっ せき<br>**出席**<br>출석, 참석 | しゅっせき<br>出席 | |
| :---: | :--- | :--- |
| けっ せき<br>**欠席**<br>결석 | けっせき<br>欠席 | |
| さん か<br>**参加**<br>참가 | さん か<br>参加 | |
| と ちゅうさん か<br>**途中参加**<br>중도 참가 | と ちゅうさん か<br>途中参加 | |
| えん ぜつ<br>**演説**<br>연설 | えんぜつ<br>演説 | |
| し かい<br>**司会**<br>사회 | し かい<br>司会 | |
| しょう かい<br>**紹介**<br>소개 | しょうかい<br>紹介 | |

| じん みゃく **人脈** 인맥 | じんみゃく 人脈 | | |
| --- | --- | --- | --- |
| こう えん かい **講演会** 강연회 | こうえんかい 講演会 | | |
| てん じ かい **展示会** 전시회 | てんじかい 展示会 | | |
| **コネ** 연줄, 백 | コネ | | |
| ま しろ **真っ白だ** 새하얗다 | ま しろ 真っ白だ | | |
| **すごい** 대단하다, 굉장하다 | すごい | | |
| たの **楽しい** 즐겁다 | たの 楽しい | | |
| はなし **話がうまい** 말을 잘하다, 입담이 좋다 | はなし 話がうまい | | |
| **すっかり** 몽땅, 죄다, 홀딱 | すっかり | | |

| | はじ | | |
|---|---|---|---|
| **始まる**<br>시작되다 | 始まる | | |

| | お | | |
|---|---|---|---|
| **終わる**<br>끝나다 | 終わる | | |

| | おこな | | |
|---|---|---|---|
| **行う**<br>하다, 행하다, 거행하다 | 行う | | |

| | そ | | |
|---|---|---|---|
| **逸れる**<br>빗나가다, 벗어나다 | 逸れる | | |

| | すべ | | |
|---|---|---|---|
| **滑る**<br>미끄러지다 | 滑る | | |

| | みち　まよ | | |
|---|---|---|---|
| **道に迷う**<br>길을 잃다 | 道に迷う | | |

| | えん き | | |
|---|---|---|---|
| **延期する**<br>연기하다 | 延期する | | |

| | きんちょう | | |
|---|---|---|---|
| **緊張する**<br>긴장하다 | 緊張する | | |

| | すじ　とお | | |
|---|---|---|---|
| **筋が通る**<br>앞뒤가 맞다, 이치에 맞다 | 筋が通る | | |

## Unit 44

# 인터넷

| けい たい<br>**携帯**<br>휴대폰 | けいたい<br>携帯 | | |
|---|---|---|---|
| けん さく<br>**検索**<br>검색 | けんさく<br>検索 | | |
| でん げん<br>**電源**<br>전원 | でんげん<br>電源 | | |
| せつ ぞく<br>**接続**<br>접속 | せつぞく<br>接続 | | |
| ほ ぞん<br>**保存**<br>보존, 저장 | ほ ぞん<br>保存 | | |
| つう しん そく ど<br>**通信速度**<br>통신 속도 | つうしんそく ど<br>通信速度 | | |
| ワイ ファイ<br>**Wi-Fi**<br>와이파이 | ワイ ファイ<br>Wi-Fi | | |

| エラー<br>에러 | エラー | | |
| パソコン<br>컴퓨터 | パソコン | | |
| インターネット<br>인터넷 | | | |
| コピー<br>복사 | コピー | | |
| クリック<br>클릭 | クリック | | |
| ググる<br>구글링하다,<br>구글에서 검색하다 | ググる | | |
| ダウンロード<br>다운로드 | | | |
| ログイン<br>로그인 | ログイン | | |
| ログアウト<br>로그아웃 | ログアウト | | |

| | | |
|---|---|---|
| **速い**<br>(속도가) 빠르다 | はや<br>速い | |
| **遅い**<br>(속도가) 느리다 | おそ<br>遅い | |
| **つながる**<br>연결되다, 이어지다 | つながる | |
| **開く**<br>열다 | ひら<br>開く | |
| **替える**<br>바꾸다, 갈다 | か<br>替える | |
| **閉じる**<br>닫다 | と<br>閉じる | |
| **貼り付ける**<br>갖다 붙이다 | は　つ<br>貼り付ける | |
| **修理する**<br>수리하다 | しゅうり<br>修理する | |
| **コピペする**<br>복붙하다<br>(Ctrl C+Ctrl V) | コピペする | |

133

# Unit 45 스마트폰

| 機能<br>き のう<br>기능 | き のう<br>機能 | |
| --- | --- | --- |
| 機種<br>き しゅ<br>기종 | き しゅ<br>機種 | |
| 機種変<br>き しゅ へん<br>기변<br>(기기 변경의 줄임말) | き しゅへん<br>機種変 | |
| 最新<br>さい しん<br>최신 | さいしん<br>最新 | |
| 解約<br>かい やく<br>해약 | かいやく<br>解約 | |
| 最安値<br>さい やす ね<br>최저가 | さいやす ね<br>最安値 | |
| 格安<br>かく やす<br>저가 | かくやす<br>格安 | |

| | | | |
|---|---|---|---|
| でんち<br>**電池**<br>전지 | でんち<br>電池 | | |
| じゅうでん<br>**充電**<br>충전 | じゅうでん<br>充電 | | |
| **スマートフォン**<br>스마트폰 | | | |
| **ガラケー**<br>피처폰, 폴더폰 | ガラケー | | |
| シム<br>**simカード**<br>심카드 | シム<br>simカード | | |
| **アイパッド**<br>아이패드 | アイパッド | | |
| **アイフォン**<br>아이폰 | アイフォン | | |
| **アップル**<br>애플 | アップル | | |
| **ギャラクシー**<br>갤럭시 | | | |

| ソフトバンク<br>소프트뱅크 | | |
| --- | --- | --- |
| **古い**（ふる）<br>낡다, 오래되다 | 古い（ふる） | |
| **羨ましい**（うらや）<br>부럽다 | 羨ましい（うらや） | |
| **優れる**（すぐ）<br>우수하다, 훌륭하다 | 優れる（すぐ） | |
| **買い替える**（か か）<br>새로 사서 바꾸다 | 買い替える（か か） | |
| **故障する**（こ しょう）<br>고장 나다 | 故障する（こ しょう） | |
| **壊れる**（こわ）<br>부서지다, 파괴되다 | 壊れる（こわ） | |
| **割れる**（わ）<br>깨지다 | 割れる（わ） | |
| **修理に出す**（しゅう り だ）<br>수리를 맡기다 | 修理に出す（しゅう り だ） | |

## Unit 46 인스타그램

| しゃ しん<br>**写真**<br>사진 | しゃしん<br>写真 | | |
| --- | --- | --- | --- |
| か こう<br>**加工**<br>포(토)샵 처리 | かこう<br>加工 | | |
| べつ じん<br>**別人**<br>딴사람 | べつじん<br>別人 | | |
| さく じょ<br>**削除**<br>삭제 | さくじょ<br>削除 | | |
| とう こう<br>**投稿**<br>투고, 업로드 | とうこう<br>投稿 | | |
| ひ こう かい<br>**非公開**<br>비공개 | ひこうかい<br>非公開 | | |
| つう ち<br>**通知**<br>통지 | つうち<br>通知 | | |

| | | |
|---|---|---|
| **炎上**<br>えんじょう<br>악플 쇄도 | えんじょう<br>炎上 | |
| **本垢**<br>ほん あか<br>본계정, 메인 계정 | ほんあか<br>本垢 | |
| **鍵垢**<br>かぎ あか<br>비계정, 비공개 계정 | かぎあか<br>鍵垢 | |
| **趣味垢**<br>しゅ み あか<br>취미 계정 | しゅ み あか<br>趣味垢 | |
| **インスタグラム**<br>인스타그램 | | |
| **インスタ映え**<br>ば<br>인스타 감성 | | |
| **アカウント**<br>어카운트, 계정 | アカウント | |
| **ストーリー**<br>스토리 | ストーリー | |
| **タグ付け**<br>づ<br>태그 걸기 | づ<br>タグ付け | |

| コメント<br>코멘트, 댓글 | コメント | |
| DM ディーエム<br>디엠<br>(다이렉트 메시지의 줄임말) | DM ディーエム | |
| ハッシュタグ<br>해시태그(#) | | |
| そう ご<br>相互フォロー<br>맞팔 | | |
| ブロック<br>블록, 차단 | ブロック | |
| け<br>消す<br>지우다 | け<br>消す | |
| あ<br>上げる<br>올리다 | あ<br>上げる | |
| ばれる<br>들키다, 들통나다 | ばれる | |
| わ だい<br>話題になる<br>화제가 되다 | わ だい<br>話題になる | |

# Unit 47

## 유튜브

| どう が<br>動画<br>동영상 | どう が<br>動画 | |
| へん しゅう<br>編集<br>편집 | へんしゅう<br>編集 | |
| さい せい<br>再生<br>재생 | さいせい<br>再生 | |
| さい せい かい すう<br>再生回数<br>재생 횟수 | さいせいかいすう<br>再生回数 | |
| とう ろく<br>登録<br>등록, 구독 | とうろく<br>登録 | |
| にん き<br>人気<br>인기 | にん き<br>人気 | |
| せん でん<br>宣伝<br>선전 | せんでん<br>宣伝 | |

| こう こく **広告** 광고 | こうこく 広告 | | |
| :--- | :--- | :--- | :--- |
| ばい そく **倍速** 배속 | ばいそく 倍速 | | |
| び ようけい **美容系** 뷰티 유튜버 | び ようけい 美容系 | | |
| から くち **辛口** (평가나 발언 등이) 신랄한 것 | からくち 辛口 | | |
| にち じょう **日常** 일상 | にちじょう 日常 | | |
| さつ えい **撮影** 촬영 | さつえい 撮影 | | |
| かく **隠しカメラ** 몰래카메라 | かく 隠しカメラ | | |
| **ドッキリ** 몰카 방송 | ドッキリ | | |
| しつ もん **質問コーナー** 질문 코너 | | | |

| | | | |
|---|---|---|---|
| サムネ<br>섬네일 | サムネ | | |
| ユーチューブ<br>유튜브 | | | |
| レビュー<br>리뷰 | レビュー | | |
| ファン<br>팬 | ファン | | |
| アンチコメント<br>악플 | | | |
| 飯テロ<br>めし<br>밥 테러 | 飯テロ<br>めし | | |
| つまらない<br>재미없다 | つまらない | | |
| 飛ばす<br>と<br>날리다 | 飛ばす<br>と | | |
| 書き込む<br>か こ<br>써넣다, 기입하다 | 書き込む<br>か こ | | |

## Unit 48

# 넷플릭스

| えい が<br>映画<br>영화 | えい が<br>映画 | | |
| さく ひん<br>作品<br>작품 | さくひん<br>作品 | | |
| し ちょうりつ<br>視聴率<br>시청률 | し ちょうりつ<br>視聴率 | | |
| げつ がく<br>月額<br>월정액 | げつがく<br>月額 | | |
| きょう ゆう<br>共有<br>공유 | きょうゆう<br>共有 | | |
| おん せい<br>音声<br>음성 | おんせい<br>音声 | | |
| じ まく<br>字幕<br>자막 | じ まく<br>字幕 | | |

| | | | |
|---|---|---|---|
| **夜更かし**<br><sub>よ ふ</sub><br>밤샘 | <sub>よ ふ</sub><br>夜更かし | | |
| **くま**<br>다크서클 | くま | | |
| **配信**<br><sub>はい しん</sub><br>(데이터 등의) 전송, 방송 | <sub>はいしん</sub><br>配信 | | |
| **ネットフリックス**<br>넷플릭스 | | | |
| **アプリ**<br>앱 | アプリ | | |
| **オリジナル**<br>오리지널 | オリジナル | | |
| **ランキング**<br>랭킹 | ランキング | | |
| **大ヒット**<br><sub>だい</sub><br>대히트 | <sub>だい</sub><br>大ヒット | | |
| **サバイバル**<br>서바이벌 | サバイバル | | |

| ホラー<br>호러, 공포 | ホラー | | |
| --- | --- | --- | --- |
| むね<br>胸キュン<br>심쿵 | むね<br>胸キュン | | |
| バラエティー番組<br>ばん ぐみ<br>예능 방송 | | | |
| こわ<br>怖い<br>무섭다 | こわ<br>怖い | | |
| はば ひろ<br>幅広い<br>폭넓다 | はばひろ<br>幅広い | | |
| ずれる<br>어긋나다 | ずれる | | |
| ちゅう もく あつ<br>注目を集める<br>주목을 끌다 | | | |
| びょう お<br>秒で終わる<br>순식간에 끝나다 | びょう お<br>秒で終わる | | |
| いっ き み<br>一気に見る<br>몰아서 보다, 정주행하다 | いっき み<br>一気に見る | | |

# Unit 49

## 인터넷 쇼핑

| | |
|---|---|
| ばく が<br>**爆買い**<br>싹쓸이 쇼핑 | ばく が<br>爆買い |
| き い<br>**お気に入り**<br>찜하기, 관심 상품 | き い<br>お気に入り |
| たの<br>**楽しみ**<br>기대됨 | たの<br>楽しみ |
| しな ぎ<br>**品切れ**<br>품절 | しな ぎ<br>品切れ |
| そう りょう<br>**送料**<br>배송비 | そうりょう<br>送料 |
| だい び<br>**代引き**<br>현장 현금 결제 | だい び<br>代引き |
| は ど<br>**歯止め**<br>제동, 브레이크 | は ど<br>歯止め |

| 色違い<br>いろちが<br>色상만 다름 | いろちが<br>色違い | | |
|---|---|---|---|
| お問い合わせ<br>と あ<br>문의 | | | |
| 値引き<br>ね び<br>에누리, 가격을 깎음 | ね び<br>値引き | | |
| 入荷<br>にゅう か<br>입하, 상품 따위가 들어옴 | にゅう か<br>入荷 | | |
| ポイント<br>포인트 | ポイント | | |
| コンビニ受け取り<br>う と<br>편의점 수령 | | | |
| カート<br>카트, 장바구니 | カート | | |
| メルカリ<br>메루카리 | メルカリ | | |
| とりあえず<br>일단, 우선 | とりあえず | | |

| 微妙に<br>びみょう<br>미묘하게 | びみょう<br>微妙に | |
| 何気なく<br>なにげ<br>아무렇지 않게 | なにげ<br>何気なく | |
| ノリで<br>분위기에 휩쓸려서 | ノリで | |
| 購入する<br>こうにゅう<br>구입하다 | こうにゅう<br>購入する | |
| 届く<br>とど<br>닿다, 도착하다 | とど<br>届く | |
| 気づく<br>き<br>깨닫다, 눈치채다,<br>알아차리다 | き<br>気づく | |
| 見つける<br>み<br>찾아내다, 발견하다 | み<br>見つける | |
| 気に入る<br>き い<br>마음에 들다 | き い<br>気に入る | |
| 悩む<br>なや<br>고민하다 | なや<br>悩む | |

# Unit 50 모바일 뱅킹

| つうちょう<br>**通帳**<br>통장 | つうちょう<br>通帳 | |
| --- | --- | --- |
| こう ざ ばん ごう<br>**口座番号**<br>계좌 번호 | こう ざ ばんごう<br>口座番号 | |
| ざん だか<br>**残高**<br>잔고, 잔액 | ざんだか<br>残高 | |
| ふ か<br>**振り替え**<br>자동 이체 | ふ か<br>振り替え | |
| ふ こ<br>**振り込み**<br>송금, 계좌 이체 | ふ こ<br>振り込み | |
| かい がい そう きん<br>**海外送金**<br>해외 송금 | かいがいそうきん<br>海外送金 | |
| よ きん<br>**預金**<br>예금 | よ きん<br>預金 | |

| | | |
|---|---|---|
| かい いん とう ろく<br>**会員登録**<br>회원 가입 | かいいんとうろく<br>会員登録 | |
| へん こう<br>**変更**<br>변경 | へんこう<br>変更 | |
| て すうりょう<br>**手数料**<br>수수료 | て すうりょう<br>手数料 | |
| こ じんじょうほう<br>**個人情報**<br>개인 정보 | こ じんじょうほう<br>個人情報 | |
| あん しょう ばん ごう<br>**暗証番号**<br>비밀번호 | あんしょうばんごう<br>暗証番号 | |
| し もん にん しょう<br>**指紋認証**<br>지문 인식 | し もんにんしょう<br>指紋認証 | |
| **キャッシュ・バック**<br>캐시백, 현금 환원 | | |
| **セキュリティー**<br>시큐리티, 보안 | | |
| アイディ<br>**フェイスID**<br>페이스 ID | アイディ<br>フェイスID | |

## モバイルバンキング
모바일 뱅킹

### 忘れる (わす)
잇다

忘れる (わす)

### 押す (お)
밀다, 누르다

押す (お)

### 利用する (り よう)
이용하다

利用する (り よう)

### 起動する (き どう)
기동하다, 켜다

起動する (き どう)

## ロックが掛かる (か)
락이 걸리다

### 申し込む (もう こ)
신청하다

申し込む (もう こ)

### 振り込む (ふ こ)
계좌 이체하다

振り込む (ふ こ)

### 引き出す (ひ だ)
인출하다

引き出す (ひ だ)

일본어 단어,
함께 시작해요!